Michael Kaib

Enterprise Application Integration

D1665450

WIRTSCHAFTSINFORMATIK

Michael Kaib

Enterprise Application Integration

Grundlagen, Integrationsprodukte,
Anwendungsbeispiele

Deutscher Universitäts-Verlag

Bibliografische Information Der Deutschen Bibliothek
Die Deutsche Bibliothek verzeichnet diese Publikation in der Deutschen Nationalbibliografie;
detaillierte bibliografische Daten sind im Internet über <http://dnb.ddb.de> abrufbar.

Dissertation Universität Marburg, 2002

1. Auflage November 2002

Alle Rechte vorbehalten
© Deutscher Universitäts-Verlag GmbH, Wiesbaden, 2002

Lektorat: Ute Wrasmann / Britta Göhrisch-Radmacher

Der Deutsche Universitäts-Verlag ist ein Unternehmen der
Fachverlagsgruppe BertelsmannSpringer.
www.duv.de

Das Werk einschließlich aller seiner Teile ist urheberrechtlich geschützt.
Jede Verwertung außerhalb der engen Grenzen des Urheberrechtsgesetzes
ist ohne Zustimmung des Verlags unzulässig und strafbar. Das gilt insbesondere für Vervielfältigungen, Übersetzungen, Mikroverfilmungen und die
Einspeicherung und Verarbeitung in elektronischen Systemen.

Die Wiedergabe von Gebrauchsnamen, Handelsnamen, Warenbezeichnungen usw. in diesem
Werk berechtigt auch ohne besondere Kennzeichnung nicht zu der Annahme, dass solche
Namen im Sinne der Warenzeichen- und Markenschutz-Gesetzgebung als frei zu betrachten
wären und daher von jedermann benutzt werden dürften.

Umschlaggestaltung: Regine Zimmer, Dipl.-Designerin, Frankfurt/Main
Druck und Buchbinder: Wilhelm & Adam, Heusenstamm
Gedruckt auf säurefreiem und chlorfrei gebleichtem Papier
Printed in Germany

ISBN 3-8244-2163-1

Vorwort

Bei der wissenschaftlichen Diskussion eines aktuellen „Phänomens" wie Enterprise Application Integration (EAI) stellt sich automatisch die Frage nach der Nachhaltigkeit der ihm zugrundeliegenden Konzepte. Nur allzu oft verschwinden entsprechende Modebegriffe ebenso schnell, wie sie zuvor an Verbreitung gewonnen haben. Ob der Abkürzung „EAI" das gleiche Schicksal widerfährt, ist derzeit nicht abzusehen. Dennoch trägt dieses Buch den Begriff in seinem Titel, um den Neuheitscharakter der grundlegenden Integrationskonzepte zu unterstreichen. Diese Arbeit will die wissenschaftliche Grundlage für eine weitere Diskussion des Themas bieten. Wie sich das Konzept und die entsprechenden EAI-Lösungen weiterentwickeln, muss die Praxis zeigen.

Diese Arbeit richtet sich an Hochschullehrer und Studenten der Betriebswirtschaftslehre mit den Schwerpunkten Organisation und Wirtschaftsinformatik, an die Anbieter von Integrationsprodukten und Standardanwendungssoftware, an Führungskräfte in Unternehmen, die sich mit Integrationslösungen auseinandersetzen sowie an die Mitarbeiter von Unternehmens- und IT-Beratungen.

Mein Dank sei an dieser Stelle all denen ausgesprochen, deren Mithilfe das vorliegende Buch ermöglichte. Zunächst danke ich meinem Doktorvater, Herrn Professor Dr. Ulrich Hasenkamp, für sein Vertrauen in mich, für die Freiheit, die er mir bei der Auswahl und der Bearbeitung des Themas gelassen hat, für seine Offenheit und für seine Unterstützung. Herrn Professor Dr. Bernd Schiemenz danke ich für die Übernahme des Zweitgutachtens und für sein hohes Interesse an der Thematik. Darüber hinaus gilt mein Dank den Mitarbeitern des Marburger Instituts für Wirtschaftsinformatik. Hier möchte ich insbesondere Herrn Bernd Stemmann und Herrn Jens Lehmbach für die aktive Einbindung von mir als externen Doktoranden in das Institutsleben danken.

Ich danke den aktuellen und ehemaligen Kollegen bei Booz Allen Hamilton, die das Entstehen dieser Arbeit erst möglich gemacht haben. Hier möchte ich insbesondere Dr. Andrea Weierich, Dr. Ulf Timm, Dr. Michael Peterson und meinen Mentor Stefan Stroh dankend erwähnen.

Auch danke ich für die aufschlussreichen Diskussionen meinen Ansprechpartnern aus der Industrie. Insbesondere bin ich Dr. Harald Ließmann (Tibco), Herrn Clive Assender (Commerzbank Investment Banking), Herrn Diedrich Schröder (Deutsche See), Dr.

Bernd Freyer (Tesion), Herrn Thomas Bonnet (Loyalty Partner) und Herrn Axel Erhardt (Union IT-Services) zu Dank verpflichtet.

Meinen Freunden Dr. Matthias Krieb und Herrn Carsten Lerch danke ich für ihre guten Tips und die tatkräftige Unterstützung.

Mein ganz besonderer Dank gilt meiner ganzen Familie und speziell meinen Eltern für die jahrelange Unterstützung sowie meiner Frau Stefanie Köhler, meinem Rückhalt, die einen großen Teil der Opportunitätskosten der Entstehung dieses Buches zu tragen hatte. Danke!

Michael Kaib

Inhaltsverzeichnis

Abbildungsverzeichnis

Tabellenverzeichnis

Abkürzungsverzeichnis

ABAP	Advanced Business Application Programming (SAP)
ACID	Atomicity, Consistency, Isolation, Durability
ACM	Association of Computing Machinery
AIM	Application Integration Middleware (Gartner Group)
ALE	Application Link Enabling (SAP)
ANSI	American National Standards Institute
API	Application Programming Interface
APPC	Advanced Program to Program Communication
ARIS	Architektur integrierter Informationssysteme (IDS Prof. Scheer)
ARPANet	Advanced Research Projects Agency Net
ASCII	American Standard Code for Information Interchange
ASP	Active Server Page
ASQ	Automatisierte Software-Qualität
B2B	Business-to-Business
B2Bi	B2B-Integration (Vitria)
B2C	Business-to-Consumer
B2E	Business-to-Employee
BAPI	Business Application Programming Interface (SAP)
BC	Business Connector (SAP)
BDC	Batch Data Communication
BOD	Business Object Document (OAGI)
BPM	Business Process Management
BPR	Business Process Re-engineering
BSR	Business Service Request (OAGI)
bzgl.	bezüglich
CADCAM	Computer Aided Design/Computer Aided Manufacturing
Cbk IB	Commerzbank Investment Banking

CCITT	Comité Consultatif International Télégraphique et Téléphonique (jetzt ITU-TS)
CEO	Chief Executive Officer
CERN	Organisation (Centre) Européenne pour la Recherche Nucléaire
CFAR	Collaborative Forecasting and Replenishment
CGI	Common Gateway Interface
CICS	Customer Information Control System (IBM)
CIM	Computer Integrated Manufacturing
CIO	Chief Information Officer Magazine (Zeitschrift)
CLI	Call-Level Interface
CORBA	Common Object Request Broker Architecture (OMG)
Corp.	Corporation
COM	Component Object Model (Microsoft)
CPI-C	Common Programming Interface for Communications (IBM)
CPU	Central Processing Unit
CRM	Customer Relationship Management, Communication Resource Manager (X/Open)
C/S	Client/Server
cXML	Commerce XML (Ariba)
DB2	Database 2 (IBM)
DCE	Distributed Computing Environment (OSF)
DCOM	Distributed Component Object Model (Microsoft)
DII	Dynamic Invocation Interface
DLL	Dynamic Link Library
DMS	Dokumentenmanagementsystem
DRDA	Distributed Relational Database Access (IBM)
DSI	Dynamic Skeleton Interface
DTAG	Deutsche Telekom AG
DTPM	Distributed Transaction Processing Model
DV	Datenverarbeitung
E	Electronic
EAI	Enterprise Application Integration
EBCDIC	Extended Binary Coded Decimals Interchange Code
E-Business	Electronic Business

ebXML	Electronic Business XML (United Nations)
E-Collaboration	Electronic Collaboration
E-Commerce	Electronic Commerce
ECR	Efficient Consumer Response
EDA/SQL	Enterprise Data Access SQL (IBI)
EDI	Electronic Data Interchange
EDIFACT	Electronic Data Interchange for Administration, Commerce and Transport (United Nations)
EDNA	Empirische Daten zur Nutzeffektauswertung (Universität Göttingen)
EDV	Elektronische Datenverarbeitung
E-Fullfillment	Electronic Fullfillment
EJB	Enterprise Java Beans
EnBW	Energie Baden-Württemberg
engl.	Englisch
E-Procurement	Electronic Procurement
ERP	Enterprise Resource Planning
ETI	Evolutionary Technologies International
ETL	Extract, Transform, Load
FT	Financial Times (Zeitung)
FTP	File Transfer Protocol
GOS	Global Object Store (Systemfabrik)
HL7	Health Level Seven (Universität Palo Alto)
HLLAPI	High Level Language Application Programming Interface (IBM)
HMD	Handbuch moderner Datenverarbeitung, Theorie und Praxis der Wirtschaftsinformatik (Zeitschrift)
HTML	Hypertext Markup Language
HTTP	Hypertext Transfer Protocol
IBI	Information Builders
IBM	International Business Machines Corporation
IDC	International Data Corporation
IDE	Integrated Development Environment
IDEF	Integrated Definition
IDL	Interface Definition Language
IDOC	Intermediate Document (SAP)

i.d.R.	in der Regel
IIOP	Internet-Inter-ORB-Protocol
IMS	Information Management System (IBM)
IPX	Internet Packet Exchange
ISAPI	Internet Server Application Programming Interface (Microsoft)
ISDN	Integrated Services Digital Network
ISO	International Organization for Standardization
ISP	Internet Service Provider
IT	Informationstechnologie, Information Technology
ITU	International Telecommunication Union
ITU-TS	International Telecommunication Union – Telecommunication Standardization Sector (vormals CCITT)
IuK	Information und Kommunikation
IV	Informationsverarbeitung
i.w.S.	im weiteren Sinne
J2EE	Java 2 Platform, Enterprise Edition (Sun)
JCA	Java Connectors Architecture (Sun)
JDBC	Java Database Connectivity (JavaSoft)
JMS	Java Messaging Service (JavaSoft)
JNDI	Java Naming and Directory Interface
JSP	Java Server Page
KBSt	Koordinierungs- und Beratungsstelle der Bundesregierung für Informationstechnik in der Bundesverwaltung
KIM	Kölner Integrationsmodell (Universität Köln)
KMU	Kleine und mittlere Unternehmen
LAN	Local Area Network
LP	Loyalty Partner GmbH
Ltd.	Limited
M-Commerce	Mobile Commerce
MDA	Model Driven Architecture (OMG)
MIME	Multipurpose Internet Mail Extension
MOM	Message-oriented Middleware
MQ	Message Queue
MRP II	Manufacturing Resource Planning

MS	Microsoft
MVS	Multiple Virtual Storage (IBM)
NC	Network Computer
NetBIOS	Network Basic Input/Output System
NFS	Network File System (Sun)
NITF	News Industry Text Format
NSAPI	Netscape Server Application Programming Interface (Netscape)
OAGI	Open Applications Group, Inc.
OAGIS	Open Applications Group Integration Specification (OAGI)
OAMAS	Open Applications Middleware API Specification (OAGI)
OASIS	Organization for the Advancement of Structured Information Standards
ODA	Office Document Architecture
ODBC	Open Database Connectivity
ODETTE	Organization for Data Exchange by Teletransmission in Europe
ODIF	Office Document Interchange Format
OLE	Object Linking and Embedding (Microsoft)
OLTP	Online Transaction Processing
OMA	Object Management Architecture (OMG)
OMG	Object Management Group
OMT	Object Modeling Technique
ONE	Open Network Environment (Sun)
OODBMS	Object Oriented Database Management System
OOSE	Object Oriented Software Engineering
ORB	Object Request Broker
o.S.	ohne Seitenangabe
OSF	Open Software Foundation, seit 1996 Open Group
OSI	Open Systems Interconnection (ISO)
o.V.	ohne Verfasser
PC	Personalcomputer
PDA	Personal Digital Assistant
PIP	Partner Interface Process (RosettaNet)
POS	Point of Sale
PPS	Produktionsplanung und -steuerung

PuK	Planung und Kontrolle
RACF	Resource Access Control Facility (IBM)
RDA	Remote Data Access (ISO/OSI)
RDBMS	Relational Database Management System
qRFC	Queued Remote Function Call (SAP)
RFC	Remote Function Call (SAP)
RFI	Request for Information
RIXML	Research Information Exchange Markup Language
RMI	Remote Method Invocation
RPC	Remote Procedure Call
RWTH	Rheinisch-Westfälische Technische Hochschule
SCM	Supply Chain Management
SDK	Software Development Kit
SEDAS	Standardregelung einheitlicher Datenaustauschsysteme
SEP	Staffing Exchange Protocol
SGML	Standard Generalized Markup Language
S/MIME	Secure MIME
SOAP	Simple Object Access Protocol
SPX	Sequenced Packet Exchange
SQL	Structured Query Language
SSL	Secure Socket Layer
STP	Straight Through Processing
S.W.I.F.T.	Society for Worldwide Interbank Financial Telecommunication
SzU	Schriften zur Unternehmensführung (Zeitschrift)
TA	Transaktion
TBC	Transaction Broking Client (webMethods)
TBS	Transaction Broking Server (webMethods)
TCP/IP	Transmission Control Protocol/Internet Protocol
TE	Transaction Engine (Cbk IB)
Telko	Telekommunikationsunternehmen
TP	Transaction Processing
tRFC	Transactional Remote Function Call (SAP)
TRPC	Transactional Remote Procedure Call

Tx	Schnittstelle zwischen Applikation und TA-Manager (X/Open)
TxRPC	Transaktions-RPC (X/Open)
UDDI	Universal Description, Discovery and Integration
UFAB II	Unterlagen für Ausschreibung und Bewertung von IT-Leistungen, Version 2 (KBSt)
UIT	Union IT-Services GmbH
UML	Unified Modeling Language
UN/Cefact	United Nations/Centre for the Facilitation of Procedures and Practices for Administration, Commerce and Trade
UN/ECE	United Nations' Economic Commission for Europe
URL	Uniform Resource Locator
US$	US-Dollar
VAN	Value Added Network
VDA	Verband Deutscher Automobilhersteller
VM	Virtual Machine (IBM)
W3C	World Wide Web Consortium
WAN	Wide Area Network
WAP	Wireless Application Protocol
WfMC	Workflow Management Coalition
WMS	Workflow-Managementsystem
WSDL	Web Service Description Language
WWB	Warehouse Workbench (Systemfabrik)
WWW	World Wide Web
XA	Extended Architecture: Schnittstelle zwischen TA-Manager und Ressourcenmanager (X/Open)
XA+	Spezialfall von XA: Schnittstelle zu CRM (X/Open)
XATMI	X/Open Application Transaction Manager Interface (X/Open)
xCBL	Common Business Library (Commerce One)
XML	Extensible Markup Language (W3C)
ZwF	Zeitschrift für wirtschaftliche Fertigung und Automatisierung (Zeitschrift)

1 Einleitung

Anwendungssysteme unterstützen durch die Automatisierung informationsverarbeitender Aufgaben einen Ausschnitt der betrieblichen Tätigkeit. Bereits früh wurden in Theorie und Praxis die Vorteile einer Integration verschiedener Anwendungssysteme erkannt, um dadurch den negativen Auswirkungen von Abteilungs- und Funktionsgrenzen entgegenzuwirken.[1]

Die ersten Nutzenpotentiale ließen sich durch den gemeinsamen Gebrauch von Daten durch mehrere Anwendungen ausschöpfen. Zu einer solchen Datenintegration bedarf es der Herstellung automatisierter Kommunikationskanäle zwischen den Systemen. Sind diese vorhanden, entfallen eine erneute Dateneingabe und die damit verbundenen Erfassungsfehler oder manuelle Kontrollen. Heute steht zunehmend die Automatisierung von Geschäftsprozessen innerhalb einzelner Unternehmen und über Unternehmensgrenzen hinweg im Mittelpunkt der Integrationsbemühungen. Eine durchgängige Unterstützung der Abwicklung ganzer Geschäftsvorfälle nahezu in Echtzeit sowie die Kollaboration zwischen Unternehmen, wie sie moderne E-Commerce-Anwendungen fordern, ist ohne eine Integration der beteiligten Anwendungssysteme nicht denkbar.

Eine lange vernachlässigte architektonische Gesamtplanung der Systemlandschaft, die zunehmende Vielfalt und Komplexität der zu integrierenden Technologien, die Knappheit an IV-Ressourcen sowie ein sich verstärkender Wettbewerb mit kürzeren Produktlebenszyklen und sich schneller wandelnden Geschäftsprozessen erschweren die Integration. Auch der verstärkte Einsatz von betriebswirtschaftlicher Standardsoftware, die „vorintegriert" einen großen Aufgabenbereich durchgängig unterstützt, konnte die Notwendigkeit zur nachträglichen Verbindung existierender Systeme nicht beseitigen. In den betrieblichen IV-Abteilungen der Unternehmen werden heute so viele Mittel für die Anwendungsintegration aufgewendet wie niemals zuvor. Laut Analysten-Angaben wird rund ein Drittel aller IV-Budgets für diesen Zweck ausgegeben.[2] In absoluten Zahlen bedeutet dies, dass die Fortune-1000-Unternehmen über 100 Milliarden US$

---

1   Vgl. Heilmann 62 /Integrierte DV/ S. 202 ff.; vgl. Mertens 66 /Integration/ S. 165 ff.

2   Laut Gartner Group geben Betriebe mehr als 35% ihrer IV-Budgets für die Integration von Applikationen aus [vgl. Alexander 00 /Hoffnungsträger/S. 9].
     Forrester Research schätzt, dass mehr als 30% aller IV-Ausgaben gegenwärtig für die Integration von Systemen aufgewendet werden [vgl. Linthicum 00 /EAI/ S. xvii].

jährlich für diesen Zweck aufwenden; und dennoch droht angesichts knapper IV-Ressourcen ein neuerlicher Anwendungsstau.[3]

Vor diesem Hintergrund versprechen die Konzepte der Enterprise Application Integration (EAI), einen Beitrag zur Lösung des Integrationsproblems zu leisten. EAI bezeichnet dabei einen neuen, umfassenden Ansatz zur Integration von Anwendungssystemen, der den Austausch von Informationen zwischen Anwendungen im Unternehmen und über Unternehmensgrenzen hinweg ohne wesentliche Veränderungen der existierenden Systeme ermöglicht. Auf diese Weise hilft EAI dabei, durch einen optimalen Integrationsgrad der Anwendungen die Potentiale der Anwendungsintegration auszuschöpfen. Diese liegen vor allem in einer erhöhten Effizienz der betrieblichen Tätigkeit durch Kosteneinsparungen oder Produktivitätserhöhungen, aber auch in strategischen Effekten wie der Unterstützung neuer Anwendungen oder Kooperationsformen zwischen Partnerunternehmen in der Wertschöpfungskette.

1.1 Problemstellung

Die Schnittstellen-Landschaften in den Unternehmen sind das Ergebnis gewachsener Strukturen. Um spezifische Integrationsanforderungen zu erfüllen, wurden im historischen Verlauf Punkt-zu-Punkt-Verbindungen zwischen Anwendungssystempaaren geschaffen. Dies geschah weitgehend ohne zentrale Koordination unter Anwendung verschiedenster Technologien in den einzelnen Funktionalbereichen. Das Ergebnis ist oft ein komplexes „Schnittstellen-Chaos", dessen Wartung knappe Ressourcen bindet und Entwicklungsgelder verschlingt. Zudem erweist sich die Anwendungslandschaft als unflexibel bei der Unterstützung sich ständig verändernder Geschäftsprozesse und wechselnder Geschäftspartner.

In jüngster Zeit wird mit EAI ein pragmatischer Ansatz zur operativen Integration von Geschäftsprozessen durch die kontrollierte, flexible, rasch ausbaubare, inner- sowie zwischenbetriebliche Integration multipler Anwendungssysteme diskutiert. Ziel ist es, die Herstellung von individuellen Punkt-zu-Punkt-Verbindungen zwischen Anwendungspaaren durch den Einsatz einer zentralen Integrationsinstanz abzulösen. Jede zu integrierende Anwendung sollte einfach an diese „Informationsdrehscheibe" anzubinden

---

3   Vgl. Linthicum 00 /EAI/ S. xvii; Die Fortune 1000-Liste beinhaltet die 1000 umsatzstärksten US-amerikanischen Unternehmen. Basis bilden alle öffentlichen und privaten Unternehmen mit ihrem Firmensitz in den USA. Internationale Unternehmen mit Niederlassungen in den USA werden nicht berücksichtigt [siehe http://www.fortune.com/sitelets/datastore/index.html].

sein, die ihrerseits die Verbindung dieser Anwendung zu allen anderen Anwendungen ermöglicht. Dabei verbirgt sie die technische Komplexität der Kommunikation zwischen den Systemen vor dem Entwickler, der sich wieder auf den wertsteigernden Gebrauch der Anwendung konzentrieren kann, anstatt sich um deren „Verkabelung" kümmern zu müssen. Über die Herstellung einer umfassenden Konnektivität hinaus unterstützt EAI auch die Verständigung zwischen den integrierten Anwendungssystemen auf semantischer Ebene sowie die Steuerung und Kontrolle systemübergreifender Geschäftsprozesse. Die EAI-Lösung dient somit der Integration auf Daten-, Programm- und Prozessebene.

Ein einheitliches Verständnis von EAI als Integrationsansatz ist jedoch bislang nicht gegeben. Häufig wird EAI synonym mit der Anwendungsintegration als solche verwendet und entsprechend als „alter Wein in neuen Schläuchen" abgetan, oder ihre Einsatzmöglichkeiten werden unzulässig auf E-Commerce-Integrationsprobleme reduziert. Daher ist eine wissenschaftliche Auseinandersetzung mit EAI als Kombination aus Architekturkonzept, Verfahren und Technologien zur Unterstützung des betrieblichen Informationssystems erforderlich.

Hinzu kommt, dass EAI bislang vornehmlich von Softwareherstellern als Schlagwort zur Vermarktung althergebrachter sowie neuartiger Integrationsprodukte gebraucht wird, was die Verwirrung erhöht. Während sich abzeichnet, dass der Markt für Softwarewerkzeuge zur Unterstützung von Integrationsaufgaben rasant wächst, fehlt eine klare Beschreibung der Anforderungen an ein EAI-Produkt im Sinne von Soll-Funktionalitäten und Systemeigenschaften. Auch sind Erfahrungsberichte aus der Praxis, die mögliche EAI-Lösungsansätze und erzielte Resultate belegen, bislang noch knapp.

1.2 Ziel der Arbeit

Diese Arbeit leistet einen Beitrag zur wissenschaftlichen, strukturierten Untersuchung des Phänomens EAI im Kontext der unternehmensinternen sowie zwischenbetrieblichen Informationsverarbeitung. Auf diese Weise wird ein einheitliches Verständnis von EAI gefördert, welches die Grundlage für weiterführende Untersuchungsschwerpunkte auf Basis der Erkenntnisse dieser Arbeit schafft.

Im Einzelnen leistet die vorliegende Arbeit unter folgenden Gesichtspunkten einen Lösungsbeitrag zur Problemstellung:

- Das mit dem Begriff EAI bezeichnete Konzept für Entwurf, Gestaltung, Entwicklung, Implementierung und Wartung eines integrierten betrieblichen Informationssystems wird in die Themengebiete Systementwicklung und Anwendungsintegration eingeordnet. Der EAI-spezifische Lösungsansatz wird dazu von den traditionellen Ansätzen zur Anwendungsintegration abgegrenzt.

- Die strukturierte Darstellung von Potentialen der Anwendungsintegration im Allgemeinen und von EAI im Besonderen lässt Rückschlüsse auf geeignete Einsatzgebiete und -szenarien von EAI zu. Dabei werden nicht nur Fragen der technischen Effizienz, sondern ebenso der ökonomischen und sozialen Einsetzbarkeit betrachtet.

- Die Beschreibung wesentlicher funktionaler Bestandteile einer EAI-Lösung ermöglicht die Festlegung einer Soll-Funktionalität geeigneter EAI-Werkzeuge. Dieser Referenzrahmen ermöglicht die strukturierte Betrachtung von Integrationsprodukten und die Beurteilung von deren Einsetzbarkeit in EAI-Lösungen.

- Im Rahmen einer empirischen Forschung werden durch die Einzelfallanalysen ausgewählter Anwendungsbeispiele Erkenntnisse bezüglich konkreter Anwendungsfälle, technologischer Lösungsansätze sowie durch EAI erzielte ökonomische Resultate dargestellt und analysiert.

Diese Arbeit beschreibt Konzept und Formen der technologischen Realisierung von EAI. Die Entwicklung eines Vorgehensmodells zur Umsetzung von EAI-Lösungen in Unternehmen der Wirtschaft oder der Verwaltung soll im Rahmen dieser Arbeit trotz eines hohen Praxisbezugs nicht geleistet werden.

1.3 Aufbau der Arbeit

Das zweite Kapitel beschreibt allgemeine Grundlagen der Anwendungsintegration. Dies ist erforderlich, um eine Einordnung von EAI in das Themengebiet zu ermöglichen. Neben den Begriffsabgrenzungen und der Darstellung allgemeiner Integrationsmerkmale werden die aus ökonomischer wie technischer Sicht relevanten Integrationsziele und -potentiale dargestellt. Insbesondere die Unterscheidung der Ex-ante- und der Ex-post-Integration als Alternativen zur Schaffung integrierter betrieblicher Anwendungssysteme ist für die Bestimmung des Anwendungsbereichs von EAI wesentlich.

Nachdem das zweite Kapitel unter anderem die Frage nach der Motivation zur nachträglichen Verknüpfung heterogener betrieblicher Anwendungen beantwortet, beschreibt Kapitel 3 die möglichen Wege, auf denen eine solche Anwendungsintegration erreicht werden kann. Dazu werden die historische Entwicklung der unternehmensinternen und zwischenbetrieblichen Integration umrissen, allgemeine Konzepte sowie die traditionellen Ansätze zur Anwendungsintegration beschrieben und allgemeine Probleme bei der Umsetzung aufgezeigt. Damit spannt dieses Kapitel den Untersuchungsrahmen für die Diskussion eines neuen Integrationsansatzes wie EAI auf.

Inwiefern EAI auf die dargestellten traditionellen Integrationsansätze aufbaut und über diese hinausgeht, ist Gegenstand des vierten Kapitels. Damit wird hier der inhaltlichen Schwerpunktsetzung der Arbeit Rechnung getragen: Es wird der EAI-spezifische Lösungsansatz vorgestellt und durch die Beschreibung ausgewählter Aspekte einer EAI-Architektur sowie der funktionalen Bestandteile einer EAI-Lösung konkretisiert. Durch die Definition einer EAI-Soll-Funktionalität wird gleichzeitig ein Bewertungsrahmen für die Beurteilung von Softwareprodukten geschaffen, die die technologische Basis für EAI-Lösungen darstellen sollen. Ergänzend werden im vierten Kapitel verschiedene Aspekte der Realisierung von EAI-Projekten dargestellt, wobei spezifischen Problemfeldern wesentliche Erfolgsfaktoren gegenübergestellt werden.

Das fünfte Kapitel untersucht Softwareprodukte zur Integration von Anwendungssystemen näher; hierfür werden zunächst die verschiedenen Integrationsprodukte voneinander abgegrenzt. Message- bzw. Integration Broker, Applikations-Server, traditionelle Middleware-Produkte, Prozessmanagement-Produkte und verschiedene Software-Tools werden beschrieben und im Hinblick auf ihre Anwendbarkeit in EAI-Szenarien beleuchtet. Es erfolgt ein Ausblick auf die mögliche Evolution von Integrationsprodukten. Darüber hinaus werden Kriterien für die unternehmensspezifische Bewertung der Softwareprodukte aufgelistet sowie Betrachtungen zum Markt für Integrationsprodukte angestellt.

Mit konkreten Fallbeispielen für die Umsetzung von EAI-Lösungen soll anschließend die „Praxistauglichkeit" des im vierten Kapitel dargestellten EAI-Lösungsansatzes sowie der im fünften Kapitel beschriebenen Integrationsprodukte untersucht werden. Im sechsten Kapitel werden dazu fünf Projekte in verschiedenen, deutschen Unternehmen

auf ihre spezifische Integrationsproblematik, den gewählten Lösungsansatz und die erzielten Resultate hin untersucht und vergleichend gegenübergestellt.

Im siebten Kapitel werden schließlich die Ergebnisse der Arbeit zusammengefasst. Es
wird ein Ausblick auf weitere Untersuchungsschwerpunkte gegeben, die auf Basis der
Erkenntnisse dieser Arbeit interessant erscheinen.

1.4 Einordnung in die Wirtschaftsinformatik

Im folgenden Abschnitt wird der Bezug dieser Arbeit zu den Gegenständen und Themen
des wissenschaftlichen Interesses der Wirtschaftsinformatik hergestellt.

Eine 1999 durchgeführte Studie zu der Frage nach den zentralen Forschungsgegen-
ständen der Wirtschaftsinformatik, an der 35 Wirtschaftsinformatiker, Wirtschafts-
wissenschaftler und hochrangige Praktiker teilgenommen haben, lieferte als Ergebnis
eine gemeinsame Einschätzung bzgl. der Erkenntnisgegenstände dieser Disziplin in den
nächsten drei und zehn Jahren.[4] Tabelle 1-1 stellt jeweils die beiden wichtigsten
Erkenntnisziele dar.

Tabelle 1-1: Erkenntnisziele der Wirtschaftsinformatik [5]

Erkenntnisziele der Wirtschaftsinformatik in den nächsten drei Jahren	
Rang 1	Schaffung verbesserten Wissens über Netzmärkte und Electronic Commerce
Rang 2	Schaffung verbesserten Wissens über die Architektur von Informations- und Kommunikationssystemen
Erkenntnisziele der Wirtschaftsinformatik in den nächsten zehn Jahren	
Rang 1	Schaffung verbesserten Wissens über die Beherrschung von Komplexität in Informations- und Kommunikationssystemen
Rang 2	Schaffung verbesserten Wissens über Netzmärkte und virtuelle Märkte

Die wissenschaftliche Diskussion von EAI im Rahmen dieser Arbeit tangiert jedes der
aufgeführten Erkenntnisziele. Sie identifiziert und adressiert den aus der Realisierung

---

[4]   Vgl. Heinzl u.a. 01 /Erkenntnisziele der Wirtschaftsinformatik/ S. 223 ff.
[5]   Vgl. Heinzl u.a. 01 /Erkenntnisziele der Wirtschaftsinformatik/ S. 226 ff.

von (virtuellen) Netzmärkten und E-Commerce-Anwendungen jeweils resultierenden Integrationsbedarf. Tatsächlich führt insbesondere der Elektronische Handel zur verstärkten Diskussion von EAI in der Praxis.[6] Zudem nimmt EAI Einfluss auf die unternehmensweite Informations- und Kommunikationssystem-Architektur[7] und verfolgt vornehmlich – unter anderem durch ihre spezifische Schnittstellenkonzeption – das Ziel einer Komplexitätsreduktion der IV-Landschaft in Unternehmen.[8]

Zur weiteren inhaltlichen Einordnung der Arbeit in die Wirtschaftsinformatik bietet sich auch der Fächerkatalog der Wirtschaftsinformatik an, wie er etwa im Studienführer Wirtschaftsinformatik beschrieben wird (Tabelle 1-2).[9]

Tabelle 1-2: Inhalte der Wirtschaftsinformatik

Themengebiete	Inhalte
Systementwicklung i.w.S.	Architekturen und Modellierung; Entwicklung betrieblicher Informationssysteme; Datenmodellierung und Datenbanksysteme; Softwaretechniken
Informationsmanagement	Unternehmens- und IV-Strategie; Methoden des Informationsmanagement; IV-Aufbauorganisation; IV-Controlling; Technologiemanagement; IV-Sicherheit und Datenschutz; Computer Based Training; Betriebliche und gesellschaftliche Auswirkungen der IV-Techniken
Kommunikation	Allgemeine Kommunikationstechnologie; Büroautomation/ -kommunikation; Zwischenbetriebliche Integration
Informatik-Markt und -Recht	Hardware; Standardsoftware und Dienstleistungen; Personal; Informatik-Produkte; Standardisierung
Anwendungen in ausgewählten Wirtschaftszweigen	Industrie; Finanzsektor (Banken, Versicherungen); Handel; Verkehrsbetriebe; Öffentliche Verwaltung
Entscheidungs- unterstützungssysteme	Methoden der Künstlichen Intelligenz; Operations-Research-Methoden in der Wirtschaftsinformatik; Computergestützte Berichts- und Kontrolltechniken; Externe Informationsquellen
Rechner und Betriebssysteme aus Nutzersicht	Rechnerarchitekturen; Betriebssysteme und systemnahe Software

Diese Arbeit lässt sich dabei nicht nur einem Themenbereich zuordnen. Vielmehr werden die Bereiche Systementwicklung, Informationsmanagement, Kommunikation sowie Informatik-Markt berührt. Zudem liefern die Fallstudien Anwendungsbeispiele

---

6   Siehe Abschnitt 2.4.3 E-Commerce als wesentlicher Integrationstreiber.
7   Siehe Abschnitt 4.2 EAI-Architektur.
8   Siehe Abschnitt 4.1 Der Lösungsansatz sowie Abschnitt 4.4.3 Wirtschaftlichkeitsbetrachtung.
9   Vgl. Mertens u.a. 99 /Wirtschaftsinformatik/ S. 25 f.; vgl. Engelhardt 99 /Branchensoftware/ S. 4.

für EAI in den betroffenen Wirtschaftszweigen.[10] Kernthema ist die Schaffung integrierter betrieblicher Anwendungssysteme durch die nachträgliche Verknüpfung existierender Anwendungskomponenten und ggf. die Ergänzung durch neue Teile.

---

[10] Die in den Fallstudien besprochenen Unternehmen stammen aus den Branchen Finanzdienstleistungen, Handel und Telekommunikation.

ex ante := im vorhinein

ex post := im nachhinein

2 Allgemeine Grundlagen der Anwendungsintegration

Diese Arbeit beschränkt sich nicht auf eine beschreibende Bestandsaufnahme des Phänomens EAI. Ohne ein strukturiertes Verständnis einiger Grundlagen der Anwendungsintegration im Allgemeinen ist die Einordnung von EAI als neuer Ansatz zur umfassenden Integration heterogener betrieblicher Anwendungen auf Daten-, Programm- und Prozessebene unmöglich. Ohne diese Einordnung besitzt EAI lediglich einen plausiblen Ad-hoc-Charakter und bleibt plakativ oder modisch. Daher werden im folgenden Kapitel allgemeine Grundlagen der Anwendungsintegration näher beleuchtet.

Neben allgemeinen Begriffsabgrenzungen (Abschnitt 2.1) und der Darstellung unterschiedlicher Integrationsmerkmale (Abschnitt 2.2) ist zur Eingrenzung der dieser Arbeit zugrundeliegenden Problemstellung insbesondere die Unterscheidung zwischen der Ex-ante-Integration und der Ex-post-Integration betrieblicher Anwendungen notwendig (Abschnitt 2.3).

Außerdem werden in diesem Kapitel die Potentiale der Anwendungsintegration aus Unternehmenssicht und die mit ihr verfolgten Ziele untersucht (Abschnitt 2.4). Dazu ist es notwendig, die Nutzeffekte der Anwendungsintegration möglichst weitgehend zu erfassen und zu bewerten. In Abschnitt 2.4.1 werden integrationsabhängige Nutzeffekte systematisch untersucht. Dabei können operative und strategische Effekte unterschieden werden. Abschnitt 2.4.2 beschreibt näher die Problematik der Wirtschaftlichkeitsbeurteilung von Investitionen innerhalb der IV im Allgemeinen und von Investitionen in die Anwendungsintegration im Speziellen. Abschließend wird die Bedeutung des Elektronischen Handels für die zunehmende Relevanz der Anwendungsintegration als Wettbewerbsfaktor untersucht (Abschnitt 2.4.3).

2.1 Begriffsabgrenzungen

Insbesondere aufgrund der breiten Verwendung des Integrationsbegriffs[11] sind zunächst einige Begriffsabgrenzungen erforderlich. Die Verwendung des Integrationsbegriffs in der Wirtschaftsinformatik, betriebliche Anwendungssysteme als Integrationsobjekt sowie die Ausprägungen der Heterogenität von Anwendungen werden im Folgenden besprochen.

---

11   Vgl. Heinrich, Roithmayr 98 / Wirtschaftsinformatik-Lexikon/ S. 276.

2.1.1 Integration

Allgemein bezeichnet das Wort Integration die „Wiederherstellung eines Ganzen"[12] durch das Verbinden oder Vereinigen logisch zusammengehörender Teile und beschreibt sowohl das Bemühen, bisher getrennte Vorgänge oder Strukturen zusammenzuführen, als auch das Ergebnis dieser Tätigkeiten.[13] Dem als Holismus bekannten philosophischen Prinzip zufolge liegt die Grundmotivation zur Integration in der unbestimmten Hoffnung, dass der Nutzen des Ganzen höher sei als die Summe der Nutzen seiner Teile.[14]

Integration ist ein zentraler Begriff in der Wirtschaftsinformatik. Das „Ganze", das es bei der Integration betrieblicher Anwendungssysteme wiederherzustellen gilt, ist die betriebliche Realität, die durch die Summe der Anwendungssysteme mit ihren Schnittstellen korrekt abgebildet werden soll.[15] Damit soll den negativen Folgen der durch Arbeitsteilung und Spezialisierung herbeigeführten Funktions-, Prozess- und Abteilungsgrenzen entgegengewirkt werden.[16]

Unter dem Begriff Integration Engineering versteht man in der Wirtschaftsinformatik die ingenieurwissenschaftlich orientierte Vorgehensweise bei der Integration von IV-Systemen. Integration Engineering umfasst Konzepte und Instrumente zur Entwicklung unternehmens- oder bereichsübergreifender, integrierter Anwendungssysteme.[17]

Linß geht näher auf die Unterscheidung zwischen Integration als Zustand bzw. Vorgang ein.[18] Der Integrationszustand gibt an, ob und wie Anwendungssysteme mit einer Organisation (Mensch) oder anderen Systemen verknüpft sind. Die Art und Weise dieses Zustandes wird durch den Integrationsgrad bzw. die Integrationsform näher beschrieben. Der Integrationsvorgang beschreibt die Zusammenführung einzelner Komponenten zu einem Ganzen unter Anwendung einer bestimmten Methode, dem Integrationsansatz. Dabei gehen die Komponenten von einem Integrationszustand in einen

---

12 Duden 01 /Deutsches Universalwörterbuch/ S. 839.
13 Vgl. Grochla u.a. 74 /Kölner Integrationsmodell/S. 38.
14 Vgl. Müller-Merbach 88 / Aristoteles & Co./ S. 51 ff.; vgl. Slater 00 /The whole is more than its parts/ S. 116 ff.
15 Vgl. Heilmann 89 /Integration/ S. 46 ff.
16 Vgl. Mertens 97 /Integrierte Informationsverarbeitung/ S. 208.
17 Vgl. Kurbel, Rautenstrauch 96 /Integration Engineering/ S. 170; vgl. Heinrich, Roithmayr 98 /Wirtschaftsinformatik-Lexikon/ S. 277.
18 Vgl. Linß 95 /Integrationsabhängige Nutzeffekte/ S. 5 ff.

anderen über (Ausgangs- und Endzustand). Abbildung 2-1 veranschaulicht nochmals den Zusammenhang.

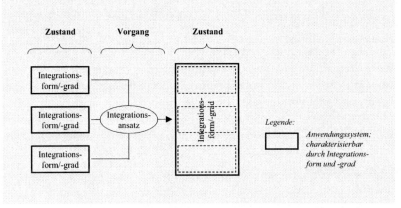

Abbildung 2-1: Zusammenhang zwischen Integrationszustand und -vorgang [19]

2.1.2 Betriebliche Anwendungssysteme

Anwendungssysteme sind Software- und Hardwaresysteme, mit deren Hilfe die Automatisierung informationsverarbeitender Aufgaben möglich ist.[20] Sie stellen spezifische Aufgabenträger für automatisierbare Aufgaben der Informationsverarbeitung im Unternehmen dar, mit dem Ziel der Lenkung betrieblicher Prozesse oder der Erstellung von Dienstleistungen in Form von Informationen.[21]

Als Kategorien von Anwendungen, die insbesondere miteinander zu verbinden sind, unterscheidet Mertens nach der Art der zu unterstützenden Aufgaben vier Teilsysteme der Informationsverarbeitung: Administrations-, Dispositions-, Planungs- und Kontrollsysteme.[22] Neben diesen werden in Unternehmen zudem Querschnittssysteme eingesetzt, die an allen betrieblichen Arbeitsplätzen meist in Kombination mit den genannten Teilsystemen genutzt werden können.[23]

[19] Linß 95 /Integrationsabhängige Nutzeffekte/ S. 7.
[20] Vgl. Fischer 99 /Informationswirtschaft/ S. 8.
[21] Vgl. Ferstl, Sinz 01/Grundlagen/ S. 7 ff.
[22] Vgl. Mertens 00 /Integrierte Informationsverarbeitung 1/ S. 11.
[23] Vgl. Stahlknecht, Hasenkamp 99 /Wirtschaftsinformatik/ S. 350.

Administrations- oder operative Systeme sollen die Massendatenverarbeitung in der Verwaltung unterstützen. Ihr Hauptzweck liegt in der Rationalisierung von Routine- aufgaben, wie sie etwa in der Buchhaltung oder dem Personalwesen auftreten. Disposi- tionssysteme gehen über die reine Administration hinaus und sollen zudem menschliche Entscheidungen unterstützen oder übernehmen. Dabei zielen sie auf eine Rationali- sierung des Entscheidungsprozesses oder aber auf eine Verbesserung der Qualität der Entscheidungen ab. Als Beispiel lassen sich hier etwa Produktionsplanungs- und -steuerungs-Systeme (PPS-Systeme) nennen, die Optimierungsaufgaben in der Ferti- gung bzw. Produktion übernehmen.[24]

Planungs- und Kontrollsysteme (PuK-Systeme) unterstützen die Entscheidungsträger bei der Unternehmensplanung und -kontrolle. Die hierzu benötigten Daten stammen aus den Administrations- und Dispositionssystemen oder aus externen Quellen. Adressaten eines PuK-Systems sind im Regelfall Mitglieder des mittleren Managements, die die Entscheidungen der oberen Führungsebenen vorbereiten. Typische PuK-Systeme sind Berichtssysteme, die in regelmäßigen Abständen Informationen über den laufenden Geschäftsbetrieb oder den Fortschritt auf dem Weg zu einem Ziel zeigen, Frühwarn- systeme oder Simulationswerkzeuge.[25]

Zu den Querschnittssystemen zählen in erster Linie Anwendungen für die Büroautoma- tion und -kommunikation, mit denen alle Bürotätigkeiten unterstützt werden. Aber auch Anwendungen für die computergestützte Gruppenarbeit, wie Konferenzsysteme, Workflow- und Dokumentenmanagementsysteme, Multimediasysteme zur Unter- stützung der Präsentation von Informationen sowie wissensbasierte Systeme, die me- thodische Unterstützung für andere Anwendungssysteme bieten, zählen dazu.[26]

Die Begriffe betriebliche Anwendung, Applikation und Anwendungssystem werden im Rahmen dieser Arbeit, wie auch im allgemeinen Sprachgebrauch der Wirtschafts- informatik, weitgehend synonym verwendet.

---

24   Vgl. Mertens 00 /Integrierte Informationsverarbeitung 1/ S. 11 f.
25   Vgl. Mertens, Griese 00 /Integrierte Informationsverarbeitung 2/ S. 1 ff.
26   Vgl. Stahlknecht, Hasenkamp 99 /Wirtschaftsinformatik/ S. 350.

2.1.3 Heterogenität

Die Aufgaben der betrieblichen Informationsverarbeitung eines Unternehmens werden in der Regel nicht durch ein einziges Anwendungssystem wahrgenommen. Vielmehr unterstützen mehrere kooperierende Anwendungssysteme die Informationsfunktion.[27]

Durch die Kopplung von Anwendungen entstehen verteilte Netzwerke oft sehr unterschiedlicher Anwendungssysteme (heterogenes Netzwerk).[28] Die Heterogenität besteht dabei in der Verschiedenartigkeit der Anwendungen im Hinblick auf die ihnen zugrunde liegenden Betriebssysteme, Netzwerke, Hardware-Plattformen, Entwicklungsumgebungen oder -konzepte.[29]

Die Gründe für die Verschiedenartigkeit der den Anwendungssystemen zugrunde liegenden Technologien hängen mit einigen charakteristischen Eigenschaften des Einsatzes von Informations- und Kommunikationstechnologien in Unternehmen zusammen.[30]

Während im Falle von Ersatzinvestitionen in materielle Betriebsmittel diese meist bedeuten, dass etwa eine alte Maschine auch physisch vom Betriebsgelände entfernt wird, ist dies bei Anwendungssystemen oft nicht der Fall. Die alte Anwendung wird in einigen Anwendungsfällen oder in bestimmten Unternehmenseinheiten neben dem neuen System weiter verwendet. Gründe dafür sind der Investitionsschutz, die Vermeidung von zusätzlichem Migrationsaufwand, die Präferenzen einzelner Nutzergruppen oder gesetzliche Vorgaben (z.B. Aufbewahrungspflicht nach Handels- und Steuerrecht). Entsprechend ergeben sich erhöhte Wartungs-, Support- und Integrationsanforderungen.

Ein weiterer Grund ist das Bestreben von Hardware- und Softwareanbietern, sich im Markt über die verwendeten Technologien zu differenzieren und dadurch Kunden an ihre Produkte zu binden.[31] Insbesondere Betriebssysteme stellen eine solche „Lock-in"-Technologie dar, da Anwendungen i.d.R. nicht auf beliebigen Betriebssystemplattformen lauffähig sind. Auch Standardisierungsbemühungen können unterlaufen werden, wenn etwa wie im Fall des Betriebssystems Unix die auf dem Standard basierenden

---

27 Vgl. Ferstl, Sinz 01/Grundlagen/ S. 202.

28 Vgl. Mantel u.a. 00 /Integrationspotenziale von Kommunikationsplattformen/ S. 1.

29 Vgl. Kurbel, Rautenstrauch 96 /Integration Engineering/ S. 169.

30 Vgl. Rock-Evans 00 /EAI/ S. 24 ff.

31 Vgl. Picot u.a. 01 /Grenzenlose Unternehmung/ S. 67 f.

Produkte divergieren und anbieterspezifische inkompatible „Spielarten" der Grundform angeboten werden.

Schließlich ist es insbesondere bei neuen Technologien unmöglich, vorauszusagen, ob sich ein spezifisches Produkt am Markt durchsetzen wird. Neben evtl. vergleichbaren technologischen Eigenschaften ist dies immer auch von der Zukunftssicherheit des Unternehmens sowie den unternommenen Marketingmaßnahmen abhängig. Entsprechend besteht auch bei sorgsamer Produktauswahl die Gefahr, sich für eine Technologie zu entscheiden, die in Zukunft nicht weiterentwickelt wird.

Weitere Gründe für die Heterogenität der Anwendungssysteme liegen in erhofften Kosteneinsparungen durch den Wechsel der Basistechnologie, in der Verfügbarkeit bzw. den Einsatzmöglichkeiten spezifischen Technologie-Know-hows sowie nicht zuletzt in kulturellen Faktoren wie wahrgenommene Trends oder Moden.

2.2 Integrationsmerkmale

Integrationsmerkmale dienen der Beschreibung von Integrationsformen und stellen Attribute dar, durch die sich die Integrationszustände von betrieblichen Anwendungssystemen charakterisieren lassen.[32]

In der Literatur finden sich zahlreiche Ansätze zur Beschreibung von Integrationsformen, die sich in den beobachteten Integrationsmerkmalen unterscheiden. Eine umfassende und vergleichende Darstellung ausgewählter Ansätze gibt Linß.[33]

Den im Folgenden näher beschriebenen Integrationsmerkmalen liegen im Wesentlichen zwei sich ergänzende Ansätze zugrunde. Während Ferstl/Sinz ausgewählte Systemeigenschaften nutzen, um den Integrationszustand eines Anwendungssystems zu beschreiben, stützt sich Linß zur Beschreibung von Integrationszuständen auf Merkmale bezüglich der durch die Anwendungssysteme unterstützten Aufgaben bzw. ihre Einsatzfelder. Beide Ansätze beschränken sich auf die organisatorische Integration und abstrahieren damit von der zur Realisierung der Integration eingesetzten Technik.

---

32 Vgl. Linß 95 /Integrationsabhängige Nutzeffekte/ S. 7 f.
33 Vgl. Linß 95 /Integrationsabhängige Nutzeffekte/ S. 7-17.

Die von Linß verwendeten Integrationsmerkmale basieren maßgeblich auf den Definitionen von Schumann[34] und Mertens[35]. Linß stellt die Dimensionen Integrationsgegenstand, -richtung und -reichweite mit ihren Unterteilungen und unterschiedlichen Integrationsgraden dar. Mertens' Integrationsmerkmal des Automationsgrades, das zwischen der vollautomatischen Bearbeitung einer Aufgabe durch das System und verschiedenen Formen eines Mensch-Maschine-Dialogs (Teilautomation) unterscheidet, geht dabei implizit in die Integrationsgrade der anderen Dimensionen ein (Abbildung 2-2).[36]

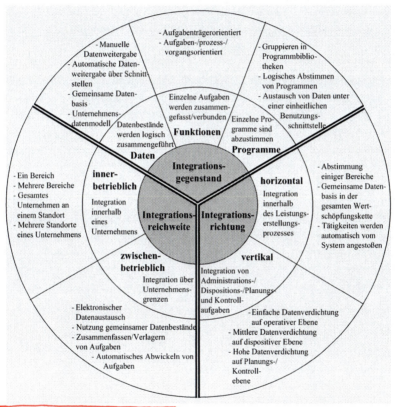

Abbildung 2-2: Integrationsmerkmale [37]

---

[34] Vgl. Schumann 92 /Großintegrierte IV/ S. 6 ff.
[35] Vgl. Mertens 00 /Integrierte Informationsverarbeitung 1/ S. 1-18.
[36] Vgl. Linß 95 /Integrationsabhängige Nutzeffekte/ S. 18-30.
[37] Linß 95 /Integrationsabhängige Nutzeffekte/ S. 18.

2.2.1 Struktur- und Verhaltensmerkmale integrierter Anwendungssysteme

Ferstl/Sinz unterscheiden Integrationsmerkmale hinsichtlich der Struktur und des Verhaltens der Anwendungssysteme.[38] Die strukturorientierten Merkmale beschreiben die Redundanz und die Verknüpfung der Komponenten. Im Hinblick auf das Verhalten werden die Integrationsmerkmale Konsistenz und Zielorientierung unterschieden.

Die Redundanz gibt an, inwieweit die einer bestimmten Systemfunktion zugeordneten Systemkomponenten mehrfach vorhanden sind und inwieweit Exemplare dieser Komponenten ohne Beeinträchtigung der Funktionsfähigkeit entfernt werden können.[39] Man kann zwischen einer Daten- und Funktionsredundanz unterscheiden.

Die Verknüpfung beschreibt Art und Anzahl der Kommunikationskanäle zwischen den Systemkomponenten und folgt aus der Abgrenzung der Komponenten und deren Grad an Redundanz. Bei lose gekoppelten Systemen basiert die Verknüpfung auf wenigen diskreten Schnittstellen, während bei einer engen Systemkopplung typischerweise Implementierungsabhängigkeiten bestehen, d.h. Modifikationen an einer Komponente Anpassungen der anderen gekoppelten Komponenten bedingen.[40]

Die Konsistenz beschreibt die Integrität des Systems im Hinblick auf die Einhaltung bestimmter Verhaltensregeln (semantische Integrität) und die korrekte Abwicklung von Transaktionen (operationale Integrität).

Die Zielorientierung beschreibt die Koordination der Komponenten, um sicherzustellen, dass sich diese zielgerecht im Sinne der Gesamtaufgabe des Anwendungssystems verhalten.

Schließlich beschreibt das Integrationsmerkmal Aufgabenträgerunabhängigkeit noch die Unabhängigkeit des Anwendungssystems von Hersteller, Technologiestand und spezifischen Leistungsparametern eines Rechnersystems.

---

[38]   Vgl. Ferstl, Sinz 01/Grundlagen/ S. 217 ff.; vgl. Mantel u.a. 00 /Integrationspotenziale von Kommunikationsplattformen/ S. 3 ff.

[39]   Vgl. Ferstl, Sinz 01/Grundlagen/ S. 218.

[40]   Vgl. Ruh u.a. 00 /EAI/ S. 21; vgl. Linthicum 00 /EAI/ S. 25.

2.2.2 Integrationsgegenstand

Die drei wesentlichen Integrationsgegenstände, auf die sich die Integration als Objekte beziehen kann, sind Daten, Funktionen und Programme.

Bei der Datenintegration werden den integrierten Anwendungssystemen die gleichen Datenbestände zur Verfügung gestellt. Scheer unterscheidet vier Integrationsgrade der Datenintegration: die manuelle Datenweitergabe zwischen unverbundenen Systemen, die automatische Datenweitergabe über Schnittstellen, den Zugriff auf eine gemeinsame Datenbasis und schließlich die Abbildung des gesamten Datenbestandes des Unternehmens in einem Unternehmensdatenmodell.[41] Die Integrationsgrade ergeben sich hier aus der aktuellen Verfügbarkeit und dem Umfang der aufeinander abgestimmten Daten.[42]

Die Funktionsintegration bezieht sich auf die Aufgaben (Funktionen/Tätigkeiten), die ein Mensch oder ein Anwendungssystem ausführt. Es wird zwischen einer aufgabenträgerorientierten und einer aufgabenorientierten Funktionsintegration unterschieden.[43] Bei der aufgabenträgerorientierten Funktionsintegration werden Teilaufgaben an einem Arbeitsplatz zusammengeführt. Als Beispiel lässt sich ein CADCAM-Konzept anführen, bei dem Daten, die während des Designs eines Erzeugnisses (Computer Aided Design) entstehen, u.a. zum Aufbau von Stücklisten und Arbeitsplänen oder zur Produktion technischer Handbücher (Computer Aided Manufacturing) genutzt werden.[44] Bei der aufgabenorientierten Funktionsintegration steht die Verknüpfung und durchgängige Unterstützung von Teilaufgaben eines Arbeitsablaufes im Vordergrund.[45] Man spricht hier auch von einer Vorgangs- oder Prozessintegration.[46]

Die Programmintegration schließlich umfasst die Abstimmung einzelner Programme eines Anwendungssystems oder mehrerer Systeme. Diese Programme sind Software-Bausteine, die die Komponenten der fachlich-inhaltlichen Funktions- oder der Prozess-/Vorgangsintegration IV-technisch realisieren.[47] Sie realisieren auch die Methoden, die

---

41 Vgl. Scheer 90 /CIM/ S. 164 ff.
42 Vgl. Linß 95 /Integrationsabhängige Nutzeffekte/ S. 20.
43 Vgl. Ferstl 92 /Integrationskonzepte/ S. 14 f.; vgl. Becker 91 /CIM-Integrationsmodell/ S. 180 ff.
44 Vgl. Mertens 00 /Integrierte Informationsverarbeitung 1/ S. 9.
45 Vgl. Ferstl 92 /Integrationskonzepte/ S. 15.
46 Vgl. Mertens 00 /Integrierte Informationsverarbeitung 1/ S. 1.
47 Vgl. Mertens 00 /Integrierte Informationsverarbeitung 1/ S. 3.

zur Lösung von Aufgaben dienen. Eine Unterscheidung zwischen der Programm-integration und der Methodenintegration ist daher nicht notwendig.[48]

2.2.3 Integrationsrichtung

Stellt man die Aufbauorganisation eines Unternehmens in einer Pyramide dar, kann man zwischen horizontaler und vertikaler Integration differenzieren (Abbildung 2-3).[49]

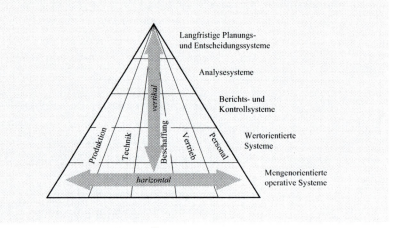

Abbildung 2-3: Integrationsrichtungen [50]

Die horizontale Integration bezieht sich vor allem auf die Verbindung der Teilsysteme in der betrieblichen Wertschöpfungskette. Dabei können Integrationsgrade nach der An-zahl der integrierten Bereiche unterschieden werden, und danach, wie eng die einzelnen Bereiche miteinander verbunden sind.[51] In der ersten Integrationsstufe wird ein Teil der Informationen aus einem Bereich auch in anderen Bereichen verwendet. Die Nutzung einer gemeinsamen Datenbasis und aufeinander abgestimmter Funktionen und Program-me in den Bereichen der gesamten Wertschöpfungskette gehen darüber hinaus. Beim höchsten Grad der horizontalen Integration werden Tätigkeiten automatisch durch die Systeme angestoßen, die dafür sorgen, dass die benötigten Informationen zur Verfügung stehen.

---

[48]   Vgl. Linß 95 /Integrationsabhängige Nutzeffekte/ S. 22.
[49]   Vgl. Schumann 92 /Großintegrierte IV/ S. 14 f.; vgl. Mertens 00 /Integrierte Informationsverarbeitung 1/ S. 4.
[50]   Scheer 94 /Wirtschaftsinformatik/ S. 83.
[51]   Vgl. Linß 95 /Integrationsabhängige Nutzeffekte/ S. 23.

Unter vertikaler Integration versteht man in erster Linie die Datenversorgung der Planungs- und Kontrollsysteme aus den Administrations- und Dispositionssystemen heraus.[52] Dabei werden die unterschiedlichen Verdichtungs- und Detaillierungsgrade der Informationssysteme aufeinander abgestimmt.[53] Diese bestimmen auch die unterschiedlichen Integrationsgrade: einfache Datenverdichtung auf operativer/administrativer Unternehmensebene, mittlere Verdichtung auf dispositiver Unternehmensebene und hohe Datenverdichtung auf Planungs- und Kontrollebene. Während bei der horizontalen Integration der Informationsgehalt der Daten der gleiche bleibt, wird er bei der vertikalen Integration verändert.

2.2.4 Integrationsreichweite

Bezüglich der Integrationsreichweite wird eine Unterscheidung zwischen der innerbetrieblichen und der zwischenbetrieblichen Integration vorgenommen.

Bei der innerbetrieblichen Integration beschränkt sich die Betrachtung auf ein rechtlich selbständiges Unternehmen. Dabei kann sich die Integration auf einen Bereich des Unternehmens auswirken, auf mehrere Bereiche, das gesamte Unternehmen an einem Standort, oder sie kann auch mehrere Standorte eines Unternehmens betreffen.[54]

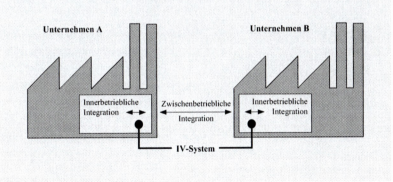

Abbildung 2-4: Einordnung von zwischenbetrieblichen IV-Systemen [55]

---

52   Vgl. Mertens 00 /Integrierte Informationsverarbeitung 1/ S. 4.
53   Vgl. Krcmar 91 /Integration/ S. 7.
54   Vgl. Linß 95 /Integrationsabhängige Nutzeffekte/ S. 25.
55   Linß 95 /Integrationsabhängige Nutzeffekte/ S. 27.

Die zwischenbetriebliche Integration stellt im engeren Sinne nur eine Weiterführung der innerbetrieblichen Integration dar, indem hier das Betrachtungsfeld auf mehrere rechtlich selbständige Unternehmen erweitert wird, die in einer wirtschaftlichen Beziehung zueinander stehen (Abbildung 2-4).[56]

Für die zwischenbetriebliche Integration lassen sich Integrationsgrade nach den Abhängigkeiten zwischen den Unternehmen beschreiben.[57] Die zwischenbetriebliche Integration reicht vom elektronischen Datenaustausch über die Nutzung gemeinsamer Datenbestände und von dem Zusammenfassen und Verlagern gemeinsamer Aufgaben bis hin zur automatischen Abwicklung zwischenbetrieblicher Vorgänge.

2.3 Ex-ante- und Ex-post-Integration

Die Integration von betrieblichen Anwendungssystemen kann generell auf drei Wegen erfolgen [58]:

- durch die vollständige Neuentwicklung eines umfassenden Anwendungssystems,
- durch die Entwicklung integrationsfähiger Einzelkomponenten, die schrittweise zusammengefügt werden, oder
- durch die nachträgliche Integration vorhandener Anwendungssysteme.

Bei den ersten beiden Varianten findet die Integration zeitlich vor der Implementierung von Software im Unternehmen statt. Entsprechend kann in diesen Fällen von einer Ex-ante-Integration gesprochen werden. Ex-post-Integration meint ausschließlich den dritten Fall der nachträglichen Integration vorhandener Anwendungen.

Bei der Neuentwicklung von modularen Anwendungssystemen wird bereits in der Entwurfsphase der Integrationsbedarf zwischen den einzelnen Modulen berücksichtigt und später beispielsweise durch den Zugriff auf eine gemeinsame Datenbasis unterstützt. Referenzmodelle der integrierten Informationsverarbeitung in Unternehmen wie etwa das Kölner Integrationsmodell (KIM)[59] oder Mertens' Referenzmodell der

---

56 Vgl. Schumann 92 /Großintegrierte IV/ S. 12; vgl. Mertens 00 /Integrierte Informationsverarbeitung 1/ S. 5.
57 Vgl. Linß 95 /Integrationsabhängige Nutzeffekte/ S. 26.
58 Vgl. Kurbel, Rautenstrauch 96 /Integration Engineering/ S. 169.
59 Vgl. Grochla u.a. 74 /Kölner Integrationsmodell/ S. 35 ff.

integrierten Informationsverarbeitung in der Industrie[60] bieten hier einen strukturierten Rahmen für die Anwendungsentwicklung. Auch umfassende betriebswirtschaftliche Standardsoftware-Lösungen, wie z.b. Enterprise Resource Planning (ERP)-Systeme, leisten auf diese Weise durch die Bereitstellung vorintegrierter Lösungen einen wesentlichen Beitrag zur Reduzierung des Integrationsbedarfs in Unternehmen. Jedoch ergibt sich oft auch in diesem Fall ein wesentlicher Integrationsbedarf zwischen der Standardsoftware und bereits vorhandenen Altsystemen (engl.: legacy applications) im Sinne der Ex-post-Integration.

Das Ziel der Entwicklung integrationsfähiger Einzelkomponenten steht im Mittelpunkt der komponentenbasierten Systementwicklung. Diese versucht ebenfalls, die Integrationsproblematik ex-ante zu lösen – in diesem Fall durch die grundlegende Festlegung einer Komponenteninfrastruktur und verbindlicher Schnittstellen. Auf dieser Basis entwickelte Komponenten können ohne weiteren Integrationsaufwand in die Komponenteninfrastruktur aufgenommen werden und mit anderen Komponenten entsprechend bestimmter Interaktionsmuster, die von der Infrastruktur vorgegeben werden, kooperieren. Es lassen sich auf diese Weise integrierte Anwendungen durch die Kombination vorgefertigter Einzelkomponenten zusammensetzen.

Obwohl die Ansätze der komponentenbasierten Systementwicklung weit zurück reichen[61], ist sie zur Zeit weitgehend noch Gegenstand der Informatikforschung. Die Gründe für die zögerliche Durchsetzung in der Unternehmenspraxis dürften in der oftmals unkoordinierten Planung der Informationssystemarchitektur und in der unzureichenden zentralen Kontrolle innerhalb der Unternehmen liegen.[62]

Wesentliche Elemente dieser sog. Komponententechnik, die in enger Beziehung zu der objektorientierten Programmierung stehen, können auch im Rahmen der Ex-post-Integration Anwendung finden. So kann man auch bereits vorhandene, nicht auf Basis der Komponententechnik entwickelte Anwendungen als Komponenten erscheinen lassen (Wrapping) und deren Funktionalität nachträglich über eine Komponenteninfrastruktur zugänglich machen.[63] Im Hinblick darauf werden die entsprechenden Technologien im weiteren Verlauf dieser Arbeit noch näher untersucht. Da jedoch die Neuentwicklung von Systemen auf Basis entsprechender Paradigmen der Systementwicklung nicht Untersuchungsgegenstand dieser Arbeit ist, wird der Ansatz der

---

[60] Vgl. Mertens 00 /Integrierte Informationsverarbeitung 1/S. 20 ff.

[61] Vgl. Zeidler 00 /Komponententechnik/ S. 61.

[62] Vgl. Linthicum 00 /EAI/ S. 61; vgl. Nierstrasz, Lumpe 97 /Komponenten/ S. 21 ff.

[63] Vgl. Wilkes 99 /Legacy Componentization and Wrapping/ S. 50 ff.

komponentenbasierten Systementwicklung trotz seines Bezugs zur Problemstellung hier nicht im Detail diskutiert.

Die Schaffung eines integrierten Anwendungssystems durch die Ex-post-Integration vorhandener Anwendungen unterscheidet sich von den beiden anderen Wegen durch die spezifischen Probleme, die anzuwendenden Verfahren und Methoden sowie durch die unterstützenden Technologien. Integration meint in diesem Fall die Wiederherstellung eines Ganzen durch Umgruppierung existierender Teile und ggf. die Ergänzung durch neue Teile.[64]

Hier gilt es Anwendungen zu verbinden, die oft nicht dafür konzipiert sind, mit anderen Anwendungen zu kommunizieren oder Daten auszutauschen. Charakteristisches Merkmal ist die Heterogenität der Anwendungssysteme im oben beschriebenen Sinne.[65] Diese Heterogenität ist Ausdruck gewachsener Strukturen durch die Hinzufügung immer neuer Anwendungssysteme im Zeitablauf ohne eine umfassende architektonische Gesamtplanung.

Die Untersuchung von EAI als umfassenden Ansatz zur Unterstützung der Ex-post-Integration steht im Mittelpunkt dieser Arbeit. Entsprechend wird im weiteren Verlauf dieser Arbeit der Integrationsbegriff im Sinne der Ex-post-Integration vorhandener Anwendungssysteme gebraucht, falls sich nicht aus dem Kontext eine allgemein gültige Verwendung des Begriffs ergibt oder explizit auf die Ex-ante-Integration Bezug genommen wird.

2.4 Integrationsziele und -potentiale

Mit der Einführung neuer Anwendungssysteme wie auch mit der Ex-post-Integration vorhandener Systeme sind bestimmte gewollte sowie ungewollte Auswirkungen auf das Unternehmen verbunden.[66] Diese sind je nach Anwendungssituation vom Unternehmen individuell zu bewerten. Es ergeben sich positive Effekte, die auch als Nutzeffekte bezeichnet werden, und negative Effekte, die den Gesamtnutzen verringern. Als positiver Effekt erleichtert z.B. ein Internetzugang am Arbeitsplatz den individuellen Zugang zu

---

[64]   Unter „Teilen" sind die zu integrierenden betrieblichen Anwendungen oder Anwendungskomponenten zu verstehen. Vgl. Fischer /Informationswirtschaft/S. 87; vgl. Biethahn u.a. 00 /Ganzheitliches Informationsmanagement/ S. 76.

[65]   Siehe Abschnitt 2.1.3 Heterogenität.

[66]   Vgl. Linß 95 /Integrationsabhängige Nutzeffekte/ S. 30 f.

benötigten externen Informationen. Gleichzeitig kann sich privates „Surfen" im Internet negativ auf die Mitarbeiterproduktivität auswirken.

Es lassen sich typische direkte und indirekte Wirkungen beschreiben, die sich unabhängig von dem IV-System aus der Integration heraus ergeben.[67] So kann die Anwendungsintegration beispielsweise die Beschleunigung betrieblicher Abläufe unterstützen oder aber neue Formen der zwischenbetrieblichen Kooperation ermöglichen. Die Integrationswirkungen, die sich aus den verschiedenen Integrationsgraden (bottom-up) ergeben, bestimmen das Integrationspotential für das Unternehmen.

Aus einer top-down Sicht heraus können die Ziele, die ein Unternehmen verfolgt, hierarchisch aufgegliedert werden. Generelles Sachziel der betrieblichen IV ist es, zur Erreichung der strategischen Unternehmensziele beizutragen.[68] Dazu ist diese auf die Unterstützung der betrieblichen Prozesse und Verfahren ausgerichtet. Die Integration betrieblicher Anwendungen ist in diesem Zusammenhang ein Formalziel, welches die Art und Weise konkretisiert, durch die das Sachziel erreicht werden soll. Entsprechend hilft auch die Integration, die strategischen Unternehmensziele zu erreichen. Fischer definiert in diesem Sinne: „Ziel der Integration ist es letztlich, durch ganzheitliche, ungehinderte und inhaltlich konsistente Informationsflüsse die Effektivität und die Effizienz der Unternehmung zu steigern."[69] Ebenso sieht Mertens das vorrangige Ziel der Integration darin, dass der Informationsfluss durch die Integration zu einem natürlichen Abbild der tatsächlichen Geschäftsprozesse im Unternehmen wird.[70] Auf diese Weise soll negativen Auswirkungen mehr oder weniger künstlicher Grenzen zwischen Abteilungen und Funktionsbereichen entgegengewirkt werden.

Die Integrationsziele unterscheiden sich also von den Integrationspotentialen durch ihre Betrachtungsweise. Der Betrachtungsgegenstand ist jedoch in beiden Fällen der gleiche, nämlich der Integrationsgrad des Anwendungssystems. Es geht um die Bestimmung des zur Erreichung der Unternehmensziele optimalen Integrationsgrades des betrieblichen Anwendungssystems.[71] Dabei ist der Integrationsgrad anhand der oben dargestellten Integrationsmerkmale zu beschreiben. Abbildung 2-5 fasst die Wechselwirkungen zwischen den Integrationspotentialen, den Integrationszielen und dem Integrationsgrad nochmals grafisch zusammen.

---

[67] Vgl. Linß 95 /Integrationsabhängige Nutzeffekte/ S. 45.

[68] Vgl. Heinrich 92 /Informationsmanagement/ S. 123.

[69] Fischer 99 /Informationswirtschaft/S. 88

[70] Vgl. Mertens 00 /Integrierte Informationsverarbeitung 1/ S. 9.

[71] Vgl. Ferstl, Sinz 01 /Grundlagen/ S. 217.

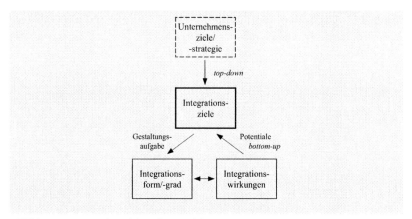

Abbildung 2-5: Integrationsziele und -potentiale

Ferstl/Sinz formulieren die Ziele der Integration anhand der von ihnen unterschiedenen Struktur- und Verhaltensmerkmale der Anwendungsintegration: Redundanz, Verknüpfung, Konsistenz, Zielorientierung und Unabhängigkeit vom Aufgabenträger. Ziel ist die Einhaltung einer vorgegebenen Ausprägung des jeweiligen Merkmals (Tabelle 2-1).[72]

Tabelle 2-1: Integrationsziele nach Ferstl/Sinz [73]

Merkmalsgruppe		Ziel: Einhaltung einer vorgegebenen Ausprägung des Merkmals...
Struktur	Redundanz	Datenredundanz
		Funktionsredundanz
	Verknüpfung	Kommunikationsstruktur
Verhalten	Konsistenz	Semantische Integrität
		Operationale Integrität
	Zielorientierung	Vorgangssteuerung
Aufgabenträgerunabhängigkeit		Unabhängigkeit vom Aufgabenträger

Das Integrationsziel bezüglich der Redundanz ist also eine optimale Redundanz der Systemkomponenten. Argumente für die Vermeidung von Redundanz sind mögliche Inkonsistenzen zwischen redundanten Komponenten, der Aufwand für die Prüfung und

---

[72] Vgl. Ferstl, Sinz 01 /Grundlagen/ S. 217 ff.
[73] Ferstl, Sinz 01 /Grundlagen/ S. 218.

Korrektur dieser Inkonsistenzen sowie die mangelnde Wirtschaftlichkeit der Ressourcennutzung. Demgegenüber stehen als Gründe für die Erhaltung von Redundanz die mögliche Toleranz des Systems bei Ausfall von Komponenten, die mögliche Leistungssteigerung des Systems durch parallele Nutzung redundanter Komponenten und eine mögliche Reduzierung der Strukturkomplexität des Systems durch die Verwendung von Systemkomponenten mit redundanten Merkmalen. Das Integrationsziel ist die Vermeidung ungeplanter Redundanz von Komponenten.[74] Bezüglich der Verknüpfung gilt das Ziel, die erforderliche Kommunikationsstruktur mit einem minimalen Verknüpfungsgrad zwischen den Funktionen zu realisieren. Als weitere Integrationsziele leiten Ferstl/Sinz die permanente Einhaltung der semantischen und operationalen Integrität, die Zielausrichtung aller Komponenten und Teilsysteme auf eine Gesamtaufgabe sowie die Aufgabenträgerunabhängigkeit ab.[75]

Entsprechend sind situativ auch den Integrationsmerkmalen, dem Integrationsgegenstand (Daten, Funktionen/Prozesse, Programme), der Integrationsrichtung und der Integrationsreichweite im Hinblick auf ein konkretes Integrationsziel optimale Ausprägungen zuzuordnen.[76] Dabei besteht der optimale Integrationsgrad im Allgemeinen nicht in der maximalen bzw. minimalen Ausprägung des einzelnen Merkmals.[77] Vielmehr ergibt er sich aus einer Abstimmung der mit einem bestimmten Integrationsgrad verbundenen Nutzeffekte auf die Unternehmensziele. Eine möglichst vollständige Berücksichtigung aller durch die Anwendungsintegration entstehenden Nutzeffekte ist dabei wesentlich, um Fehlallokationen zu vermeiden.

2.4.1 Nutzeffekte der Anwendungsintegration

Im Folgenden sollen integrationsabhängige Nutzeffekte näher untersucht werden. Es lassen sich operative und strategische Effekte unterscheiden.[78] Operative Effekte zeichnen sich durch ihre direkte Zurechenbarkeit von Ursache und Wirkung aus. Sie ergeben sich aus der rationelleren und schnelleren Abwicklung traditioneller Abläufe. Sie beziehen sich auf die Effizienz des Unternehmens. Bei operativen Effekten kann zwischen Kosten-, Zeit- und Qualitätseffekten unterschieden werden. Derartige Integrationswirkungen lassen sich in den durch die Anwendungssysteme unterstützten

74 Vgl. Mantel u.a. 00 /Integrationspotenziale von Kommunikationsplattformen/ S. 4.
75 Vgl. Ferstl, Sinz 01/Grundlagen/ S. 218.
76 Siehe Abschnitt 2.2 Integrationsmerkmale.
77 Vgl. Ferstl, Sinz 01/Grundlagen/ S. 217.
78 Vgl. Scheckenbach 97 /Semantische Geschäftsprozeßintegration/ S. 24 ff.

Fachbereichen aber auch – insbesondere bei der Untersuchung des Potentials der Ex-
post-Integration vorhandener Systemkomponenten – innerhalb der betrieblichen IV beobachten.

Den operativen Effekten stehen strategische Nutzeffekte der Integration gegenüber;
letztere beziehen sich auf die Effektivität des Unternehmens und leisten einen Beitrag
zur Steigerung der Rentabilität der Aktivitäten im Leistungsfluss durch eine bessere
Abstimmung der betrieblichen Anwendungssysteme im Unternehmen auf dessen
Märkte und Geschäftsprozesse, Organisations- und Personalstruktur.[79] Dazu unterstützen die strategischen Nutzeffekte eine verbesserte Steuerung der Prozesse innerhalb
oder zwischen den Unternehmen oder helfen, neue unternehmerische Potentiale zu
eröffnen. Die Zuordnung der strategischen Effekte zu bestimmten Integrationswirkungen gestaltet sich dabei aufgrund des organisatorischen und meist langfristigen
Charakters schwieriger als bei operativen Effekten, die auf der Automatisierung und
Beschleunigung bestehender Abläufe basieren.[80]

2.4.1.1 Operative Effekte in den Fachbereichen

Traditionell stehen im Mittelpunkt der Nutzenbetrachtung der Anwendungsintegration
operative Effekte, die sich in den Fachbereichen aufgrund der durchgängigen Unterstützung von Geschäftsvorgängen ergeben.[81] Klassisches Beispiel ist der reduzierte
Eingabeaufwand bei der automatischen Übermittlung von Daten zwischen den Anwendungen sowie die damit verbundene Reduzierung der Gefahr von Eingabefehlern.[82]

Tabelle 2-2 gibt einen Überblick über weitere Nutzeffekte auf dieser Ebene. Wesentliches Merkmal der dargestellten Nutzeffekte ist die Beschleunigung betrieblicher
Abläufe durch die Automatisierung der Datenübermittlung zwischen den Anwendungen. Diesen positiven Wirkungen stehen auch Nachteile entgegen, die sich in erster
Linie aus der erhöhten Komplexität der Anwendungssysteme ergeben.[83] So verstärken
sich negative Folgen fehlerhafter Daten durch die Mehrfachverwendung,[84] wobei dem

---

[79]   Vgl. Fischer 99 / Informationswirtschaft/ S. 89.

[80]   Vgl. Scheckenbach 97 / Semantische Geschäftsprozeßintegration/ S. 25.

[81]   Vgl. etwa Heilmann 62 / Integrierte DV/ S. 203 ff.

[82]   Vgl. Mertens 00 / Integrierte Informationsverarbeitung 1/ S. 9.

[83]   Vgl. Linß 95 / Integrationsabhängige Nutzeffekte/ S. 45 f.

[84]   Vgl. Mertens 00 / Integrierte Informationsverarbeitung 1/ S. 10.

einzelnen Anwender diese Auswirkungen u.U. nicht bewusst sind, da sie außerhalb seines Verantwortungsbereiches auftreten.

Tabelle 2-2: Operative Effekte in den Fachbereichen [85]

Nutzeffekte	Beispiele
Kosteneffekte	• Einmalige Dateneingabe und Vermeidung von weiteren Datenerhebungen, -eingaben, -prüfungen durch die automatische Übermittlung von Daten zwischen Anwendungen • Reduktion der administrativen Kosten für das Sammeln, Verteilen und Archivieren von Papierdokumenten • Reduktion von Trainingskosten durch den einfacheren Zugriff auf Informationen • Reduktion der Übertragungskosten
Zeiteffekte	• Beschleunigung interner Abläufe durch die direkte Datenübernahme ohne Medienbrüche • Beschleunigung der zwischenbetrieblichen Datenübertragung, insbesondere auch ins Ausland • 24-Stunden-Verfügbarkeit, Überwindung von Zeitzonen (asynchrone Kommunikation)
Qualitätseffekte	• Reduktion der Gefahr von Erfassungsfehlern bei der Mehrfacherfassung von Daten • Redundanzarme, umfassendere und aktuellere Datenbasis • Überwindung von Sprachbarrieren und Vermeidung von Missverständnissen bei der zwischenbetrieblichen Integration • Im automatisierten Workflow werden keine Aktivitäten vergessen • Unkorrekte Daten werden durch die Vielfachverwendung schneller aufgespürt

2.4.1.2 Operative Effekte innerhalb der betrieblichen IV-Abteilung

In den letzten Jahren sind die Anforderungen an die betrieblichen IV-Abteilungen beständig gewachsen. Zunehmend verkürzte Prozess- und Systemlebenszyklen erfordern die Unterstützung sich ständig verändernder Geschäftsprozesse durch neue oder angepasste Anwendungen. Die globale Vernetzung erfordert 24-Stunden-Verfügbarkeit der beteiligten Systeme und Daten. Der technologische Anspruch an Anwendungsprojekte ist gestiegen – bei immer kürzeren Realisierungszyklen, die eine zeitnahe Umsetzung der funktionalen Anforderungen fordern.[86] Daher sind gerade die Nutzeffekte der Anwendungsintegration im Hinblick auf die Realisierung von neuen Anwendungen

---

[85] Vgl. Scheckenbach 97 /Semantische Geschäftsprozeßintegration/ S. 25.

[86] Vgl. Winkeler u.a. 01 /EAI/ S. 9 f., vgl. Wilkes, Sprott 99 /Application Integration/ S. 7.

durch die betrieblichen IV-Abteilungen in den Vordergrund gerückt. Noch schwerer als Kosteneffekte wiegen hierbei mögliche Zeiteffekte.

Dabei steht im Mittelpunkt der Nutzenbetrachtung die Anwendungsintegration im Sinne der Ex-post-Integration vorhandener Anwendungen. Hierbei kann sich ein Nutzen für das Unternehmen ergeben, da die Integration vorhandener Komponenten und ggf. die Ergänzung durch neue Teile i.d.R. deutlich schneller und billiger erfolgt als die Neuentwicklung umfassend integrierter Anwendungssysteme.

Das Ausmaß dieser Entwicklungskosten- und -zeitvorteile gegenüber der Neuentwicklung hängt jedoch neben dem Integrationsgrad auch ganz maßgeblich von dem gewählten Integrationsansatz ab.[87] Dieser bestimmt nämlich maßgeblich den Aufwand für die Integration, die Flexibilität der Integrationslösung und den zukünftigen Wartungsaufwand.

Die Kosten für z.b. die Pflege und Wartung entstehender Schnittstellen mindern die Nutzeffekte, die durch die Integration herbeigeführt werden.[88] So ergeben sich bei der Umsetzung von EAI-Lösungen wesentliche Nutzeffekte aus deren Schnittstellenkonzeption, bei der die zu integrierenden Komponenten lediglich mit einer zentralen Instanz verbunden werden, die als „Informationsdrehscheibe" die Verbindung zu allen anderen Komponenten herstellt.[89] Dies bedeutet gegenüber individuellen Punkt-zu-Punkt-Verbindungen zwischen den einzelnen Komponenten eine wesentliche Verringerung der zu wartenden Schnittstellen.[90]

Die Anwendung vorgefertigter Integrationslösungen wie z.b. Standardadapter reduziert wiederum den Programmierbedarf und beschleunigt den Integrationsprozess. Oft übernehmen die Hersteller der Integrationsprodukte die Wartung der Schnittstellen beim Kunden. Ändert dieser etwa die Version eines Betriebssystems oder einer Datenbank, genügt es u.U., den dazugehörigen Adapter auszutauschen.[91]

Ein wesentlicher Faktor für die Höhe des Integrationsnutzens ist, inwieweit es gelingt, durch die Anwendungsintegration die Wiederverwendung von Anwendungskomponenten zu erhöhen. Dazu ist eine Integration von Anwendungen auf Ebene der

---

[87]   Siehe Abschnitt 3.3 Integrationsansätze.

[88]   Vgl. Linthicum 00 /EAI/ S. 8.

[89]   Siehe Abschnitt 4.1 Der Lösungsansatz.

[90]   Siehe Abschnitt 4.4.3 Wirtschaftlichkeitsbetrachtung.

[91]   Vgl. Winkeler u.a. 01 /EAI/ S. 13 f.

Applikationslogik notwendig.[92] Durch die Wiederverwendung von Anwendungen lässt sich die Systementwicklung verkürzen und der Entwicklungsaufwand reduzieren. Hinzu kommt, dass durch die Verwendung erprobter Komponenten die Software-Qualität steigt und Synergieeffekte in der Wartung der Komponenten realisiert werden können.[93] „Lieferanten" solcher Anwendungskomponenten sind dabei Altanwendungen eines Unternehmens, Standardsoftware sowie spezifische eigenentwickelte Software.

Gerade in Altanwendungen ist oft organisatorisches Wissen abgebildet, wie es in dieser Form nirgendwo sonst im Unternehmen dokumentiert ist. Ein Beispiel sind hier etwa die Umstände, unter denen ein Rabatt gewährt wird. Daher kann es extrem schwierig sein, diese Altanwendungen zu ersetzen oder im Zuge eines Re-engineering auf moderne Plattformen zu übertragen.[94] Ist man in der Lage, sie durch Integration unangetastet für neue Anforderungen zu gebrauchen, kann das einen enormen Vorteil im Hinblick auf Softwarequalität und Entwicklungszeit darstellen.[95]

Der Reiz von Standardsoftware liegt darin, dass sie erprobte Lösungen für allgemeine Geschäftsanforderungen bereitstellt. Entwicklung und Wartung der Software ist Sache des Herstellers, und die internen IV-Abteilungen werden so entlastet, um sich auf unternehmensspezifische Anforderungen zu konzentrieren.[96] Vorgefertigte Lösungen eines Anbieters werden jedoch nie alle Anforderungen eines Unternehmens abdecken können.[97] Gelingt es, unterschiedliche Standardsoftware im Sinne einer „Best-of-breed"-Strategie zu integrieren, erhöht dies nicht nur die Flexibilität der Prozess-unterstützung und beschleunigt die Einführung neuer Anwendungen. Es können sich durch die erhöhte Herstellerunabhängigkeit u.U. auch Kosteneinsparungen bei der Beschaffung neuer Anwendungen ergeben.[98]

Tabelle 2-3 fasst beispielhafte, operative integrationsabhängige Nutzeffekte, die innerhalb der betrieblichen IV auftreten, zusammen.

---

[92] Siehe Abschnitt 3.2 Integrationskonzepte.

[93] Vgl. Stahlknecht, Hasenkamp 99 /Wirtschaftsinformatik/ S. 329.

[94] Kurbel, Rautenstrauch sprechen von einem integrationsorientierten Re-engineering, wenn es darum geht, Altsysteme mit dem Ziel aufzubereiten, diese integrationsfähig zu machen [vgl. Kurbel, Rautenstrauch 96 /Integration Engineering/ S. 170].

[95] Vgl. Harmon u.a. 01 /E-Business Systems and Architectures/ S. 91; vgl. Ruh u.a. 00 /EAI/ S. 7.

[96] Vgl. Ruh u.a. 00 /EAI/ S. 8.

[97] Vgl. Buxmann, König 97 /Einsatz R/3/ S. 331 ff.; vgl. Ließmann 00 /Schnittstellenorientierung/ S. 60; vgl. Ruh u.a. 00 /EAI/ S. 8; vgl. Hartmann u.a. 01 /ERP-Collaboration/ S. 25.

[98] Vgl. Winkeler u.a. 01 /EAI/ S. 14.

Tabelle 2-3: Operative Effekte innerhalb der betrieblichen IV

Nutzeffekte	Beispiele
Kosteneffekte	• Verringerte Softwareausgaben bei stärkerer Wiederverwendung von Softwarekomponenten • Investitionsschutz bei längerer Verwendung von Altanwendungen • Vermeidung von aufwendigem Re-engineering von Altanwendungen • Kosteneinsparungen bei der Beschaffung von Software durch erhöhte Herstellerunabhängigkeit beim „Best-of-breed"-Ansatz • Synergieeffekte bei der Wartung wiederverwendeter Komponenten
Zeiteffekte	• Schnellere Entwicklung und Modifikation von Anwendungssystemen durch die Ex-post-Integration von Komponenten • Verkürzte Entwicklungszeiten durch stärkere Wiederverwendung von Komponenten
Qualitätseffekte	• Wiederverwendung von bereits erprobten Komponenten reduziert die Fehler bei der Entwicklung neuer Anwendungen • Ausnutzung positiver Systemeigenschaften von Mainframe-basierten Altanwendungen (hohe Zuverlässigkeit bei großen Transaktionsvolumina)

2.4.1.3 Strategische Effekte

Während sich die operativen Nutzeffekte auf den substitutiven Einsatz (Kostenein-sparungen) oder den komplementären Einsatz (Produktivitätssteigerung) der Anwen-dungsintegration zurückführen lassen, zielt die innovative Nutzung auf die strategischen Effekte ab und stellt somit eine Weiterentwicklung des substitutiven Ansatzes dar.[99] Ziel ist es, langfristige Wettbewerbsvorteile in Form von Kostenreduzierungen oder Ertragsvorteilen zu erhalten.[100] Durch die Neugestaltung inner- und zwischenbetrieb-licher Geschäftsprozesse sowie durch bessere und aktuellere Informationen können Unternehmen ihr Angebot zielgerechter auf den Markt einstellen und erhöhen so ihre Reaktionsfähigkeit auf die Wettbewerber.[101]

Es lassen sich inner- und zwischenbetriebliche strategische Effekte der Anwendungs-integration unterscheiden (vgl. Tabelle 2-4).

---

[99] Vgl. Von Dobschütz 00 /IV-Wirtschaftlichkeit/ S. 433; vgl. Scheckenbach 97 /Semantische Geschäfts-prozeßintegration/ S. 27.

[100] Vgl. Schumann 90 /Nutzeffekte zwischenbetrieblicher IV/ S. 308.

[101] Vgl. Fischer 99 /Informationswirtschaft/ S. 89.

Tabelle 2-4: Strategische Effekte der Anwendungsintegration [102]

Nutzeffekte	Beispiele
innerbetrieblich	• Verbesserte Entscheidungsunterstützung durch die automatische Versorgung der PuK-Systeme mit Informationen aus den Administrations- und Dispositionssystemen – schnelleres Erkennen von Trendveränderungen – Neue Logistik- und Controllingkonzepte infolge der verbesserten Datenbasis • Schnellere Auftragsabwicklung durch Daten- und Prozessintegration • Extreme Beschleunigung interner Abläufe durch Automatisierung und Integration (Straight Through Processing, Zero Latency) • Vereinfachte Implementierbarkeit und Verwaltbarkeit interner Abläufe reduziert die Anforderungen an die Mitarbeiter (und damit die Personalkosten) für die Ausführung der Vorgänge • Gesteigertes Bewusstsein bezüglich abteilungsüberschreitender Vorgänge • Erhöhte Flexibilität in der Ablauforganisation • Verkürzung von Wiederbeschaffungszeiten und die entsprechende Reduktion der Lagerbestände und der damit verbundenen Kapitalbindung • Unterstützung von Maßnahmen zur Steigerung von Kundenzu-friedenheit und -bindung und zum Cross-Selling durch eine einheitliche Kundensicht im Unternehmen
zwischenbetrieblich	• Effizientere Koordination der Aktivitäten mit Unternehmen der vor- und nachgelagerten Wertschöpfungsstufen – Intensivierung des (gewerblichen) Kunden-, Lieferantenkontakts – Verringerte Koordinationskosten – Vermeidung von Doppelarbeit – Kosteneinsparungen durch Verlagern von Tätigkeiten/Funktionen (Datenerfassung durch Kunden, Qualitätsprüfung durch Lieferanten) – Zeitliche Verkürzung von Vorgängen, Reduzierung von Durchlaufzeiten (z.B. in der Produktentwicklung) • Unterstützung neuer Kooperationsformen (Unternehmensnetzwerke, Elektronische Märkte, Virtuelle Organisationen) • Erhöhte Reaktionsfähigkeit am Markt • Ausschalten von Handelsstufen • Aufbau von Marktbarrieren • Angebot neuer Leistungen (neue Vertriebswege, erweiterte Dienstleistungen, neue Produkte)

Innerbetrieblich stehen die Optimierung interner Prozesse sowie verbesserte Kundenbe-ziehungen im Mittelpunkt. So ermöglichen aktuellere Informationen beispielsweise die

---

[102] Vgl. Scheckenbach 97 /Semantische Geschäftsprozeßintegration/ S. 26.

Reduzierung von Wiederbeschaffungszeiten und insgesamt geringere Lagerbestände. Auf diese Weise ist es möglich, die Lagerkosten zu verringern und das Dispositions-verhalten anzupassen.[103] Generell unterstützt die durch die Integration im Hinblick auf Aktualität und Qualität verbesserte Datenbasis die Entscheidungsunterstützung im Unternehmen und bildet die Grundlage für neue Logistik- und Controllingkonzepte.

Begriffe wie Real Time Enterprise, Zero Latency Enterprise oder Straight Through Processing (STP) beschreiben allesamt Bemühungen, durch die Integration von Anwendungen interne Abläufe wesentlich zu beschleunigen.[104] Ziel ist eine enge Integration auf Geschäftsprozessebene. Auf diese Weise sollen zeitkritische Anwen-dungen wie Handels- oder Logistiksysteme sowie Transaktionen im direkten Dialog mit natürlichen Personen etwa über das Internet unterstützt werden. Zudem verspricht das Konzept des latenzarmen Unternehmens Wettbewerbsvorteile, da neue Geschäfts-möglichkeiten besser und schneller wahrgenommen werden können.[105]

In Bezug auf die Kundenbeziehungen fördert die Anwendungsintegration eine einheit-liche Kundensicht im Unternehmen.[106] Jeder Kunde eines Unternehmens nimmt dieses als eine Einheit wahr, nicht als ein Konglomerat von einzelnen funktionalen Ab-teilungen oder Geschäftsbereichen. Ebenso erwartet der Kunde, von „seinem" Unter-nehmen, mit dem er geschäftliche Beziehungen unterhält, erkannt zu werden. Im Umgang mit einer Abteilung oder einem Geschäftsbereich will der Kunde nicht erneut Angaben machen müssen, die er bereits zu anderem Anlass gemacht hat. Zudem erwarten Stammkunden, dass ihre Loyalität anerkannt wird. Demgegenüber liegt es im Interesse des Unternehmens, alle Informationen, die es über einen Kunden besitzt, zu nutzen. Und dabei darf es keinen Unterschied machen, ob der Kundenkontakt alter-nierend über das Call-Center, das Internet und persönlich erfolgt. Das Wissen darüber, was ein Kunde früher gekauft hat, eröffnet eventuell Möglichkeiten, weitere Produkte oder Dienstleistungen zu verkaufen, die mit dem ersten Produkt in Beziehung stehen. Personalisierte Inhalte, die dem Kunden auf Basis eines umfassenden Kundenprofils über das Internet präsentiert werden, können zu einer stärkeren Kundenbindung an das Unternehmen beziehungsweise an eine Marke führen.[107]

---

103 Vgl. Scheckenbach 97 /Semantische Geschäftsprozeßintegration/ S. 26.
104 Vgl. Vaughan 99 /Real Time Enterprise/ S. 30.
105 Vgl. Scharf, Fritsch 00 /E-Commerce/ S. 59.
106 Vgl. Ruh u.a. 00 /EAI/ S. 4.
107 Vgl. Schwarz 01 /Personalisierung/ S. 70 f.

Zwischenbetrieblich lassen sich Synergien aus der verbesserten Koordination von Geschäftsprozessen erzielen. So setzen zahlreiche Logistikkonzepte wie Just-in-Time, Lean Supply oder Outsourcing eine enge informationelle Verbindung vor- und nachgelagerter Wertschöpfungsstufen voraus.[108] Insofern sind sie eine Umsetzung der strategischen Effekte zwischenbetrieblicher Integration. Efficient Consumer Response (ECR) etwa basiert auf einem durchgängigen Informationsfluss zwischen dem Point of Sale (POS) im Handel und dem Hersteller. Auf diese Weise kann die Logistik effizient gesteuert werden. Gleichzeitig unterstützen die Trend- und Abverkaufsdaten des Handels die Festlegung eines optimalen Marketing-Mix.[109]

Darüber hinaus lassen sich durch die unternehmensübergreifende Integration neue Geschäftsfelder eröffnen. Neue Vertriebswege können erschlossen werden (z.B. Last-Minute-Reisen im Internet), bessere Produkte können angeboten werden (z.B. maßgeschneiderte Jeans) oder es können neue Produkte geschaffen werden (z.B. Fernwartung von Heizungsanlagen).[110]

Zudem ist die Anwendungsintegration eine wesentliche Voraussetzung für neuartige Kooperationsformen zwischen Unternehmen.[111] Durch die Integration von Informationen und Prozessen können Leistungen, die traditionell an einem Ort oder durch ein Unternehmen zu erbringen waren, effizient im Rahmen unternehmensübergreifender Kooperation erbracht werden (Unternehmensnetzwerke).[112] Auch die zeitlich begrenzte Abstimmung zwischen Unternehmen, die beabsichtigen, gemeinsam neue Produkte zu vermarkten oder neue Märkte zu erschließen (virtuelles Unternehmen), wird unterstützt.[113] Elektronische Märkte unterstützen auf Basis von IV-Technologien Mechanismen des marktmäßigen Tausches von Waren. Dabei ergeben sich durch die Vermeidung von Informationsasymmetrien und die Senkung der Transaktionskosten Vorteile bei der Anbahnung und Abwicklung von Geschäftsbeziehungen.

Ein Sonderfall der zwischenbetrieblichen Integration und der damit verbundenen strategischen Effekte ist die Integration der betrieblichen IV im Rahmen von Unternehmenszusammenschlüssen. Die Informationstechnologie spielt in Merger- oder Akquisitions-Situationen eine wesentliche Rolle. Es gilt, die Systeme der Partner schnellstmöglich zu

---

108 Vgl. Scheckenbach 97 /Semantische Geschäftsprozeßintegration/ S. 27.
109 Vgl. Fischer 99 /Informationswirtschaft/ S. 155.
110 Vgl. Fischer 99 /Informationswirtschaft/ S. 157.
111 Vgl. Picot u.a. 01 /Grenzenlose Unternehmung/ S. 11 f.
112 Vgl. Scheckenbach 97 /Semantische Geschäftsprozeßintegration/ S. 28.
113 Vgl. Picot u.a. 01 /Grenzenlose Unternehmung/ S. 422.

integrieren, um die geschäftlichen Anforderungen im veränderten Umfeld bestmöglich zu unterstützen.[114] Die Rolle der IV liegt in der kostensenkenden Vereinheitlichung und der Effizienzsteigerung der gemeinsamen Abläufe. Synergien, die man sich aus dem Unternehmenszusammenschluss verspricht, hängen von dem Erfolg dieser Aufgabe ab. Zahlreiche Beispiele belegen, wie eine missglückte Integration der Informationssysteme den Erfolg von Unternehmenszusammenschlüssen in Frage stellen kann.[115]

2.4.2 Probleme der Wirtschaftlichkeitsbeurteilung

Man kann die Integration betrieblicher Anwendungssysteme nicht von vornherein als wirtschaftlich oder unwirtschaftlich bezeichnen. Wie bei anderen Investitionsentscheidungen hängt die Kosten-/Nutzen-Relation zu einem erheblichen Teil von technischen, organisatorischen und insbesondere unternehmensindividuellen bzw. branchenspezifischen Rahmenbedingungen ab. Solche Umfeldaspekte betreffen die geplanten Maßnahmen, die beanspruchten Ressourcen, die beabsichtigten Wirkungen sowie die betrachtete Lebensdauer der Anwendungen.[116] Eine allgemein gültige Beurteilung der Wirtschaftlichkeit der Integration von Anwendungssystemen ist also auszuschließen.

Wenn auch die dargestellten Integrationspotentiale zahlreiche Ansatzpunkte zur Rechtfertigung für die Integration betrieblicher Anwendungssysteme bieten, sind die vollständige Erfassung und Quantifikation resultierender Nutzeffekte deutlich schwieriger.

Im Folgenden wird zunächst auf charakteristische Eigenschaften der Wirtschaftlichkeit von Anwendungs- und Infrastrukturprojekten innerhalb der IV allgemein eingegangen (Abschnitt 2.4.2.1). Darauf aufbauend wird die Problematik der Wirtschaftlichkeitsbeurteilung von Integrationsvorhaben konkretisiert (Abschnitt 2.4.2.2); schließlich werden mögliche Lösungsansätze skizziert (Abschnitt 2.4.2.3).

2.4.2.1 IV-Wirtschaftlichkeit

Wirtschaftlichkeit fragt allgemein nach dem Verhältnis zwischen dem erzielten Nutzen (Ergebnis, Ertrag) und dem dafür getätigten Mitteleinsatz (Aufwand, Kosten). Der

---

[114] Vgl. Reuß u.a. 99 /IT Fusion/ S. 26 ff.

[115] Vgl. Scharf, Fritsch 00 /E-Commerce/ S. 59; vgl. Bereszewski u.a. 02 /Fusion, Konfusion, Kapitulation/ S. 22 f.

[116] Vgl. Von Dobschütz 00 /IV-Wirtschaftlichkeit/ S. 444.

Wirtschaftlichkeitsbegriff ist somit eng verwandt mit den Begriffen der Effizienz oder der Produktivität.[117] Zur Beurteilung der Wirtschaftlichkeit einer Maßnahme werden üblicherweise alle Nutzen- und Kostenkomponenten in Geldeinheiten bewertet.[118]

Typische Investitionsentscheidungen in der Informationsverarbeitung sind solche Entscheidungen für oder gegen die Durchführung von Anwendungs- oder Infrastrukturprojekten (Projektwirtschaftlichkeit).

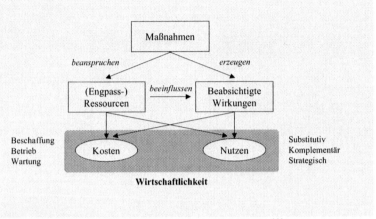

Abbildung 2-6: Einflussgrößen der Wirtschaftlichkeit von IV-Projekten [119]

Mit der Durchführung der Projekte verspricht man sich Vorteile für das Unternehmen. Das sind die Nutzeffekte, die substitutiven, komplementären oder strategischen Charakter haben können.[120] Gleichzeitig beanspruchen die Projekte Ressourcen in bestimmter Höhe, wodurch die Kosten der Realisierung des Projekts bestimmt werden. Die Art der verfügbaren Ressourcen, wie z.B. erfahrene oder unerfahrene Systementwickler, kann nachhaltig die erzeugten Wirkungen beeinflussen. Zudem kann darüber hinaus die Ressourcenverfügbarkeit etwa über eine beschleunigte Implementierung eines Systems den erwarteten Nutzen vergrößern oder vermindern. Schließlich sind auch die beabsichtigten Wirkungen im Unternehmen nicht kostenneutral. Sie können sinkende Kosten zur Folge haben, aber auch erhebliche Zusatzkosten verursachen, etwa durch gestie-

---

[117] Vgl. Reichwald 87 /Moderne IuK/ S. 6.

[118] Vgl. Scheckenbach 97 /Semantische Geschäftsprozeßintegration/ S. 36.

[119] Von Dobschütz 00 /IV-Wirtschaftlichkeit/ S. 434.

[120] Siehe auch Abschnitt 2.4.1 Nutzeffekte der Anwendungsintegration.

genen Wartungsbedarf. Abbildung 2-6 stellt die Einflussgrößen der Wirtschaftlichkeit von IV-Projekten zusammenfassend dar.[121]

Allgemein lassen sich in Unternehmen, die über einen eigenen IV-Dienstleistungs-bereich verfügen, zwei Wertschöpfungsstufen der betrieblichen Informationsverar-beitung und damit auch zwei Arten der Wirtschaftlichkeit unterscheiden (vgl. Abbildung 2-7).[122]

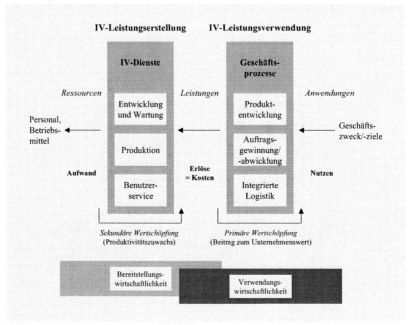

Abbildung 2-7: Wertschöpfungsstufen und Wirtschaftlichkeit der betrieblichen IV [123]

Auf der primären, unmittelbar auf die Geschäftsziele ausgerichteten Wertschöpfungs-ebene werden für die Durchführung der Kernprozesse gewisse IV-Dienstleistungen benötigt. Diese Dienstleistungen, wie Entwicklung, Produktion und Service, werden auf der sekundären Wertschöpfungsebene, der IV-Leistungserstellung, durch Kombination von Personal, Betriebsmitteln und Management bereitgestellt (Verwendungsorien-tierung). Zudem wird durch den IV-Bereich eine gewisse Grundversorgung an IV-Dienstleistungen sichergestellt (Bereitstellungsorientierung). Grundsätzlich kann so

121 Vgl. Von Dobschütz 00 /IV-Wirtschaftlichkeit/ S. 433 ff.
122 Vgl. Von Dobschütz 92 /Wirtschaftlichkeitsanalyse/ S. 43 ff.
123 In Anlehnung an Von Dobschütz 00 /IV-Wirtschaftlichkeit/ S. 435 und 439.

zwischen einer Bereitstellungswirtschaftlichkeit für die Erzeugung von Diensten und einer Verwendungswirtschaftlichkeit für deren Anwendungen unterschieden werden.[124]

Diese beiden Prozesse verlaufen nicht zwangsläufig synchron. Die Knappheit der Ressourcen, unvollkommene Voraussagen über die Nachfrage und die Grundversorgung führen dazu, dass kurzfristig die knappen Ressourcen priorisiert zugeteilt oder Kapazitätsanpassungsmaßnahmen eingeleitet werden müssen. Langfristig werden Leistungsbereitstellung und -verwendung über einen Ausgleichsprozess weitgehend angepasst, sofern entsprechende Mechanismen wie Verrechnungspreise greifen.

2.4.2.2 Problematik

Vor dem Hintergrund der spezifischen Charakteristika der IV-Wirtschaftlichkeit lassen sich die Probleme bei ihrer Beurteilung konkretisieren. Folgende Probleme erschweren die Beurteilung der Wirtschaftlichkeit innerhalb der IV im Allgemeinen und von Integrationsvorhaben im Besonderen[125]:

- *Maßgrößenproblematik*
  Ein erstes Problem liegt in dem Auffinden geeigneter Maßgrößen auf der Kosten- und der Nutzenseite, die die Wirtschaftlichkeitsveränderungen möglichst genau widerspiegeln. Hier ist häufig eine Auswahl erforderlich. Insbesondere auf der Leistungsseite fällt häufig die Messung und Bewertung schwer. So lässt sich etwa die erhöhte Mitarbeiterzufriedenheit aufgrund einer abwechslungsreicheren Tätigkeit kaum quantifizieren. Hinzu kommt, dass es sich bei Investitionsentscheidungen i.d.R. um Entscheidungen unter Ungewissheit handelt. Die Unvollkommenheit der Information ist gekennzeichnet durch das Fehlen wichtiger Teilinformationen (Unvollständigkeit), mangelnde Exaktheit der vorhandenen Informationen (Unbestimmtheit) und Wahrscheinlichkeiten für die Richtigkeit der Annahmen (Unsicherheit).[126]

---

124 Vgl. Von Dobschütz 00 /IV-Wirtschaftlichkeit/ S. 434-436; vgl. Von Dobschütz 92 /Wirtschaftlichkeitsanalyse/ S. 43 f.

125 Vgl. Reichwald 87 /Moderne IuK/ S. 6-8; vgl. Scheckenbach 97 /Semantische Geschäftsprozeßintegration/ S. 36.

126 Vgl. Horváth 88 /Wirtschaftlichkeitsanalyse/ S. 4.

- *Verbundproblematik*

  Speziell bei der Integration von Anwendungssystemen sind projektübergreifende Wirkungszusammenhänge zu beachten.[127] Der Nutzen reicht oft über das konkrete Projekt hinaus und lässt sich in vielen Fällen nur im Verbund mit anderen Vorhaben quantifizieren oder bewerten.[128] Er wird erst bei einer Berücksichtigung aller Wirkungszusammenhänge deutlich. Verbundeffekte können dabei unternehmensintern oder aber innerhalb der Unternehmen in der Wertschöpfungskette auftreten. Unternehmensübergreifend sind etwa Netzwerkaspekte sowie die Entstehung wirtschaftlicher Abhängigkeiten durch die zwischenbetriebliche Integration zu berücksichtigen. In diesem Zusammenhang ist auch der Grad der Einbindung eines Anwendungsprojekts in die betriebliche Informationsarchitektur bedeutsam. Projekte, die Teile einer Informationsarchitektur realisieren, sind tendenziell stabiler als Lösungen isolierter Anwendungsprobleme. Ein Projekt, das in eine Gesamtarchitektur eingebunden ist und das sich durch eine besondere organisatorische Qualität auszeichnet – Vernetzung der Funktionen, Integration und Aktualität der Daten, Kommunikationsstruktur der Arbeitsplätze, Bereicherung und Ausbau der funktionalen Arbeitsplätze – ist wirtschaftlich anders zu beurteilen als für sich betrachtete Einzelvorhaben.[129]

- *Zurechnungsproblematik*

  Probleme bei der Zurechenbarkeit von Kosten- und Leistungswirkungen ergeben sich zum einen aus der zeitlichen Verzögerung zwischen Kosten- und Leistungselementen, zum anderen aus der räumlichen Verteilung. So kann eine fehlerhafte Erfassung von betrieblichen Daten bei einer ausgeprägten Datenintegration Folgewirkungen in unterschiedlichen Unternehmensbereichen besitzen.

- *Innovationsproblematik*

  Beim erstmaligen Einsatz neuer Technologien ist ihr innovatives Potential häufig noch unklar. Im Laufe der Zeit ergeben sich oft neue Einsatzfelder mit entsprechenden Nutzeffekten.[130] Strategische Investitionen in neue Technologien, wie etwa das Internet, können so die Struktur eines Unternehmens langfristig wesentlich prägen.[131] Schon das Sammeln von Erfahrungen im Umgang mit Technologien und

---

[127] Vgl. Von Dobschütz 92 /Wirtschaftlichkeitsanalyse/ S. 42.

[128] Vgl. Reichwald 87 /Moderne IuK/ S. 6; vgl. Von Dobschütz 00 /IV-Wirtschaftlichkeit/ S. 433.

[129] Vgl. Von Dobschütz 00 /IV-Wirtschaftlichkeit/ S. 444 f.

[130] Vgl. Scheckenbach 97 /Semantische Geschäftsprozeßintegration/ S. 37-39.

[131] Vgl. Horváth 88 /Wirtschaftlichkeitsanalyse/ S. 5.

der Aufbau von entsprechenden Fähigkeiten im Unternehmen können Wettbewerbsvorteile in der Zukunft bedeuten.

- *Ganzheitlichkeitsproblematik*

  Der Einsatz von IV-Technologie kann nicht isoliert betrachtet werden, sondern
  immer nur im Hinblick auf die mit der Anwendung zu unterstützenden Aufgaben,
  den veränderten Anforderungen an die Mitarbeiter und die jeweils vorherrschende
  Organisationsstruktur. Die durchgängige Unterstützung von Prozessen durch integrierte Anwendungssysteme führt zu Veränderungen in der Aufbau- und Ablauforganisation eines Unternehmens.[132] Daher sind die Wirkungen auf Aufgaben,
  Personen, Organisation und Technik ganzheitlich zu betrachten.[133]

In der Praxis führen diese Probleme dazu, dass entweder klassische Investitions-
verfahren, die nur bedingt geeignet sind, unreflektiert eingesetzt werden, oder aber es
wird den Wirtschaftlichkeitsanalysen generell nur eine untergeordnete Bedeutung bei
der Entscheidungsfindung eingeräumt.[134]

Verstärkt werden die geschilderten Probleme zusätzlich dadurch, dass es in der IV
zunehmend um die Zuteilung knapper Ressourcen geht.[135] Hier sind neben der bloßen
Bewertung der individuellen Projektwirtschaftlichkeit zur Bestimmung des optimalen
Projekt-Portfolios auch weitere, verwendungsorientierte Beurteilungskriterien aufzu-
stellen.[136] Oft werden aus Kapazitätsgründen kleinere, schneller zu realisierende
Projekte bevorzugt durchgeführt, während wichtige Großvorhaben gewissermaßen im
Anwendungsstau stecken bleiben.[137]

2.4.2.3 Lösungsansätze

Die dargestellten Probleme bei der Beurteilung der IV-Wirtschaftlichkeit bringen zum
Ausdruck, dass mit zunehmender Komplexität der Informations- und Kommunikations-

---

132 Vgl. Scharfenberg 91 /Integrierte Lösungen/ S. 3.

133 Vgl. Funk 92 /CIM/ S. 356.

134 Vgl. Niemeier 88 /Wirtschaftlichkeitsberechnung/ S. 17; vgl. Horváth 88 /Wirtschaftlichkeitsanalyse/
S. 2; vgl. Picot u.a. 93 /Tendenzen EDI/ S. 185; vgl. Von Dobschütz 92 /Wirtschaftlichkeitsanalyse/
S. 42; vgl. Scheckenbach 97 /Semantische Geschäftsprozeßintegration/ S. 40.

135 Vgl. Von Dobschütz 92 /Wirtschaftlichkeitsanalyse/ S. 42.

136 Vgl. Von Dobschütz 00 /IV-Wirtschaftlichkeit/ S. 439-441; vgl. Von Dobschütz 92 /Wirtschaftlich-
keitsanalyse/ S. 44 f.

137 Vgl. Von Dobschütz 00 /IV-Wirtschaftlichkeit/ S. 433.

technik die Anforderungen an die Rechtfertigung von Investitionen in solche Systeme zunehmen. Mit steigendem Integrationsgrad reichen die klassischen Verfahren der Wirtschaftlichkeitsbeurteilung nicht mehr aus.[138]

Geeignete Verfahren bestimmen umfassend den Gesamtnutzen eines IV-Systems und betrachten somit sowohl systemspezifische Nutzeffekte wie auch den Nutzen, der sich aus unterschiedlichen Integrationsgraden ergibt. Dabei werden qualitative wie quantitative, monetäre wie nicht-monetäre Wirkungen berücksichtigt.

In der Praxis ist generell eine situative Methodenauswahl nötig, bei der das methodische Vorgehen der jeweiligen Ausgangssituation angepasst wird. In der Regel werden hier verschiedene Verfahren kombiniert eingesetzt, um sowohl unmittelbare Wirkungen als auch indirekte Nutzeffekte vollständig und systematisch zu erfassen. Dabei ist zu vermeiden, dass Wirkungen mehrfach erfasst und verrechnet werden. Zudem ist ein Teil der Effekte mit Unsicherheiten in Bezug auf die erzielbaren Wirkungen behaftet. Hier können Risikozu- oder -abschläge, Szenariotechniken oder Simulationsrechnungen die Planungssicherheit erhöhen.[139]

Schließlich müssen diese mehrdimensionalen Verfahren zur Beurteilung der Wirtschaftlichkeit von IV-Maßnahmen in ein umfassendes Controlling-Instrumentarium eingebunden sein, um die Projektbewertung und -auswahl, die Ressourcenzuteilung und Reihenfolgeplanung sowie die Projektüberwachung und Kontrolle im Zeitablauf zu unterstützen.[140]

Verschiedene Autoren wie Quint[141], Eberle und Schäffner[142], Zangl[143], Reichwald[144], Niemeier[145] oder Schumann[146] ordnen die Effekte eines IV-Systems entsprechend ihrem Entstehungsort und bewerten die Wirkungen mit einer Kombination unterschiedlicher Verfahren.

---

[138] Vgl. Niemeier 88 /Wirtschaftlichkeitsberechnung/ S. 31.

[139] Vgl. Schumann 92 /Großintegrierte IV/ S. 148 f.

[140] Vgl. Horváth 88 /Wirtschaftlichkeitsanalyse/ S. 13; vgl. Von Dobschütz 92 /Wirtschaftlichkeitsanalyse/ S. 46 f.

[141] Vgl. Quint 89 /Integriertes Investitionsanalysesystem/ S. 53 ff.

[142] Vgl. Eberle, Schäffner 88 /CIM-Investitionen/ S. 120 ff.

[143] Vgl. Zangl 88 /CIM Konzepte und Wirtschaftlichkeit/ S. 17 ff.

[144] Vgl. Reichwald 87 /Moderne IuK/ S. 10 f.

[145] Vgl. Niemeier 88 /Wirtschaftlichkeitsberechnung/ S. 19 ff.

[146] Vgl. Schumann 93 /Wirtschaftlichkeitsbeurteilung/ S. 176 f.

Im Folgenden wird der Ansatz der erweiterten Wirtschaftlichkeitsrechnung nach Reichwald näher dargestellt.[147] Im Rahmen dieser Mehr-Ebenen-Betrachtung werden alle möglichen, durch eine IV-Maßnahme ausgelösten Änderungen im gesamten Umfeld berücksichtigt, die sich mittel- oder langfristig ergeben. Diese können am Arbeitsplatz, im Organisationsumfeld, im Unternehmen oder auf gesellschaftlicher Ebene entstehen. Bei Kooperationsprojekten zwischen Lieferant und Hersteller bzw. zwischen Hersteller und Kunde sind zudem zwischenbetriebliche Aspekte zu berücksichtigen.[148] Auf eine Zusammenfassung und Saldierung der einzelnen Kosten- und Nutzengrößen sollte dabei zugunsten weitgehender Transparenz der Entscheidungssituation verzichtet werden.

Auf jeder Ebene können Wirkungen der IV-Maßnahme in die Betrachtung einfließen, die nicht monetarisierbar sind. Dies liegt in erster Linie an den organisatorischen und personellen Auswirkungen des Einsatzes neuer Technik. Die Ganzheitlichkeit des Ebenenansatzes schlägt sich so in dem Bewertungsansatz nieder. Nutzwertbetrachtungen können hier wertvolle Ergänzungen zur traditionellen monetären Wirtschaftlichkeitsbeurteilung darstellen. Reichwald empfiehlt eine duale Vorgehensweise, d.h. rechnerische Ergebnisse monetärer Kosten- und Leistungsgrößen einer qualitativen Nutzwertbetrachtung gegenüberzustellen (Abbildung 2-8).[149]

Diese duale Vorgehensweise erlaubt die Trennung zwischen monetären und nicht-monetären Wirkungen auf jeder Ebene. Reichwald betont die Gefahr steigender Intransparenz bei einer unrealistischen Monetarisierung der Nutzeffekte zur Verrechnung mit den monetären Kosten- und Leistungsgrößen.[150]

Speziell auf die Bewertung der integrationsabhängigen Nutzeffekte der IV geht Linß näher ein.[151] Er gibt ein Verfahren an, das auf Wirkungsketten basiert. In Abhängigkeit von der Integrationsform wird der bewertete Gesamtnutzen eines IV-Projekts ermittelt. Dieser setzt sich zusammen aus dem Systemnutzen, der sich direkt aus den Eigenschaften des Anwendungssystems ergibt, und zusätzlichen integrationsspezifischen Nutzeffekten. Den Integrationsnutzen versucht Linß aus einem Wirkungsketten-Referenzmodell integrationsabhängiger Vorteile abzuleiten. Als Wirkungsarten unterscheidet Linß Effekte, die die Kosten, die Produktivität, die Qualität, die Flexibilität oder den Wettbewerb betreffen.

---

[147] Vgl. Reichwald 87 /Moderne IuK/ S. 8-11.
[148] Vgl. Von Dobschütz 00 /IV-Wirtschaftlichkeit/ S. 446.
[149] Vgl. Reichwald 87 /Moderne IuK/ S. 10-11.
[150] Vgl. Reichwald 87 /Moderne IuK/ S. 10-11.
[151] Vgl. Linß 95 /Integrationsabhängige Nutzeffekte/ S. 63-123.

Die Bewertung der Nutzeffekte baut zum Teil auf dem Ansatz von Schumann auf, qualitative Effekte über Wirkungsketten auf monetarisierbare Nachfolgeeffekte zu übertragen.[152] Während einem Teil der Nutzeffekte direkt eine Ausprägungshöhe zugeordnet werden kann, leitet man die noch fehlenden Ausprägungen aus den Wirkungsketten ab. Im Idealfall bleibt ein monetärer Effekt übrig, der den Gesamtnutzen der Wirkungskette beschreibt.[153]

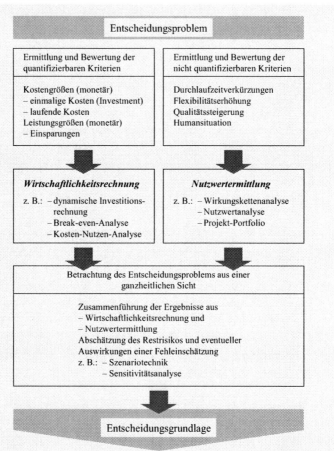

Abbildung 2-8: Prozessmodell zur ganzheitlichen Wirtschaftlichkeitsanalyse in der IV [154]

---

152 Vgl. Schumann 92 /Großintegrierte IV/ S. 218 f.

153 Vgl. Linß 95 /Integrationsabhängige Nutzeffekte/ S. 102.

154 In Anlehnung an Reichwald 87 /Moderne IuK/ S. 10 sowie Scheckenbach 97 /Semantische Geschäftsprozeßintegration/ S. 41.

Das von Linß in der Abteilung Wirtschaftsinformatik II der Universität Göttingen entwickelte System EDNA (Empirische Daten zur Nutzeffektauswertung) stellt eine prototypische Realisierung eines Anwendungssystems zur Beurteilung integrationsabhängiger Nutzeffekte dar. Die Datenbank unterscheidet 303 Nutzeffekte und enthält empirische Daten aus 293 Projekten.[155]

2.4.3 E-Commerce als wesentlicher Integrationstreiber

Unter Integrationstreibern sind Faktoren zu verstehen, die die Integration von Anwendungssystemen oder den zwischenbetrieblichen Datenaustausch zwingend erforderlich erscheinen lassen, wenn nicht nachhaltige Wettbewerbsnachteile in Kauf genommen werden sollen. Ein Beispiel ist das sog. „gun-to-the-head-EDI", bei dem wichtige Auftraggeber – etwa in der Automobilindustrie – Firmen der Zulieferindustrie die Anwendung von Electronic Data Interchange (EDI) vorschreiben, was jedoch aufgrund der hohen Implementierungs- und Betriebskosten für die häufig kleinen oder mittleren Zulieferbetriebe oft nicht wirtschaftlich ist.[156] In solchen Fällen werden meist keine Wirtschaftlichkeitsbetrachtungen angestellt, um ein entsprechendes Projekt zu rechtfertigen.

Weitere Integrationstreiber können sich in Abhängigkeit vom spezifischen Integrationspotential aus den oben dargestellten operativen und strategischen Nutzeffekten der Anwendungsintegration ergeben.[157] So können der Investitionsschutz, Unternehmenszusammenschlüsse, die Integration von Standardsoftware, die Geschäftsprozessoptimierung, ein „Best-of-breed"-Ansatz, die Beschleunigung der Systementwicklung oder Kostensenkungspotentiale früher oder später Integrationsprojekte notwendig erscheinen lassen.[158]

Letztlich hat sich in den vergangenen Jahren jedoch die Unterstützung des Elektronischen Handels, auch als Electronic Commerce oder E-Commerce bezeichnet, zu dem dominierenden Integrationstreiber entwickelt. Auch hierbei geht es letztlich um die Realisierung strategischer Nutzeffekte der Anwendungsintegration. Unternehmen sehen sich zunehmend gezwungen, die Potentiale des E-Commerce für die Automatisierung

---

[155] Vgl. Linß 95 /Integrationsabhängige Nutzeffekte/ S. 147.

[156] Vgl. Weitzel u.a. 99 /EDI Ritter/ S. 127.

[157] Siehe Abschnitt 2.4.1 Nutzeffekte der Anwendungsintegration.

[158] Vgl. Winkeler u.a. 01 /EAI/ S. 13.

der eigenen Geschäftsprozesse zu untersuchen.[159] Die Synergiepotentiale neuer Kooperationsformen wie z.b. Elektronischer Märkte, die elektronische Beschaffung, aber auch die gestiegenen Anforderungen der Konsumenten, die online Produkte bestellen und ihre Konten einsehen wollen, sind die Auslöser.[160] Insbesondere mit der zunehmenden kommerziellen Nutzung des World Wide Web (WWW) ist eine neue Plattform für den Wettbewerb zwischen konkurrierenden Unternehmen entstanden. Dies führt dazu, dass alle Wettbewerber sich mit dem Medium auseinandersetzen müssen, sei es, um proaktiv ihren Kunden neue Dienstleistungen und Produkte über das World Wide Web anzubieten, oder aber als Reaktion auf die Maßnahmen der Wettbewerber. Die dazu benötigten Daten existieren überwiegend bereits in den traditionellen betrieblichen Anwendungen. Die Bereitstellung der Information in nahezu Echtzeit und damit die Ausnutzung der Potentiale des E-Commerce erfordern die hochgradige Integration der beteiligten Anwendungen. Entsprechend wird die Anwendungsintegration hier als „Pflicht vor der E-Business-Kür" gesehen.[161] Dieser Zusammenhang wird im Folgenden näher untersucht.

Der Begriff Electronic Commerce beschreibt allgemein einen organisatorisch-technischen Ansatz zur Integration verschiedenster elektronischer Kommunikationsmöglichkeiten mit dem Ziel, die Geschäftsabwicklung zu unterstützen.[162] Der gesamte Prozess des Güter- oder Dienstleistungsaustausches, bestehend aus der Informations- oder Anbahnungsphase (Informationsbeschaffung), der Vereinbarungsphase (Aushandeln von Vertrags- und Lieferbedingungen) sowie die eigentliche Transaktionsabwicklung (Bestellung, Versand, Abrechnung etc.) soll dabei unterstützt werden.[163] Generell können die Konzepte des E-Commerce aber auch innerbetrieblich im Sinne eines Intranet-basierten Workgroup- und Workflow-Computing zum Einsatz kommen.[164]

Nach den an der geschäftlichen Handlung Beteiligten lassen sich drei Formen des E-Commerce unterscheiden: der Handel zwischen Unternehmen (Business-to-Business), der Verkauf von Waren und Dienstleistungen an den Verbraucher (Business-to-Con-

---

[159] Vgl. Active Software 00 /B2B Integration (WWW)/ S. 1; vgl. Fischer 99 /Informationswirtschaft/ S. 157; vgl. Adams 00 /Differentiating by Integration/ S. 119.

[160] Vgl. Ruh u.a. 00 /EAI/ S. 10.

[161] Vgl. Winkeler u.a. 01 /EAI/ S. 7 ff.; vgl. Neubauer 01 /Pflicht zur Integration/ S. 53 f.; vgl. Gfaller 00 /E-Business/ S. 29 f.

[162] Vgl. Scheckenbach 97 /Semantische Geschäftsprozeßintegration/ S. 84; vgl. Hübner 93 /Electronic Commerce/ S. 19; vgl. Karszt 96 /Electronic Commerce/ S. 20.

[163] Vgl. Stahlknecht, Hasenkamp 99 /Wirtschaftsinformatik/ S. 407; vgl. Ferstl, Sinz 01 /Grundlagen/ S. 85.

[164] Vgl. Scheckenbach 97 /Semantische Geschäftsprozeßintegration/ S. 85.

sumer) sowie die Unterstützung marktähnlicher Austauschbeziehungen zwischen Organisationseinheiten (Team-to-Team).[165]

Vor dem Hintergrund des hieraus resultierenden Integrationsbedarfs ist es sinnvoll,
zwischen dem Einsatz von E-Commerce-Anwendungen zur Unterstützung einer
Mensch-zu-System-Kommunikation und der Kommunikation von Systemen untereinander zu differenzieren.[166] So ist die Verbindung zu realen Personen in der Regel
synchron ausgerichtet, da hier eine direkte Rückmeldung notwendig ist, während Systeme untereinander meist über fehlertolerante, asynchrone Verfahren kommunizieren.

Zentrale Komponente des elektronischen Handels ist das Netzwerk, das für die Kommunikation zwischen den Partnern der geschäftlichen Transaktionen verwendet wird.
Betrachtet man die verschiedenen verfügbaren Netzwerke (öffentliche Netze, Mehrwertdienste, Online-Dienste), so erhielt in den letzten Jahren sicherlich das Internet die
größte Aufmerksamkeit.[167]

2.4.3.1 Technische Grundlagen: Internet und World Wide Web (WWW)

Das Internet ist global und stark dezentralisiert, d.h. ohne zentrale, koordinierende
Instanz. Die physischen Netzwerke, aus denen sich das Internet zusammensetzt, bilden
eine Hierarchie. Unternehmen, Hochschulen und andere Organisationen sowie private
Nutzer gelangen über lokale Internet Service Provider (ISP) in regionale Netzwerke.
Diese greifen wiederum über bestimmte Zugangspunkte auf ein Hochgeschwindig-
keitsnetzwerk, den Internet-Backbone, zu. Alle Netze basieren auf einem gemeinsamen
Satz von Kommunikationsprotokollen, dem TCP/IP-(Transmission Control Protocol/
Internet Protocol)-Protokoll-Stack.[168]

1969 konstruierte das amerikanische Verteidigungsministerium ein dezentral organi-
siertes und damit ausfallsicheres Computernetz (ARPANet, Advanced Research
Projects Agency Net) und schaffte damit die Grundlage für die Entstehung des
Internets.[169] Ursprünglich verband das Netzwerk lediglich vier zentrale Rechnersysteme
in den USA. 1972 wurde es der Öffentlichkeit präsentiert und auch für Forschungs-

---

[165] Vgl. Fischer 99 / Informationswirtschaft/ S. 153.
[166] Vgl. Gfaller 00 / E-Business/ S. 30.
[167] Vgl. Kosiur 97 / Electronic Commerce/ S. 23.
[168] Vgl. Kosiur 97 / Electronic Commerce/ S. 23 ff.
[169] Vgl. Scheckenbach 97 / Semantische Geschäftsprozeßintegration/ S. 92 f.

institutionen und Hochschulen geöffnet. Ende der 80er Jahre weitete sich die Nutzung zunehmend auf den privaten und kommerziellen Gebrauch aus. Da sich TCP/IP auch als Netzwerkprotokoll für unternehmensinterne Intranets durchgesetzt hat, reduziert sich der Aufwand für die Internet-Kommunikation erheblich.[170]

Die rapide Zunahme der Zahl von an das Internet angeschlossenen Rechnern lässt sich vorwiegend auf die Weiterentwicklung der anfangs sehr unkomfortablen, kommando-zeilenorientierten Nutzung der angebotenen Netzdienste zurückführen. Eine wesentliche Rolle spielte dabei das World Wide Web.

Das World Wide Web, oder einfach Web, ist das Ergebnis eines Projektes des Euro-päischen Forschungszentrums für Teilchenphysik CERN in Genf zu Anfang der 90er Jahre. Das Web ähnelt einem logischen Netzwerk, bestehend aus Web-Servern, die über das Internet als Kommunikationsnetz miteinander verbunden sind. Diese Verbindung basiert auf dem einfachen Konzept von untereinander verknüpften HTML-(Hypertext Markup Language)-Dokumenten und der Integration bisheriger Internet-Dienste über einheitliche Adressen (Uniform Resource Locator – URL) unter einer gemeinsamen, leicht zu erlernenden Bedienoberfläche, dem Web-Browser. Die hieraus resultierende einfache Bedienbarkeit ist der wesentliche Grund für den großen Erfolg des World Wide Web.

Das Web unterstützt dabei nicht nur den einfachen Zugriff auf statische Informationen. Verschiedene Ansätze unterstützen die Dynamisierung der Inhalte oder deren Gestal-tung.[171] Hierzu ist auch die Hypertext-Funktionalität zu zählen, die das Navigieren in über das Internet erreichbaren Inhalten ermöglicht. Dazu werden Verweise auf diese Inhalte in Form von Hyper Links im HTML-Code definiert. Ein zweiter Ansatz ist die serverseitige Programmausführung. Älteste und bewährte Umsetzung dieses Ansatzes ist das Common Gateway Interface (CGI). CGI ermöglicht es, Programme durch den mittels HTTP (Hypertext Transfer Protocol, das Kommunikationsprotokoll im WWW) kontaktierten Web-Server aufzurufen. Diese Programme generieren HTML-Seiten als Antwort und liefern sie an die Web-Browser zurück. Weitere Beispiele sind die her-stellerspezifischen Lösungen Internet Server Application Programming Interface (ISAPI) und Netscape Server Application Programming Interface (NSAPI), Active Server Pages (ASP) oder Java Server Pages (JSP). Im Jahre 1995 wurden die Mög-lichkeiten des Web durch die von Sun Microsystems entwickelte Programmiersprache

---

170 Vgl. Scheckenbach 97 /Semantische Geschäftsprozeßintegration/ S. 93.

171 Vgl. Stahlknecht, Hasenkamp 99 /Wirtschaftsinformatik/ S. 131; vgl. Loeser 98 /Web-basierte Daten-bankanwendungen/ S. 196 f.

Java erweitert. In Java implementierte Programme (Applets) lassen sich in einen plattformunabhängigen Bytecode übersetzen und in HTML-Seiten einbinden. Dort können sie von einem Web-Server geladen und innerhalb eines Browsers ausgeführt werden. Ein weiteres Beispiel dieser clientseitigen Programmausführung sind die ActiveX-Controls.

Auf diesen Technologien basierende Anwendungen werden als Web-Anwendungen bezeichnet. Sie stützen sich oft auf das Internet als Kommunikationsnetzwerk. Dies ist jedoch nicht zwingend der Fall, wie beispielsweise bei Intranet-basierten Anwendungen in einem LAN.

Betrachtet man die Trends wie Netzwerk-Computer (NCs), elektronische Geräte mit einer Web-Oberfläche/-Bedienung (Kleinstcomputer, Fernseher, Kühlschränke etc.) oder die Kombination der mobilen Telefonie mit Internet-Technologien (m-Commerce, WAP), so befinden sich das Web und die Anwendungen noch in einer relativ frühen Entwicklungsphase. Dies bedeutet, dass in Zukunft der Web-Browser noch stärker als homogene und einfach zu bedienende Benutzerschnittstelle zu Anwendungssystemen und Geräten eingesetzt wird.[172]

2.4.3.2 Integrationsbedarf

E-Commerce-Lösungen sind nur dann erfolgreich, wenn sie in die Geschäftsprozesse des Unternehmens eingebunden sind. Zudem müssen sich diese Geschäftsprozesse durch eine hohe Geschwindigkeit und Flexibilität auszeichnen.[173] Entsprechend sind die unterstützenden IV-Systeme zu integrieren.[174] Der notwendige Integrationsgrad sowie der zu betreibende organisatorische und technologische Aufwand differieren dabei stark in Abhängigkeit von der Art der E-Commerce-Anwendung.[175]

Tabelle 2-5 stellt den typischen Integrationsbedarf von E-Commerce-Anwendungen in den beiden Bereichen Business-to-Consumer (B2C) sowie Business-to-Business (B2B) dar. Innerbetriebliche, Intranet-basierte E-Commerce-Anwendungen werden aufgrund der ähnlichen Struktur dem B2C-Bereich zugeordnet. Anstelle von Kunden richten sich diese an Mitarbeiter des Unternehmens. In beiden Fällen findet i.d.R. eine synchrone

---

[172] Vgl. Loeser 98 /Web-basierte Datenbankanwendungen/ S. 196.
[173] Vgl. Winkeler u.a. 01 /EAI/ S. 7.
[174] Vgl. Pender 00 /Missing Link/ S. 154.
[175] Vgl. Scheckenbach 97 /Semantische Geschäftsprozeßintegration/ S. 85.

Kommunikation zwischen Mensch und System statt, während bei B2B-Anwendungen die asynchrone Kommunikation zwischen Systemen überwiegt.

Tabelle 2-5: Integrationsbedarf durch E-Commerce

Anwendungen		Integrationsbedarf
B2C *Intranet*	• Intranet / „Web-Auftritt" • Portale • Online-Shops • Kunden-/Mitarbeiter Self Service	• Anbindung von Systemen an das Inter-/Intranet • Front-Office-/Back-Office-Integration • Unterstützung diverser Endgeräte (PCs, PDAs, Mobiltelefone etc.)
B2B	• E-Procurement / Elektronische Märkte • SCM • Portale • E-Collaboration	• Zwischenbetrieblicher Datenaustausch • Geschäftsprozessintegration • ERP-Integration

Typische Anwendungen im B2C-Bereich sind die Bereitstellung von Unternehmensinformationen im Internet oder Intranet, Online-Shops, Unternehmensportale sowie Anwendungen für den Kunden- oder Mitarbeiter-Self-Service.

Die einfachste Form einer Web-Anwendung ist die Darstellung von Unternehmensinformationen im Intranet oder im Internet.[176] Der Vorteil liegt darin, dass der Zugang zu den Daten und die Navigation mit Hilfe der inzwischen jedermann vertrauten Internet-Browser erfolgen kann.[177] Die Bereitstellung einer einheitlichen und leicht zu bedienenden Benutzeroberfläche erhöht unternehmensintern die Akzeptanz und die Produktivität. Extern unterstützt der „Web-Auftritt" die Anbahnungsphase von geschäftlichen Transaktionen.[178] Der Integrationsbedarf besteht in der Anbindung von Systemen oder Datenbanken an das Internet.

Bei einem Online-Shop handelt es sich um eine Web-Anwendung, die es Geschäfts- oder Privatkunden ermöglicht, im Internet einzukaufen. Wesentlicher Bestandteil ist ein elektronischer Produktkatalog. Wie in einem gedruckten Katalog suchen die Käufer im

---

[176] Vgl. Harmon u.a. 01 /E-Business Systems and Architectures/ S. 102.

[177] Vgl. Schorn 98 / Anbindung von „Legacy"-Applikationen/ S. 22.

[178] Vgl. Ferstl, Sinz 01 /Grundlagen/ S. 87.

Web Artikel aus und bestellen diese im Online-Shop. Die Lieferung der Ware und die Rechnungsstellung werden zu diesem Zeitpunkt automatisch ausgelöst. Solche Anwendungen müssen auf der Server-Seite (Backend) mit dem Warenwirtschafts- und Abrechnungssystem des Unternehmens verbunden sein, um über Lieferbereitschaft, Statusverfolgung etc. jederzeit auskunftsbereit sein zu können.[179]

. Wesentliches Merkmal von Portalen ist die Bereitstellung personalisierter Informationen für den Benutzer. In zunehmendem Maße ersetzen Unternehmen ihre statischen Websites durch interaktive Web-Portale, die sich durch ihre Fähigkeiten zur Organisation und Verwaltung von Inhalten abheben.[180] Eine Portalanwendung erlaubt es etwa einem Nutzer, die Wertentwicklung seines persönlichen Wertpapierdepots abzulesen, oder das Portal zeigt gemäß einem spezifizierten Profil vorselektierte Börsennachrichten an. Zudem können Portale auch andere Online-Anwendungen, wie Verkaufs- oder Kundendienstanwendungen, unterstützen. Hinter der Portaloberfläche besteht der Integrationsprozess wiederum in der Anbindung der Backend-Systeme an das Web-Frontend.[181] Das Anwendungsspektrum von Portalen ist breit. Wie die klassischen Online-Shops gehören auch die meisten Portale in die Kategorie der B2C-Anwendungen. Portale werden aber auch innerbetrieblich eingesetzt, etwa in Form von Mitarbeiter-Informationsportalen, oder im B2B-Bereich.[182] Einheitliche Unternehmensportale erlauben außerdem am jeweiligen Nutzerprozess orientierte, individuelle Sichten für unterschiedliche Nutzergruppen wie beispielsweise Kunden, Lieferanten oder Mitarbeiter.[183]

Unter „Kunden- bzw. Mitarbeiter-Self-Service"-Anwendungen werden Web-Anwendungen verstanden, die den direkten Zugriff auf betriebliche Systeme erlauben. Als einfaches Beispiel für eine Kunden-Self-Service-Anwendung kann ein Bestellungsüberwachungssystem dienen.[184] Der Endkunde kann sich jederzeit über das Internet mit geringem Aufwand über den aktuellen Status seiner Bestellung im Lieferprozess informieren. Der Vorteil für den Lieferanten liegt in der Reduzierung des mit der Beantwortung einfacher telefonischer Anfragen verbundenen Aufwands. Zur Realisierung ist die Integration der Front-Office-Anwendung, etwa des Online-Shops, mit dem Logistik- oder Warenwirtschaftssystem im Back-Office erforderlich. Mitarbeiter-Self-

---

179 Vgl. Nußdorfer 00 / Anwendungsintegration/ S. 68.
180 Vgl. Scala 00 / Web-Portal Integration (WWW)/ S. 2.
181 Vgl. Nußdorfer 00 / Anwendungsintegration/ S. 68.
182 Vgl. Gold-Bernstein 00 / E-Business Integration Market/ S. 26.
183 Vgl. Fleisch, Österle 01 / Erfolgreicher Portaleinsatz/ S. 28 ff.
184 Vgl. Schorn 98 / Anbindung von „Legacy"-Applikationen/ S. 22.

Service-Anwendungen sind im Bereich der Personalverwaltung oder der Mitarbeiter-entwicklung denkbar, wo die Mitarbeiter selbständig ihre Personalstammdaten oder Schulungshistorie pflegen. In diesem Fall ist die Anbindung des entsprechenden Personalsystems an das Internet eine wesentliche Voraussetzung. Die Sicherheitsproblematik ist hierbei von besonderer Bedeutung, insbesondere wenn neuen Nutzern der Zugriff auf Teile eines Systems gewährt wird, das ursprünglich nur für einen eingegrenzten Nutzerkreis konzipiert war.

Schließlich gilt es insbesondere im B2C-Bereich den Browser-basierten Zugriff auf Web-Anwendungen über zunehmend diverse Endgeräte zu ermöglichen. Dazu zählen die Personalcomputer, Kleinstcomputer (Personal Digital Assistants – PDAs), Mobiltelefone etc.

Im Mittelpunkt der Betrachtungen im B2B-Bereich stehen Wertschöpfungsketten, in denen Produkte i.d.R. über viele Wertschöpfungsstufen erzeugt werden.[185] Einzelne Unternehmen, die die Glieder dieser Wertschöpfungskette bilden, übernehmen Produkte vorgelagerter Stufen, transformieren diese in Produkte einer höheren Wertschöpfungsstufe und geben sie an ein weiteres Unternehmen der Wertschöpfungskette oder den Endverbraucher ab (vgl. Abbildung 2-9).

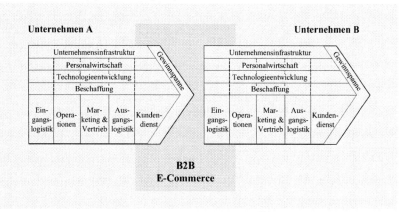

Abbildung 2-9: B2B-E-Commerce in der Wertschöpfungskette [186]

Die Koordination zwischen den einzelnen Stufen der Kette erfolgt über Märkte. Aufgrund der autonomen Handlungsweise der einzelnen Unternehmen, verbunden mit

---

[185] Vgl. Ferstl, Sinz 01 /Grundlagen/ S. 85.
[186] Zum generischen Modell der Wertkette vgl. Porter 99 /Wettbewerbsvorteile/ S. 66.

Informationsasymmetrien, kann es bezüglich der gesamten Wertschöpfungskette zu suboptimalen Lösungen kommen: Zu hohe Lagerbestände, nicht angepasste Produktionskapazitäten oder mangelnde Anpassungsfähigkeit bei neuen Produkten sind die Folge.[187]

B2B-E-Commerce zielt auf eine verbesserte Koordination des unternehmensübergreifenden Leistungserstellungsprozesses durch den verstärkten Informationsaustausch zwischen den Unternehmen und die Automatisierung zwischenbetrieblicher Vorgänge.[188] Eine wesentliche Rolle spielt dabei die Integration der ERP-Systeme der beteiligten Unternehmen.[189]

Beispielhafte Anwendungsgebiete des B2B-E-Commerce sind die elektronische Beschaffung (engl.: E-Procurement), das Supply Chain Management (SCM), die oben beschriebenen Portale oder die Online-Kollaboration (engl.: E-Collaboration).[190]

E-Procurement zielt auf eine Optimierung der Abläufe beim Einkauf. Durch eine Automatisierung der Beschaffungsprozesse, eine erhöhte Transparenz und den zwischenbetrieblichen Datenaustausch mit den Lieferanten sollen Prozess- und Materialkosten reduziert werden.[191] Verschiedene Einkaufs- und Preisbildungsmechanismen kommen hierbei zum Einsatz. Nach dem Integrationsgrad werden elektronische Kataloge, elektronische Ausschreibungen, Online-Auktionen – die entweder vom Käufer (englische Auktion) oder vom Verkäufer (reverse Auktion) angestoßen werden – sowie Elektronische Märkte unterschieden.[192]

Elektronische Märkte unterstützen alle Marktphasen von der Informationsbeschaffung bis zum Vertragsabschluss. Große Bedeutung kommt aber auch Mehrwertdiensten zu, wie den Sicherheitsmerkmalen, Finanzierungs-, Leasing-, und Bonitätsprüfungsmöglichkeiten, aber auch Integrationsleistungen. Elektronische Märkte stellen hohe Anforderungen an die Anwendungsintegration, da hier ein offener Datenaustausch zwischen einer großen Anzahl von Marktteilnehmern stattfindet[193]. Elektronische

---

187 Vgl. Ferstl, Sinz 01 /Grundlagen/ S. 85.
188 Vgl. Ferstl, Sinz 01 /Grundlagen/ S. 85 f.
189 Vgl. Hartmann u.a. 01 /ERP-Collaboration/ S. 24 f.
190 Vgl. Kaib 00 /E-Sourcing (WWW)/ S. 6.
191 Vgl. Reinecke, Fuhry 01 /E-Procurement/ S. 144 ff.
192 Vgl. Kaib 00 /E-Sourcing (WWW)/ S. 11.
193 Vgl. Stahlknecht, Hasenkamp 99 /Wirtschaftsinformatik/ S. 407.

Märkte sind entsprechend mit den operativen und dispositiven Systemen des Betreiberunternehmens sowie einer Vielzahl von externen Systemen zu integrieren.[194]

Beim Konzept des Supply Chain Managements (SCM) liegt der Fokus auf einer verbesserten Zielabstimmung der an der Wertschöpfungskette beteiligten Unternehmen, und zwar durch eine zentrale Koordination der Planungssysteme.[195] Zur Abstimmung des gesamten Material- und Informationsflusses wird die Betrachtung auf alle beteiligten Partner ausgedehnt, also auch auf Lieferanten, Logistikunternehmen oder Dienstleistungsanbieter. Eine erhöhte Transparenz bezüglich der Verbrauchsmengen und Lagerbestände, Produktionskapazitäten und der individuellen Produktionsplanung ermöglicht eine bessere Abstimmung des operativen Betriebs aller Unternehmen.[196] Hierzu sind die Planungssysteme in den beteiligten Unternehmen aufeinander abzustimmen.

Die Unterstützung der zwischenbetrieblichen Zusammenarbeit lässt sich auch auf weitere Geschäftsprozesse anwenden. Beispiele finden sich etwa in der Online-Kollaboration bei Entwicklungsprozessen. Von der zwischenbetrieblichen IV-technischen Unterstützung verspricht man sich die Verkürzung von Produktentwicklungszeiten, reduzierte Entwicklungskosten und eine höhere Produktqualität.[197]

---

[194] Vgl. Schmitzer u.a. 01 /Integrationsbedarf/ S. 32 ff.

[195] Vgl. Ferstl, Sinz 01 /Grundlagen/ S. 86; Stahlknecht, Hasenkamp 99 /Wirtschaftsinformatik/ S. 383.

[196] Vgl. Darling, Semich 96 /Extreme Integration/ S. 50 f.: Die Autoren schildern die gemeinsamen Bedarfsprognosen von Hersteller und Handel im Rahmen eines „Collaborative Forecasting and Replenishment" (CFAR).

[197] Vgl. Adams 00 /Differentiating by Integration/ S. 120.

3 Wege zur Anwendungsintegration

Nachdem im vorherigen Kapitel allgemeine Grundlagen der Anwendungsintegration und die mit ihr verbundenen Integrationsziele und -potentiale erläutert wurden, geht es im Folgenden um Wege, die Integration von heterogenen betrieblichen Anwendungen in Unternehmen und über Unternehmensgrenzen hinweg zu ermöglichen. Somit steht speziell die Integration als Vorgang der Kopplung heterogener betrieblicher Anwendungssysteme im Vordergrund.[198]

Zunächst wird kurz die historische Entwicklung der Integration von Anwendungssystemen innerhalb eines Unternehmens sowie zwischenbetrieblich dargestellt (Abschnitt 3.1). Im Abschnitt 3.2 werden grundlegende Integrationskonzepte dargestellt, die nach dem gewählten Ansatzpunkt innerhalb der Anwendung als Präsentations-, Daten- und Funktionsintegration bezeichnet werden. Zudem lassen sich im Hinblick auf das pragmatische Vorgehen in Unternehmen drei Grundtypen traditioneller Integrationsansätze unterscheiden. Im Abschnitt 3.3 dieses Kapitels werden diese Ansätze diskutiert. Abschließend werden einige Hemmschwellen auf dem Weg zur Anwendungsintegration aufgezeigt (Abschnitt 3.4).

3.1 Historische Entwicklung

Seit der Entwicklung der ersten computergestützten Anwendungssysteme hat sich die Rolle der Anwendungsintegration in Unternehmen ständig verändert. Mit der zunehmenden Automatisierung betrieblicher Aufgaben durch Anwendungssysteme wuchs auch der Integrationsbedarf. Entsprechend wurden Konzepte einer integrierten Informationsverarbeitung in Unternehmen entwickelt und in zunehmendem Maße umgesetzt. Die Anwendung von Standardsoftware und die zunehmende Wiederverwendung von Softwarekomponenten trugen weiterhin zu der wachsenden Bedeutung der Integration bei. Vor diesem Hintergrund hat sich in den letzten Jahren die Anwendungsintegration von einem Bestandteil des Systementwicklungsprozesses zu einer eigenständigen Disziplin im Sinne eines Integration Engineering entwickelt.[199]

---

[198] Siehe Abschnitt 2.3 Ex-ante- und Ex-post-Integration.
[199] Vgl. Wilkes, Sprott 99 / Application Integration/ S. 7.

Die folgenden Abschnitte geben einen kurzen Überblick über diese historische Entwicklung. Dabei werden die unternehmensinterne Integration und die zwischenbetriebliche Integration getrennt betrachtet.

3.1.1 Unternehmensinterne Integration

Zu Beginn der automatisierten Datenverarbeitung Ende der 50er und Anfang der 60er Jahre waren computergestützte Anwendungssysteme durchweg „Insellösungen" (Abbildung 3-1). Diese waren gekennzeichnet durch die Automatisierung einzelner wohlstrukturierter Aufgaben, hohe Redundanz der Lösungsverfahren und manuellen Datenaustausch zwischen einzelnen Anwendungen.[200] Dieser manuelle Datenaustausch bedeutete aufgrund der unterschiedlichen Datendarstellung für Mensch und Maschine hohen Zusatzaufwand, führte zu Zeitverzögerungen und stellte eine zusätzliche Fehlerquelle bei der Übermittlung dar. Die Gründe dafür lagen zum einen in den damaligen technischen Begrenzungen; zum anderen beruhten sie auch darauf, dass die Einsatzmöglichkeiten der Informationsverarbeitung noch nicht vollständig erkannt waren.[201]

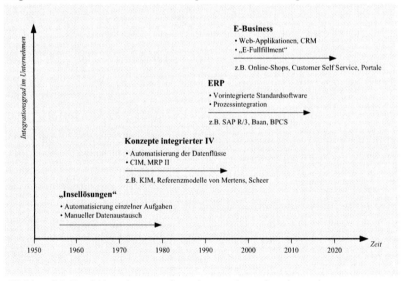

Abbildung 3-1: Entwicklung der unternehmensinternen Anwendungsintegration

---

[200] Vgl. Ferstl, Sinz 01/Grundlagen/ S. 217.
[201] Vgl. Heilmann 89 /Integration/ S. 46.

In den 60er Jahren begannen erste Überlegungen zur Integration dieser Insellösungen.[202] Diese Gedanken wurden in den folgenden Jahren weitergeführt und
Konzepte integrierter Anwendungssysteme wurden entwickelt, um den losen Verbund
der Automatisierungsinseln zusammenzuführen.[203] Einer der ersten Ansätze zur Spezifikation eines umfassenden Bereichs der betrieblichen Informationsverarbeitung war das
Kölner Integrationsmodell (KIM) (1974).[204] Es stellt für den Produktionsbetrieb die
Aufgaben der Informationsverarbeitung sowie die zwischen den Aufgabenbereichen
anfallenden Datenflüsse dar.[205]

Im Mittelpunkt der Integrationsbemühungen stand in den 60er und 70er Jahren die
Schaffung automatisierter Kommunikationskanäle zwischen den Automatisierungsinseln im Rahmen der Anwendungsentwicklung.[206] Die Integration zumeist eigenentwickelter Systeme geschah im Wesentlichen durch die Manipulation des vorhandenen und innerhalb der IV-Abteilung kontrollierten Quellcodes.[207] Vereinfacht wurde
dies durch die homogene Infrastruktur zentralisierter, Mainframe-basierter Systeme.[208]

In den 80er Jahren ermöglichten kleinere, offene Systemplattformen eine zunehmende
Dezentralisierung der Informationsverarbeitung und die Vernetzung der Arbeitsplätze.[209] Auf dieser technologischen Basis konnte insbesondere das Konzept des
Computer Integrated Manufacturing (CIM) an Popularität gewinnen. CIM konzentrierte
sich auf die Integration aller technischen Abläufe und betriebswirtschaftlich-organisa-
torischen Dispositions- und Steuerungsaufgaben im Fertigungsbetrieb.[210] Noch stärker
geschäftsprozessorientiert war das Konzept des Manufacturing Resource Planning
(MRP II), welches bereits 1984 eine Integration der Produktionsplanung mit der vor-
gelagerten Absatzplanung forderte.[211] Die Umsetzung echter CIM-Systeme erwies sich
jedoch aufgrund der Komplexität des Konzeptes als schwierig.[212]

---

[202] Siehe hierzu insbesondere Heilmann 62 /Integrierte DV/ sowie die Habilitationsschrift von Peter
Mertens [Mertens 66 /Integration/ S. 165 ff.].
[203] Vgl. Ferstl, Sinz 01 /Grundlagen/ S. 217.
[204] Vgl. Grochla u.a. 74 /Kölner Integrationsmodell/ S. 35 ff.
[205] Vgl. Mertens, Holzner 92 /Integrationsansätze/ S. 13.
[206] Vgl. Ferstl, Sinz 01 /Grundlagen/ S. 216.
[207] Vgl. Sprott 00 /Componentizing/ S. 66.
[208] Vgl. Linthicum 00 /EAI/ S. 6.
[209] Vgl. Heilmann 89 /Integration/ S. 53.
[210] Vgl. Stahlknecht, Hasenkamp 99 /Wirtschaftsinformatik/ S. 370 f.
[211] Vgl. Stahlknecht, Hasenkamp 99 /Wirtschaftsinformatik/ S. 383.
[212] Vgl. Ferstl, Sinz 01 /Grundlagen/ S. 235.

Beide Konzepte sollten dennoch zu Beginn der 90er Jahre in die sog. Enterprise Resource Planning (ERP)-Systeme einfließen.[213] Das Aufkommen dieser umfassend integrierten Standardsoftware bedeutete einen wesentlichen Fortschritt im Hinblick auf die Integrationsproblematik in Unternehmen.[214] Hierbei handelte es sich um monolithische Softwaresysteme zur Planung, Steuerung und Kontrolle von Geschäftsprozessen. Sie vereinen in sich umfassend die betrieblichen Anwendungen in Form verschiedener untereinander verbundener, transaktionsorientierter Module und zudem alle betrieblichen Daten. Die Integration der Module wird durch den Hersteller gewährleistet, der noch dazu die Wartung und Weiterentwicklung der Software verspricht. Den ERP-Systemen liegt ein eigenes Referenzmodell integrierter Informationsverarbeitung zugrunde. Dieses beinhaltet Standardprozesse, die durch eine unternehmensspezifische Feineinstellung, dem sog. Customizing, und der Parametrisierung auf spezifische betriebliche Anforderungen ausgerichtet werden können.

Der Gebrauch von Standardsoftware hat sich in der betrieblichen Praxis durchgesetzt. Verstärkt wurde diese Entwicklung durch die Jahr-2000-Problematik.[215] Die Implementierung von Standardsoftware versprach in diesem Zusammenhang nicht nur die Umsetzung von „Best-Practice"-Prozessen im Unternehmen und den möglichen Wechsel von den bislang vorherrschenden Mainframe-Umgebungen auf die modernen Client-/Server-Strukturen neuer Anwendungen. Sie bedeutete auch die Lösung der Probleme, die durch die Unfähigkeit vieler Altanwendungen entstanden, die zweistellige Abbildung von Jahreszahlen über das Jahr 2000 hinaus korrekt zu interpretieren.

Allerdings erwies sich die Erwartung der Ablösung der Altsysteme, einem Verbund von Insellösungen, durch ERP-Systeme als verfrüht. Oft bilden ERP-Systeme nicht die gesamte benötigte Funktionalität ab.[216] Folglich versuchen Unternehmen, um Wettbewerbsvorteile zu erhalten, ERP-Systeme durch eigenentwickelte Lösungen zu ergänzen oder besonders geeignete Teile verschiedener Standardsoftware zu kombinieren (sog. „Best-of-breed"-Ansatz). So stellen etwa Customer Relationship Management (CRM)-Systeme spezialisierte Lösungen für die auf Basis einheitlicher Kundendaten integrierte Unterstützung von Kundendienst, Marketing und Vertrieb dar.[217] In Unternehmen kommt daher in der Regel eine Kombination von Altsystemen, Standardsoftware-

---

[213] Vgl. Stahlknecht, Hasenkamp 99 /Wirtschaftsinformatik/ S. 371.

[214] Vgl. Ließmann 00 /Schnittstellenorientierung/ S. 60; vgl. Earls 01 /ERP and CRM (WWW)/ o.S.

[215] Vgl. McIlvaine 97 /ERP Ramps Up/ S. 40.

[216] Vgl. Cusack 98 /Link Packages/ S. 48.

[217] Vgl. Constellar Corp. 00 /Extended Enterprise/ S. 5 f.

Lösungen und neu entwickelten Spezialanwendungen zum Einsatz.[218] Das Resultat in der betrieblichen Praxis ist der Bedarf zur Integration der Standardsoftware mit vorhandenen Anwendungen verschiedenster Art. Dabei ist man weitgehend auf die vorgefertigten Schnittstellen der Standardsoftware angewiesen, da der Zugriff auf den Quellcode extern entwickelter Software i.d.R. nicht möglich ist.[219]

Zusätzlicher Integrationsbedarf besteht seit etwa Mitte der 90er Jahre durch die verstärkte Verbreitung von Internet-basierten Anwendungen. Dabei stellen neue Kundenerwartungen und steigender Wettbewerbsdruck auch neue Anforderungen an die Qualität und Flexibilität der Integration.[220] So wird etwa mit dem Begriff E-Fullfillment die stark integrationsabhängige Fähigkeit eines Unternehmens beschrieben, geschäftliche Transaktionen, die über Web-Anwendungen am Kunden-Frontend angebahnt wurden, durch die nahtlose unternehmensinterne Integration mit den Back-Office-Systemen durchgängig ausführen zu können.

Eine weitere Entwicklung, die die Bedeutung der Anwendungsintegration weiter aufwertet, ist die zunehmende Verwendung betriebswirtschaftlicher Softwarekomponenten. Ziel der Komponententechnik ist es, durch die anwendungsübergreifende Wiederverwendung von Systemkomponenten Anwendungssysteme dynamisch zusammensetzen zu können.[221] Auf diese Weise soll die Flexibilität im Unternehmen erhöht werden, sich durch den Austausch verfügbarer Komponenten schnell an veränderte Marktbedingungen anpassen zu können.[222] Die Integration dieser Softwarekomponenten wird dabei durch eine weitgehende Standardisierung der Schnittstellen und eine meist objektorientierte Komponenteninfrastruktur für den Kontrollfluss der Anwendung erreicht.[223] Während die Ursprünge der Komponententechnik und der damit in enger Beziehung stehenden objektorientierten Softwareentwicklung bis in die 60er Jahre zurückreichen, sollte es aber bis in die Mitte der 90er Jahre dauern, bis das Thema zum ersten Mal breitere Beachtung fand.[224] Bis heute haben sich die Objektorientierung und die

---

[218] Vgl. Ließmann 00 /Schnittstellenorientierung/ S. 60.

[219] Vgl. Wilkes, Sprott 99 / Application Integration/ S. 7.

[220] Vgl. Ruh u.a. 00 /EAI/ S. 8 ff.

[221] Vgl. Stahlknecht, Hasenkamp 99 /Wirtschaftsinformatik/ S. 341.

[222] Vgl. Mattern 01 /Komponententechnik/ S. 60.

[223] Vgl. Martin, Fritsch 99 /Kombinieren statt neu programmieren/ S. 48.

[224] Vgl. Zeidler 00 /Komponententechnik/ S. 61. Bereits 1969 hatte der Entwickler Doug McIlroy den Begriff „Softwarekomponente" eingeführt. Die Ursprünge der objektorientierten Softwareentwicklung liegen in der 1967 von Nygaard und Dahl entwickelten Simulationssprache Simula und in den der 70er Jahren von der Xerox Corporation veröffentlichten Programmiersprache Smalltalk [vgl. Stahlknecht, Hasenkamp 99 /Wirtschaftsinformatik/ S. 331].

Komponententechnik jedoch noch nicht entscheidend durchgesetzt.[225] Eine Trendwende könnte hier u.U. die Übernahme von Elementen der Komponententechnik durch die Hersteller von Standardsoftware bedeuten. Wiederum sind es im Besonderen die Anbieter von ERP-Paketen, die zunehmend ihre zuvor eher monolithische Software öffnen, um den internen Entwicklungsaufwand zu reduzieren und gleichzeitig eine einfachere und flexiblere Implementierung in den Unternehmen zu unterstützen.[226]

3.1.2 Zwischenbetriebliche Integration

Wie oben ausgeführt, stellt die zwischenbetriebliche Integration im Wesentlichen eine Erweiterung der unternehmensinternen Integration auf mehrere rechtlich selbständige Unternehmen dar, die in einer geschäftlichen Beziehung zueinander stehen.[227] Zwischenbetriebliche Systeme gehen meist aus unternehmensinternen Anwendungen hervor. Die wesentlichen Konzepte und Ansätze der unternehmensinternen Integration, wie auch EAI, lassen sich daher ebenso auf die Automation zwischenbetrieblicher Vorgänge anwenden. Daher ist auch die historische Entwicklung der zwischen-betrieblichen Integration relevant (Abbildung 3-2).

Grundlegendes und die historische Entwicklung dominierendes Element der zwischen-betrieblichen Integration ist der elektronische Datenaustausch (engl.: Electronic Data Interchange – EDI) zwischen Geschäftspartnern.[228]

Dieser lässt sich bis in die 60er Jahre zurückverfolgen, als in den USA und Groß-britannien erste Branchen und Konzerne begannen, proprietäre Austauschformate zu nutzen.[229] Diese waren zunächst starr auf die individuellen Informationsbedürfnisse ausgerichtet. Erst Ende der 70er Jahre wurden auf Bemühen von Verbänden und Interessengruppen erste durchgängig nutzbare Austauschformate für einzelne Branchen entwickelt.[230] Hierzu gehören das Zahlungstransfersystem S.W.I.F.T. der Banken (1977), SEDAS für die Konsumgüterindustrie (1977), der VDA-Standard (1978) und auf europäischer Ebene der ODETTE-Standard (1983) in der Automobilindustrie.

---

[225] Vgl. Martin, Fritsch 99 / Kombinieren statt neu programmieren/ S. 48.

[226] Vgl. Sprott 98 / Components/ S. 18.

[227] Siehe Abschnitt 2.2.4 Integrationsreichweite.

[228] Vgl. Ischebeck 89 / Betriebsübergreifende Informationssysteme/ S. 22.

[229] Vgl. Niggl 94 / EDI Standards/ S. 6; vgl. Scheckenbach 97 / Semantische Geschäftsprozeßintegration/ S. 109.

[230] Vgl. Scheckenbach 97 / Semantische Geschäftsprozeßintegration/ S. 110.

Mit ANSI X.12 (1982) und EDIFACT (1987) entstanden in den 80er Jahren erste international gültige Datenaustauschformate, die durch sehr umfangreiche Nachrichten- und
Regelstrukturen branchenunabhängig einsetzbar sind.*231*

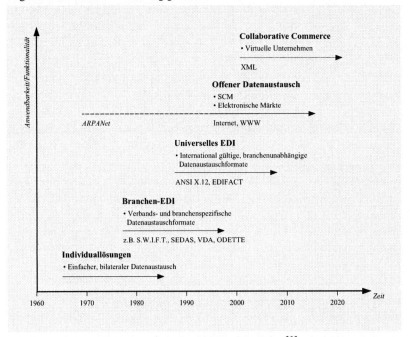

Abbildung 3-2: Entwicklung der zwischenbetrieblichen Integration *232*

Eine nur zögerliche Verbreitung von EDIFACT wurde Mitte der 90er Jahre von einer
anderen Entwicklung überholt. Mit dem bedienungsfreundlichen Anwendungsdienst des
World Wide Web erlebte die kommerzielle Nutzung des Internet ihren Durchbruch.*233*
Während das Internet zunächst insbesondere als Anbahnungsinstrument für den Verkauf
von Waren und Dienstleistungen an Endverbraucher genutzt wurde (Business-to-
Consumer), wurde bald auch sein Potential in der Unterstützung des offenen Datenaustausches zwischen Geschäftspartnern im Sinne der zwischenbetrieblichen Integration
(Business-to-Business) erkannt. Insbesondere bezüglich einer Vereinfachung des elek-
tronischen Datenaustausches über das Internet werden zur Zeit große Hoffnungen auf

---

231 Vgl. zur Entwicklung von Datenaustauschformaten für die zwischenbetriebliche Integration Scala 01
    /Business-to-Business Integration (WWW)/ S. 2 ff.

232 In Anlehnung an Scheckenbach 97 /Semantische Geschäftsprozeßintegration/ S. 110.

233 Vgl. Stahlknecht, Hasenkamp 99 /Wirtschaftsinformatik/ S. 130 ff., 530; siehe Abschnitt 2.4.3.1
    Technische Grundlagen: Internet und World Wide Web (WWW).

die Extensible Markup Language (XML) gesetzt.[234] Dabei handelt es sich um die Spezifikation einer Auszeichnungssprache, die zur Strukturierung von Daten und ihrer Weiterverarbeitung im Rahmen von EDI – insbesondere über das Internet – genutzt werden kann.[235] Insbesondere für kleine und mittlere Unternehmen stellen die geringeren Kommunikationskosten, die sich durch die Nutzung des Internet anstelle proprietärer VANs (Value Added Networks) ergeben, einen wesentlichen Vorteil von Internet-basiertem EDI dar.

Zunehmend steht neben dem unterstützenden Datenaustausch auch die zwischenbetriebliche Gestaltung integrierter Geschäftsprozesse im Mittelpunkt der Bemühungen.[236] Dabei gilt es neben der automatischen Datenübernahme auch weitere Verarbeitungsschritte anzustoßen. Neben einer Erhöhung der Produktivität durch eine Automatisierung der Kommunikationsbeziehungen verspricht man sich insbesondere eine schnelle Reaktionsfähigkeit auf Marktveränderungen.[237] Seit Mitte der 90er Jahre wird diese Form der Integration unter dem Begriff des Supply Chain Management (SCM) diskutiert.[238] Eine Form der technologischen Unterstützung sind elektronische Marktplätze.[239] Diese unterstützen alle oder einzelne Phasen der marktmäßig organisierten Leistungskoordination und bieten neben einer gemeinsamen Plattform für Anbieter und Nachfrager auch Dienstleistungen und Mehrwertdienste an. Unter dem Begriff Collaborative Commerce werden in jüngster Zeit Formen der zwischenbetrieblichen Integration diskutiert, die, basierend auf einer weitgehenden Standardisierung von Prozessen, Daten und Infrastruktur, die flexible, kurzfristige Kooperation von Geschäftspartnern im Sinne eines „virtuellen" Unternehmens unterstützt.[240]

3.2 Integrationskonzepte

Für die Durchführung der Integrationsaufgabe stehen unterschiedliche, grundlegende Methoden zur Verfügung. Diese allgemeinen Methoden werden als Integrations-

---

[234] Siehe Abschnitt 4.2.2.3.2 XML-basierte Standards.

[235] Vgl. W3C 00 / XML 1.0 (WWW) / o.S.

[236] Vgl. Fischer 99 / Informationswirtschaft/ S. 152 f.

[237] Vgl. Ischebeck 89 / Betriebsübergreifende Informationssysteme/ S. 26.

[238] Siehe Abschnitt 2.4.3.2 Integrationsbedarf.

[239] Vgl. Weitzel, König 01 / Zwischenbetriebliche Kooperationen/ S. 32.

[240] Vgl. Ottomaier 01 / Zusammenarbeit im Zeichen des Web/ S. 16 f. Für eine nähere Beschreibung „virtueller" Unternehmen siehe auch Kaib 96 / Virtuelle Organisationsstrukturen in Unternehmen/ S. 2 ff.

konzepte oder Integrationsmodelle bezeichnet.*241* Sie definieren, wie Anwendungen integriert werden, indem sie die Eigenschaften und die Mechanismen der Integration beschreiben. Die Wahl des zu verwendenden Integrationskonzeptes hängt von dem zu lösenden Integrationsproblem, den im Unternehmen verwendeten Technologien und Entwicklungswerkzeugen sowie den Fähigkeiten bzw. dem Ermessen des IV-Personals ab. Im Hinblick auf die erwarteten Integrationswirkungen besitzen die verschiedenen Integrationskonzepte sehr unterschiedliche Zielerreichungsgrade.*242* Von der Wahl des verwendeten Integrationskonzeptes hängen zudem die Komplexität der Durchführung der Anwendungsintegration, die Wiederverwendbarkeit der Lösung sowie die erforderlichen Fachkenntnisse für die Umsetzung ab.

In der Literatur findet sich keine einheitliche Abgrenzung unterschiedlicher Integrationskonzepte.*243* Generell kann jedoch die Integration an drei unterschiedlichen Punkten eines Anwendungssystems ansetzen: der Präsentations-, der Daten- oder der Funktionsebene (Abbildung 3-3).*244* Entsprechend lassen sich die Präsentationsintegration, die Datenintegration und die Funktionsintegration als häufig genutzte Integrationskonzepte unterscheiden.

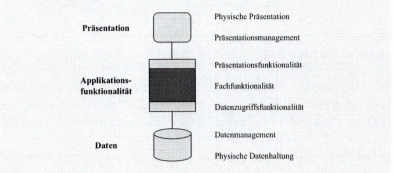

Abbildung 3-3: Dreischichtige Anwendungsarchitektur *245*

---

241 Vgl. Mantel u.a. 00 /Integrationspotenziale von Kommunikationsplattformen/ S. 6; vgl. Ferstl, Sinz 01/Grundlagen/ S. 220; vgl. Ruh u.a. 00 /EAI/ S. 18 ff.

242 Siehe Abschnitt 2.4 Integrationsziele und -potentiale.

243 Mantel u.a. sowie Ferstl, Sinz unterscheiden zwischen der „datenflussorientierten Funktionsintegration", der „Datenintegration" und der „Objektintegration" [vgl. Mantel u.a. 00 /Integrationspotenziale von Kommunikationsplattformen/ S. 6 ff. und Ferstl, Sinz 01/Grundlagen/ S. 220 ff.]. Linthicum beschreibt „Data Level", „Application Interface Level", „Method Level" und „User Interface Level EAI" [vgl. Linthicum 00 /EAI/ S.23 ff.]. Riehm, Vogler betrachten die Integrationspotentiale von Präsentations-, Daten-/Dokumentenmanagement- und Applikations-/Koordinationsdiensten [vgl. Riehm, Vogler 96 /Infrastruktur für die Integration/ S. 37 ff.]. Ruhs Abgrenzung entspricht der hier vorgestellten [vgl. Ruh u.a. 00 /EAI/ S. 18 ff.].

244 Vgl. Ruh u.a. 00 /EAI/ S. 17 ff.

245 Riehm, Vogler 96 /Infrastruktur für die Integration/ S. 29.

Aufgrund der Mehrdeutigkeit der Begriffe wird an dieser Stelle noch kurz auf die Unterscheidung der Daten- und Funktionsintegration im Zusammenhang mit der Darstellung verschiedener Integrationsgegenstände und der Bedeutung als Integrationskonzepte eingegangen. Während Integrationsgegenstände der Beschreibung von Integrationsformen bzw. -zuständen von Anwendungssystemen dienen, beziehen sich Integrationskonzepte auf den Integrationsvorgang. Die Datenintegration als Integrationskonzept betrifft dabei auch die Daten als Integrationsgegenstand. Aber auch die Funktionsintegration kann eine Integration von Daten (Integrationsgegenstand) zum primären Ziel haben. Insofern besteht eine Abhängigkeit zwischen den Sachverhalten, das Augenmerk ist jedoch ein anderes.

3.2.1 Präsentationsintegration

Bei diesem Integrationskonzept erfolgt die Anwendungsintegration über die Benutzerschnittstellen der Anwendungen (Abbildung 3-4).[246] Die Präsentationsintegration wird insbesondere dann eingesetzt, wenn keine anderen geeigneten Schnittstellen zum Zugriff auf die Daten oder die Funktionalität vorhanden sind oder wenn es gilt, eine unzureichend dokumentierte Altanwendung mit einer hohen internen Verflechtung zu integrieren.[247] Oft kann nur auf diese Weise sichergestellt werden, dass notwendige Integritäts- und Plausibilitätsprüfungen zuverlässig durchgeführt werden können.

Die Verbindung zur Anwendung wird durch die Simulation eines Benutzerdialogs hergestellt.[248] Andere Applikationen können so auf die Benutzerschnittstelle einer Altanwendung zugreifen. Sog. „Screen Scraper" ermöglichen den Zugriff auf zeichenorientierte Bildschirme und damit die Präsentationsschnittstelle von Altanwendungen.[249] Während die typische Anwendung dieser Werkzeuge darin liegt, zeichenorientierte Bildschirme durch moderne, grafikorientierte Oberflächen zu ersetzen, können sie auch zur Integration von Anwendungen eingesetzt werden.

Beispielhafte Anwendungen sind etwa der automatisierte Zugriff auf Daten einer Mainframe-Anwendung über ein Screen Scraping-Tool zur Weiterverarbeitung in einer

---

[246] Vgl. Ruh u.a. 00 /EAI/ S. 22 f.

[247] Vgl. Riehm, Vogler 96 /Infrastruktur für die Integration/ S. 47; vgl. Brodie, Stonebraker 95 /Migrating Legacy Systems/ S. 103 ff.

[248] Vgl. Linthicum 00 /EAI/ S. 85 f.

[249] Vgl. Riehm, Vogler 96 /Infrastruktur für die Integration/ S. 47.

SAP-R/3-Anwendung oder die Schaffung einer gemeinsamen MS-Windows-Oberfläche
für mehrere Altanwendungen mit zeichenorientierten Oberflächen.[250]

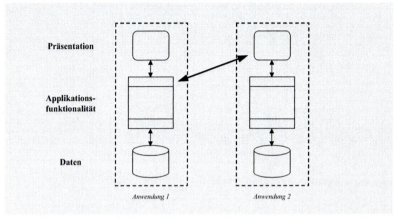

Abbildung 3-4: Präsentationsintegration [251]

Während die Präsentationsintegration unter Einsatz verfügbarer, leistungsfähiger Entwicklungswerkzeuge einfach und schnell durchzuführen ist, sind insbesondere die
Performanz des Datenaustausches und die Sicherheit des Verfahrens kritisch zu überprüfen. Im Allgemeinen bleibt die Präsentationsintegration daher eine Notlösung für die
Integration.[252]

vs. Vorteile durch GUI Integration
für den Anwender, oder ?

3.2.2 Datenintegration

Bei diesem Konzept erfolgt die Integration durch den direkten Zugriff auf die Daten, die
von den verschiedenen Anwendungen erzeugt, verwaltet und gespeichert werden. Die
Datenintegration umgeht also die Präsentations- und Logikebene und greift zum Zweck
der Integration direkt auf die Datenbanken einer Anwendung zu (Abbildung 3-5). Die
Datenintegration dient typischerweise dem gemeinsamen Gebrauch oder dem Abgleich
redundanter Daten zwischen Anwendungen.[253]

z.B. Austausch von Adressänderung

---

[250] Vgl. Ruh u.a. 00 /EAI/ S. 22.

[251] In Anlehnung an Riehm, Vogler 96 /Infrastruktur für die Integration/ S. 30.

[252] Vgl. Riehm, Vogler 96 /Infrastruktur für die Integration/ S. 47 f.

[253] Vgl. Ruh u.a. 00 /EAI/ S. 24 ff.

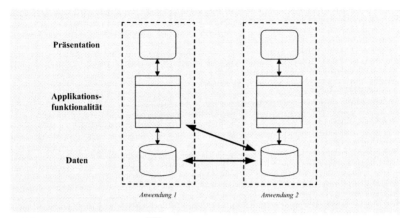

Abbildung 3-5: Datenintegration [254]

Ein wesentlicher Vorteil dieses Integrationskonzeptes liegt darin, dass es keine Modifikationen der Datenbanken oder der Anwendungslogik der zu integrierenden Anwendungen erfordert. Dies ermöglicht oft eine schnelle Lösung spezifischer Integrationsprobleme und reduziert die mit der Integration verbundenen Risiken und Kosten.[255] Zudem ist der Zugriff auf ein breiteres Datenspektrum als bei der Präsentationsintegration möglich.

Das Konzept der Datenintegration lässt sich auf zwei Weisen verwirklichen. Zum einen kann der direkte Austausch von Daten zwischen verschiedenen, spezifizierten Datenbanken ermöglicht werden; zum anderen kann der flexible Zugriff auf eine Vielzahl von Datenbanken durch die Verwendung eines einheitlichen konzeptuellen Datenschemas im Sinne einer virtuellen Datenbank realisiert werden. In diesem Fall spricht man auch von föderierten Datenbanken.[256] Ein alle Daten umfassendes Datenschema im Sinne eines Unternehmensdatenmodells ist jedoch aufgrund seiner Komplexität und des hohen Erstellungsaufwandes meist nicht realisierbar.[257] Vielmehr sind, basierend auf den wesentlichen Geschäftsprozessen, Datenmodelle für Teilbereiche aufzustellen.[258]

Unter dem Begriff datenzugriffsorientierter Middleware werden verschiedene, erprobte Technologien zusammengefasst, die die Replikation und Transformation von Daten bei

---

[254] In Anlehnung an Riehm, Vogler 96 /Infrastruktur für die Integration/ S. 30.
[255] Vgl. Linthicum 00 /EAI/ S. 29.
[256] Vgl. Linthicum 00 /EAI/ S. 28 ff.
[257] Vgl. Stahlknecht, Hasenkamp 99 /Wirtschaftsinformatik/ S. 346.
[258] Vgl. Stickel u.a. 96 /Data Integration/ S. 37.

der Übertragung ermöglichen. Sie schaffen damit den Ausgleich zwischen den Datenbanktypen unterschiedlicher Hersteller, den verschiedenen Datenbankmodellen (relational, objekt-orientiert, multidimensional etc.) und den verwendeten Datenschemata.[259]

Ein Beispiel für die Anwendung des Konzeptes der Datenintegration ist etwa die Integration von Kundendaten aus der IBM DB2-Datenbank einer Altanwendung und SAP-R/3-Datenbanken zur Übermittlung in eine Call-Center-Anwendung. Auch bei dem nächtlichen Batch-File-Transfer von Oracle- und Mainframe-Daten zur Befüllung eines Datawarehouses handelt es sich um Datenintegration.[260]

Nachteile liegen in der Gefahr möglicher Integritätsprobleme durch das Umgehen der Applikationslogik. Außerdem unterstützt die Datenintegration nicht die Wiederverwendung der Anwendungslogik. Bestehende Funktionsredundanz wird durch das Konzept der Datenintegration nicht reduziert.[261]

3.2.3 Funktionsintegration

Das Integrationskonzept der Funktionsintegration ist das weitestgehende Konzept. Es unterstützt ein weites Spektrum zu lösender Integrationsaufgaben, inklusive der typischen Anwendungen der Präsentations- oder Datenintegration.[262] Zudem ermöglicht es eine hohe Wiederverwendung und den flexiblen Austausch der Anwendungsfunktionalitäten (Methoden) durch die Integration auf der Ebene der Anwendungslogik (Abbildung 3-6).[263]

Die Integrationslösung wird hier als ein Netzwerk von Teilsystemen betrachtet, die jeweils aus Datenspeichern und Funktionen bestehen.[264] Eine zu integrierende Anwendung stellt dabei einen reinen Anbieter von Diensten für die Durchführung von Arbeitsschritten in einem Prozessablauf dar.[265] Die Koordination der Schnittstellen zwischen den Teilsystemen sowie die Steuerung des Prozessablaufs wird dabei aus den

---

[259] Siehe Abschnitt 4.3.2.2 Datenzugriffsorientierte Middleware.

[260] Vgl. Ruh u.a. 00 /EAI/ S. 25 f.

[261] Vgl. Ruh u.a. 00 /EAI/ S. 27.

[262] Vgl. Ruh u.a. 00 /EAI/ S. 27 ff.

[263] Vgl. Linthicum 00 /EAI/ S. 61 ff.

[264] Vgl. Mantel u.a. 00 /Integrationspotenziale von Kommunikationsplattformen/ S. 7; vgl. Ferstl, Sinz 01/Grundlagen/ S. 222.

[265] Vgl. Riehm, Vogler 96 /Infrastruktur für die Integration/ S. 122 f.

einzelnen Anwendungen herausgenommen und über Drittsysteme oder den Benutzer gesteuert.

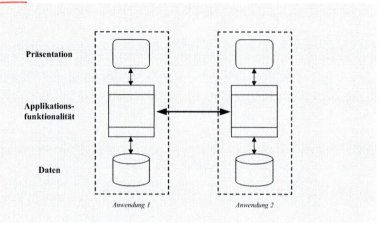

Abbildung 3-6: Funktionsintegration [266]

Auf diese Weise können existierende Funktionalitäten, inklusive der dazugehörenden Integritäts- und Plausibilitätsprüfungen, durch andere Systeme genutzt und flexibel zusammengefügt werden. Dieses Konzept erhöht die Flexibilität des Informationssystems in Bezug auf Änderungen der Geschäftsprozesse und unterstützt deren durchgängige und zeitnahe Unterstützung (Straight Through Processing).[267]

Für die Realisierung dieses Integrationskonzeptes stehen verschiedene Technologien zur Verfügung. Die datenflussorientierte Funktionsintegration stellt die Einrichtung von Kommunikationskanälen zwischen Anwendungen unter Vermeidung von Medienbrüchen in den Mittelpunkt.[268] Hierzu werden Techniken wie Remote Procedure Calls (RPCs) oder Message-oriented Middleware (MOM) eingesetzt.[269] Standardisierte Anwendungsschnittstellen (engl.: Application Programming Interfaces, APIs) erleichtern den Zugriff auf spezielle Dienste einer Anwendung, ohne dass dazu Veränderungen der Anwendung erforderlich sind.[270] Auch die Objektintegration kann als eine technologische Realisierung dieses Integrationskonzeptes in dem hier beschriebenen Sinn

---

[266] In Anlehnung an Riehm, Vogler 96 /Infrastruktur für die Integration/ S. 30.

[267] Vgl. Ruh u.a. 00 /EAI/ S. 31 f.

[268] Vgl. Mantel u.a. 00 /Integrationspotenziale von Kommunikationsplattformen/ S. 7; vgl. Ferstl, Sinz 01/Grundlagen/ S. 222.

[269] Siehe für eine Darstellung der Technologien Abschnitt 4.3.2 Middleware.

[270] Vgl. Linthicum 99 / Application Interface-Level EAI/ S. 37 ff.

verstanden werden.[271] In diesem Fall wird die Funktionalität in Form von verteilten Objekten zur Verfügung gestellt. Diese Objekte kapseln Daten und die dazugehörenden Methoden für deren Modifikation. Komponentenorientierte Middleware, wie beispielsweise die Common Object Request Broker Architecture (CORBA), das Component Object Model (COM) oder Enterprise Java Beans (EJB), übernimmt dabei die Koordinationsfunktionen.[272]

Beispiele für die Anwendung dieses Integrationskonzeptes sind

- die gleichzeitige Aktualisierung einer Kundenadresse aus dem Call-Center heraus durch Aufruf der entsprechenden Funktionalitäten in einer Java-Anwendung und einer Mainframe-Anwendung,
- die durchgängig automatisierte Bearbeitung einer Online-Bestellung bis zur Auslieferung und Bezahlung der Ware oder
- die Schaffung einer einheitlichen Kundensicht über alle betrieblichen Anwendungen und Datenbanken hinweg durch Schnittstellen der Middleware zu allen Anwendungen.[273]

Wesentliche Nachteile der Funktionsintegration liegen in ihrer Komplexität und den häufig notwendigen, erheblichen Modifikationen der zu integrierenden Anwendungen und den damit verbundenen Risiken und Kosten.[274] Eine Integration auf der Ebene der Applikationslogik wird zudem erschwert, wenn etwa bei Standardsoftware der Zugriff auf den Quellcode oder Anwendungsschnittstellen nicht gegeben sind.

3.3 Integrationsansätze  (programmatischer Ansatz)

Von den Integrationskonzepten als grundlegende modellhafte Methoden der Anwendungsintegration können pragmatische Integrationsansätze in Unternehmen unterschieden werden. Diese beschreiben aus einem situativen Ansatz heraus alternative Wege, auf denen die oben geschilderten Integrationskonzepte verwirklicht werden können. Im Folgenden werden drei traditionelle Ansätze zur Anwendungsintegration

271 Vgl. Mantel u.a. 00 /Integrationspotenziale von Kommunikationsplattformen/ S. 8 f.; vgl. Ferstl, Sinz 01/Grundlagen/ S. 222 f.
272 Siehe unten Abschnitt 4.3.2.5 Komponentenorientierte Middleware.
273 Vgl. Ruh u.a. 00 /EAI/ S. 37 f.
274 Vgl. Ruh u.a. 00 /EAI/ S. 38.

dargestellt.[275] Diese sind als Grundtypen möglicher Vorgehensweisen zu verstehen. In der Realität sind in Unternehmen viele Mischformen dieser Grundtypen vorzufinden, insbesondere da der Integrationsbedarf zeitlich verteilt in Projekten adressiert wird und somit Gegenstand der oben dargestellten historischen Entwicklung ist. Die Auswahl des geeigneten Integrationsansatzes hängt maßgeblich von der Ausgangssituation, insbesondere der Systemlandschaft im Unternehmen, und von den verfolgten Integrationszielen ab.

3.3.1 Punkt-zu-Punkt-Verbindungen

Unter einer Punkt-zu-Punkt-Verbindung versteht man die dedizierte Verbindung zwischen zwei gleichberechtigten Systemen bzw. Anwendungen. Zur Integration einer Vielzahl von Anwenungssystemen sind entsprechend zahlreiche solcher Punkt-zu-Punkt-Verbindungen zwischen den jeweiligen Anwendungspaaren erforderlich.[276]

Datenexport-/-import-Programme unterstützen die Extraktion der Daten, eventuell notwendige Transformationen des Dateninhalts oder -formats sowie den Import in das Zielsystem. Während mit sog. ETL-Tools (engl.: Extract, Transform, Load) Softwarewerkzeuge existieren, die die Entwicklung dieser Programme unterstützen, ist der Eigenentwicklungsbedarf i.d.R. sehr hoch. Eine weitreichende Kenntnis des Entwicklers von der Programmlogik und des internen Ablaufs von Quell- und Zielsystem sind bei der Erstellung von Punkt-zu-Punkt-Verbindungen erforderlich.[277]

Punkt-zu-Punkt-Verbindungen sind häufig das Resultat einer unzureichenden Planung der Informationssystem-Architektur eines Unternehmens. Neue Anwendungen wurden dabei in den bestehenden Systembestand eingefügt und Verbindungen zwischen Systempaaren bedarfsgerecht eingerichtet. Zu keinem Zeitpunkt wurde die Systemlandschaft umfassend neu organisiert. Das Ergebnis sind die im Zeitablauf gewachsenen Strukturen einer komplexen, oft chaotischen Schnittstellenlandschaft (Abbildung 3-7).[278]

---

[275] Vgl. Winkeler u.a. 01 /EAI/ S. 8 f.
[276] Vgl. Winkeler u.a. 01 /EAI/ S. 8.
[277] Vgl. Gould 99 /EAI Challenge/ S. 82.
[278] Vgl. Winkeler u.a. 01 /EAI/ S. 8.

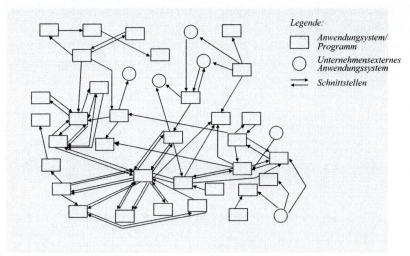

Abbildung 3-7: „Schnittstellen-Chaos"

Auch wenn sich über Punkt-zu-Punkt-Verbindungen schnell den Quell- und Zielsystemen gut angepasste Integrationslösungen entwickeln lassen, überwiegen auf lange
Sicht die Nachteile dieses Integrationsansatzes. Diese Nachteile liegen vor allem in den
hohen Betriebskosten für die Wartung der Schnittstellen und in dem hohen Aufwand bei
der multiplen Integration zusätzlicher Anwendungen. Zudem erschwert die komplexe
Schnittstellenstruktur die reibungsfreie Integration durch die suboptimale Nutzung der
Ressourcen. Es treten Dateninkonsistenzen und zeitliche Verzögerungen bei der Daten-
bereitstellung auf.[279]

3.3.2 ERP-basierte Integration

Wie oben bereits dargestellt, bedeutete die Einführung von ERP-Paketen für viele
Unternehmen einen wesentlichen Fortschritt bezüglich der Anwendungsintegration. Der
Integrationsbedarf sinkt, da die umfangreichen funktionalen Module der ERP-Pakete
vom Hersteller in vorintegrierter Form angeboten werden. Das ERP-Paket als solches ist
in der Lage, wesentliche Geschäftsprozesse umfassend zu unterstützen.[280]

---

[279] Vgl. Winkeler u.a. 01 /EAI/ S. 8.
[280] Siehe Abschnitt 3.1 Historische Entwicklung.

Dennoch besteht auch nach Einführung eines ERP-Pakets der Bedarf zur Integration betriebswirtschaftlicher Anwendungen weiter. Die Funktionalitäten des ERP-Pakets sollen durch branchen- und/oder unternehmensspezifische Lösungen ergänzt werden. Diese liegen entweder in Altanwendungen vor, werden von neuen Anbietern, die sich auf spezielle Prozesse konzentrieren, angeboten oder werden im Unternehmen selbst entwickelt.[281] Aus diesen Gründen ist davon auszugehen, dass auch in Zukunft in Unternehmen selten mehr als 40% der Anwendungsunterstützung durch ERP-Pakete geleistet werden kann.[282]

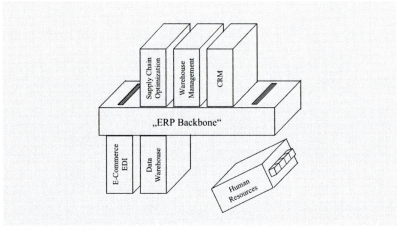

Abbildung 3-8: ERP-basierte Integration

Es bleibt aber anzuerkennen, dass ERP-Pakete in vielen Unternehmen die Rolle der zentralen Kernanwendung eingenommen haben. Hierauf baut der ERP-basierte Integrationsansatz auf. Das ERP-Paket übernimmt hier die Rolle einer zentralen Integrationsplattform, indem Einzelanwendungen für den spezifischen Bedarf auf dem gemeinsamen ERP-„Rückgrat" (engl.: backbone) aufgesetzt werden (Abbildung 3-8).[283] Der Gesamtprozess und die gemeinsamen Daten werden von dem ERP-Paket verwaltet. Die Anwendungsintegration erfolgt über die Standardschnittstellen des ERP-Pakets. Hierfür haben die Anbieter eine Reihe von Integrationsmechanismen entwickelt. Tabelle 3-1 beschreibt beispielhaft die Integrationsmechanismen, die von SAP für ihr Produkt R/3 angeboten werden („SAP-Middleware").[284]

---

[281] Vgl. Cusack 98 /Link Packages/ S. 47.

[282] Vgl. Conspectus, EAI-Report, 1999 in Winkeler u.a. 01 /EAI/ S. 8.

[283] Vgl. Radding 99 /ERP (WWW)/ o.S.

[284] Vgl. Weeke 01 /Integrationswerkzeuge/ S. 32 f.; vgl. Linthicum 00 /EAI/ S. 241 ff.; vgl. Cusack 98 /Link Packages/ S. 52 ff.

Tabelle 3-1: Mechanismen eines ERP-basierten Integrationsansatzes am Beispiel von SAP-R/3 [285]

SAP-Bezeichnung	Beschreibung, Funktionalität
Batch Data Communication (BDC)	• Import von Daten als Flat File. Diese Dateien lassen sich über Standardtransaktionen in das System einspielen.
Remote Function Call (RFC)	• Aufruf von Funktionsbausteinen in SAP-Modulen auch durch Nicht-SAP-Systeme. • Aufruf von Funktionalitäten in fremden Anwendungen aus R/3 heraus.
Transaktionaler RFC (tRFC)	• Wie RFC; tRFC gewährleistet zusätzlich, dass der beabsichtigte Vorgang wirklich nur einmal abläuft und dass bei einem Abbruch ein kontrollierter Neustart erfolgt.
Queued RFC (qRFC)	• Wie RFC; qRFC sichert zusätzlich die Abarbeitungsreihenfolge von Funktionsaufrufen im Empfängersystem.
Application Link Enabling (ALE)	• Primär zur Kopplung mehrerer verteilter SAP-Systeme; erlaubt die Bearbeitung vollständiger Geschäftsprozesse innerhalb verteilter R/3-Systeme. • Basiert auf RFC als Kommunikationsmechanismus. • ALE organisiert den Datentransport und die Zwischenspeicherung, wenn eine Seite nicht verfügbar ist.
Intermediate Document (IDOC)	• Strukturiertes Datenformat, um Nachrichten in und aus SAP zu bewegen (ähnelt EDI-Dokumenten, ist aber kein Standard). • Für betriebswirtschaftliche Objekte wie Rechnung, Auftrag, Bestellung sind IDOC-Typen definiert.
Business Application Programming Interface (BAPI)	• Technik, um synchrone Verbindungen speziell über das Internet anzubieten. • Objektorientierter Mechanismus, um auf Daten und Prozesse zuzugreifen. • Als RFC-fähiger Funktionsbaustein implementiert und in ein Objektmodell eingebettet.
Business Connector (BC) (lizenziert von webMethods)	• Fungiert als Konverter- und Umsetzschicht, um Daten im XML-Format aus dem Internet zu übernehmen und als IDOC, BAPI-Aufruf oder RFC weiterzuleiten.
DCOM Converter	• Lässt BAPIs als Microsoft-Objekte erscheinen. • Denkbare Anwendung etwa als Erfassungsprogramm in Form von Microsoft-Produkten.
Web-Variante des „SAP Business Workflow" (Webflow)	• Koordiniert Nachrichten und Dokumente, die mit anderen Unternehmen sowie zwischen SAP-Komponenten ausgetauscht werden. • Zur Steuerung kurzer Standardprozesse.
Legacy System Migration Workbench	• Entwicklungsumgebung zur Realisierung von Schnittstellen zu Altsystemen über ABAP-Programme oder BAPIs.

---

[285] Vgl. Weeke 01 /Integrationswerkzeuge/ S. 32 f.; vgl. Linthicum 00 /EAI/ S. 241 ff. Siehe Abschnitt 4.3 Funktionale Bestandteile von EAI-Lösungen für eine nähere Beschreibung der erwähnten Integrationsmechanismen.

Insgesamt erscheint der ERP-basierte Ansatz nur dann als sinnvoll, wenn tatsächlich ein Großteil der Anwendungsunterstützung durch das zentrale ERP-Paket eines Anbieters wahrgenommen wird und wenn nicht gleichzeitig ein hoher Abstimmungsbedarf direkt zwischen den Satellitenanwendungen besteht. Sind diese Voraussetzungen gegeben, erscheint der ERP-basierte Integrationsansatz als durchaus attraktiv, insbesondere vor dem Hintergrund der zunehmenden Öffnung der ERP-Systeme durch weitere standardisierte Schnittstellen.[286]

Besteht jedoch ein hoher dezentraler Integrationsbedarf zwischen den verschiedenen Systemen, wächst die Gefahr der Entwicklung einer komplexen Schnittstellenland-schaft, ähnlich wie im Falle von Punkt-zu-Punkt-Verbindungen.[287] Zudem unterstützen die Standardschnittstellen und Integrationsmechanismen der ERP-Anbieter meist nur eine Integration auf Daten- oder Programmebene, und die ERP-internen Prozesse lassen sich nur schwer auf andere Anwendungen ausweiten.[288] Schließlich kann der ERP-basierte Integrationsansatz zu Performanzproblemen bei den Back-Office-Systemen führen, wenn etwa Web-Anwendungen direkt und somit ohne die entzerrende Wirkung einer zwischengeschalteten Integrationsinstanz integriert werden.[289]

Insbesondere in Dienstleistungsunternehmen rivalisieren in zunehmendem Maße Customer Relationship Management-(CRM)-Systeme mit den ERP-Systemen in ihrer Bedeutung als primäre Kernanwendung. Entsprechend ist auch ein CRM-zentrierter Integrationsansatz denkbar.

3.3.3 Middleware-basierter Integrationsansatz

Beim Middleware-basierten Integrationsansatz wird zur Lösung des Integrationspro-blems eine vermittelnde Softwareschicht, sog. Middleware, zwischen zwei oder mehrere Systeme geschaltet. Diese ermöglicht es den angebundenen Anwendungen, hersteller- und ggf. plattformunabhängig Daten auszutauschen. Auf diese Weise erfolgt die Integration in einer stärker standardisierten Weise, als dies bei Punkt-zu-Punkt-Ver-

---

[286] Vgl. Winkeler u.a. 01 /EAI/ S. 9.
[287] Vgl. Kara 99 /ERP Integration (WWW)/ o.S.
[288] Vgl. Coleman 01 /ERP Integration (WWW)/ o.S.
[289] Vgl. Weeke 01 /Integrationswerkzeuge/ S. 33.

bindungen der Fall ist.[290] Entsprechend geringer sind i.d.R. die Integrationskosten und die Projektdauer.[291]

Middleware schafft die Konnektivität zwischen verschiedenen Anwendungen und unterstützt somit die Datenintegration. Die semantische Abstimmung zwischen den Anwendungen oder ein Prozessmanagement leistet Middleware nicht.[292]

Häufig wird Middleware in Punkt-zu-Punkt-integrierten Systemlandschaften eingesetzt, um zwei Anwendungen miteinander zu verbinden.[293] Gleichzeitig ermöglicht Middleware jedoch auch die Verbindung mehrerer Systeme untereinander durch den Anschluss an einen „Informationsbus" im Sinne einer gemeinsamen Nachrichtenübertragungsschicht.[294] Auf diese Weise kann das oben geschilderte Schnittstellen-Chaos reduziert werden.

Während der Middleware-basierte Integrationsansatz im Hinblick auf die mit Punkt-zu-Punkt-Verbindungen verbundenen Nachteile durch die stärkere Standardisierung des Vorgehens eine Verbesserung darstellt, bleibt jedoch ein wesentlicher Entwicklungsaufwand. Insbesondere da Middleware sich auf die Datenintegration auf syntaktischer Ebene beschränkt, werden neben der Auswahl und Implementierung der Middleware weitere Entwicklungsmaßnahmen zur Datentransformation, zur Prozesssteuerung und u.U. zur Transaktionsverwaltung notwendig.

3.3.4 Zusammenfassung

Im Hinblick auf den durch EAI verfolgten Lösungsansatz ist ein Verständnis der dargestellten traditionellen Ansätze wichtig, da sich zum einen aus den Nachteilen dieser Ansätze der Bedarf für einen umfassenden Integrationsansatz ergibt, der diese Schwachstellen ausgleicht. Zum anderen werden diese Integrationsansätze durch EAI nicht obsolet, sondern der Lösungsansatz von EAI baut auf diesen Ansätzen erweiternd auf und versucht, die ihnen inhärenten Nachteile durch einen erweiterten Lösungsansatz

---

[290] Vgl. Winkeler u.a. 01 /EAI/ S. 9.

[291] Vgl. Gould 99 /EAI Challenge/ S. 82.

[292] Vgl. Gould 99 /EAI Challenge/ S. 83.

[293] Vgl. Winkeler u.a. 01 /EAI/ S. 9.

[294] Der Begriff „Informationsbus" stellt eine Analogie aus den Ingenieurdisziplinen dar. Ein bekanntes Anwendungsgebiet der Busarchitektur ist etwa der PC. Hier dienen Hardwarebusse der Kommunikation zwischen den verschiedenen Baugruppen, z.B. zwischen dem Prozessor, der Festplatte und der Grafikkarte [vgl. Ließmann 00 /Schnittstellenorientierung/ S. 65 ff.].

auszugleichen. Zudem werden EAI-Lösungen in der Regel ergänzend zu traditionellen Integrationslösungen eingesetzt.[295]

Es lassen sich einige Nachteile konstatieren, die allen drei traditionellen Integrationsansätzen gemein sind.[296] Dazu gehören insbesondere:

- fixierte und damit unflexible syntaktische Definitionen;
- die „händische" Verknüpfung durch Individualentwicklungen;
- mangelnde semantische Tiefe, die Transformationen sowie eine Prozesssteuerung nur in einem begrenzten Umfang zulässt;
- der enorme Zuwachs an Schnittstellen, wenn in komplexen Umgebungen ein umfassender Datenfluss gewährleistet werden soll.

Die Untersuchung dieses EAI-spezifischen Lösungsansatzes steht im Mittelpunkt des vierten Kapitels.

3.4 Hemmschwellen

Die umfassende Integration heterogener betrieblicher Anwendungssysteme ist außerordentlich komplex. Der erfolgreichen Umsetzung stehen eine Reihe kritischer Faktoren im Wege, die im Rahmen der Planung von Integrationsvorhaben unabhängig vom gewählten Lösungsansatz oder von der unterstützenden Technologie berücksichtigt werden müssen. Zu diesen Hemmschwellen zählen insbesondere:

- besondere Probleme der integrierten Informationsverarbeitung,
- unkoordiniert gewachsene IV-Strukturen,
- die Knappheit geeigneter Projektmitglieder,
- Widerstände in der Organisation sowie
- die Komplexität von umfassenden Integrationsprojekten.

Aus der Natur einer integrierten Informationsverarbeitung ergeben sich Probleme der ungewollten Fehlerfortpflanzung, die Notwendigkeit einer vollständigen Erfassung aller Vorgänge sowie spezielle Risiken bezüglich Performanz und IV-Sicherheit.

---

[295] Siehe Kapitel 4 Enterprise Application Integration (EAI).
[296] Vgl. Von Stengel 01 /EAI (WWW)/ o.S.

In einem integrierten System wird ein eingegebenes Datum im Regelfall in verschiedenen Programmen verarbeitet.[297] Eingabefehler können damit unübersehbare Auswirkungen nach sich ziehen. Solche Folgefehler müssen in einem integrierten System nachvollziehbar und umkehrbar sein. Ebenso ist zu berücksichtigen, dass die Integration aufgrund der Datenabhängigkeiten die vollständige Erfassung aller vom System unterstützten Vorgänge erfordert.[298] Auch solche Geschäftsvorfälle, bei denen wegen ihrer geringen Zahl oder vielen Ausnahmeregelungen eine Automation bei isolierten Systemen nicht wirtschaftlich wäre, müssen erfasst werden, weil Folgewirkungen etwa auf Führungsinformationen in Planungs- und Kontrollsystemen zu beachten sind.

Weitere integrationsbedingte Probleme betreffen die Performanz und IV-Sicherheit. In einem integrierten Gesamtsystem ergeben sich diese Systemeigenschaften der einzelnen Anwendungskomponenten nicht mehr ausschließlich aus ihren spezifischen Eigenschaften, sondern individuelle Verarbeitungsengpässe oder Sicherheitsrisiken wirken sich auch auf das Gesamtsystem aus.

Im Hinblick auf die Performanz lässt sich dieses Problem teilweise durch die Entkopplung von Anwendungskomponenten lösen – etwa über spezielle Kommunikationsmechanismen, die eine Bearbeitung systemübergreifender Vorgänge auch dann zulassen, wenn einzelne Komponenten nicht aktiv sind.[299] In integrierten Anwendungssystemen besteht aber die Gefahr, dass gerade die Middleware oder zentrale EAI-Komponenten, deren Aufgabe einzig in der Integration der Anwendungssysteme liegt, zum Engpass des Gesamtsystems werden. Daher sind besondere Anforderungen an die Stabilität, Verfügbarkeit und die Skalierbarkeit dieser Integrationskomponenten zu stellen.[300] Zudem können durch die Integration ermöglichte neue Anwendungen, wie etwa die Überprüfung des Lieferstatus durch den Kunden über das Internet, Auswirkungen auf die Performanz der darunter liegenden Transaktionssysteme haben.

Ähnlich verhält es sich mit der IV-Sicherheit. Durch die Integration der Systeme erhöht sich im Vergleich zu isolierten Systemen mit einigen wenigen klaren Schnittstellen die Anzahl der potentiellen Angriffspunkte auf zentrale Anwendungskomponenten.[301] So besteht z.B. die Gefahr, dass über Middleware direkt auf Anwendungsdaten unter Um-

---

[297] Vgl. Mertens 00 /Integrierte Informationsverarbeitung 1/ S. 10.
[298] Vgl. Mertens 00 /Integrierte Informationsverarbeitung 1/ S. 10.
[299] Siehe Abschnitt 4.3.2 Middleware.
[300] Vgl. Schott, Mäurer 01 /EAI/ S. 42.
[301] Vgl. Ruh u.a. 00 /EAI/ S. 14 f.

gehung der Applikationslogik mit entsprechenden Login- oder Autorisierungsfunktionalitäten zugegriffen wird. Oft verfolgen Integrationsprojekte gerade auch das Ziel, betriebliche Daten einer breiteren Nutzerschicht zur Verfügung zu stellen. Begriffe wie „Employee Self Service" bzw. „Customer Self Service" sind Ausdruck dieser Tendenz und sollen die Effizienz von Geschäftsprozessen dadurch erhöhen, dass etwa Mitarbeiter ihre Stammdaten für die Personalverwaltung selbst pflegen, oder Kunden eigenständig den Bestellstatus überwachen oder ihre Kundenprofile einsehen können. Einzelne Anwendungskomponenten, die u.U. nur für einen kleinen, beschränkten Nutzerkreis konzipiert wurden, verfügen oft nicht über Sicherheitsmechanismen, die den veränderten Anforderungen entsprechen. Insbesondere auch das Internet erhöht die Sicherheitsrisiken – nicht nur als zusätzlicher abzusichernder Kommunikationskanal zu Kunden und Geschäftspartnern, sondern auch insofern, als es die Verbreitung von sog. „Hacker"-Tools und -Expertise erleichtert.

Angesichts dieser Faktoren erfordert die Anwendungsintegration eine umfassende und konsistente Sicherheitsstrategie.[302] Wesentliche Elemente sind:

- allgemeingültige und kommunizierte Sicherheitsrichtlinien,
- die verlässliche Berechtigung und Identifikation individueller Nutzer,
- ein akkurates Auditing aller sicherheitsrelevantenTätigkeiten,
- die Verschlüsselung vertraulicher Daten, insbesondere via Internet, sowie
- die Benutzerfreundlichkeit und Verwaltbarkeit der Sicherheitsmechanismen.

Gleichzeitig Auslöser und Hemmnis für die Umsetzung von Integrationsvorhaben ist die Komplexität und Heterogenität der Ausgangssituation; diese ist oft das Ergebnis gewachsener IV-Strukturen ohne Koordination im Rahmen einer umfassenden Architekturplanung und führt wiederum zu dezentralen Strukturen ohne übergreifende Verantwortlichkeiten.[303] Den fehlenden Verantwortlichkeiten stehen notwendige Abstimmungen bezüglich unternehmensweiter Standards, Technologien sowie Maßnahmen zur Schnittstellenkontrolle oder zum Systemmanagement entgegen.

Vor allem Daten werden repliziert, und die Definition von Datenelementen variiert von Anwendung zu Anwendung.[304] Mit der weitgehenden Vernachlässigung des funktionsübergreifenden Datenbedarfs haben viele Organisationen einen relativ einfachen Ansatz für das unternehmensweite Datenmanagement gewählt. Bei der Anwendungsintegration

---

[302] Vgl. Ruh u.a. 00 /EAI/ S. 14 f.
[303] Vgl. Linthicum 00 /EAI/ S. 7.
[304] Vgl. Ruh u.a. 00 /EAI/ S. 12 f.

wird die einheitliche Interpretation gemeinsam genutzter Daten jedoch zur wesentlichen Voraussetzung. Allein aus der einheitlichen Festlegung der Datenelemente des Objekts „Kunde" können hierbei kritische Probleme erwachsen.[305] So haben die Debitoren-buchhaltung, der Vertrieb oder die Marketingabteilung oft ein stark unterschiedliches Verständnis, wie die Kunden eines Unternehmens zu definieren sind. Zu dem Definitionsproblem kommt noch ein wesentlicher manueller Aufwand bei der Abstimmung und Bereinigung der unterschiedlichen Informationen der funktionalen Datenbanken hinzu.

Ein weiteres Problem liegt für viele Unternehmen, die integrierte Konzepte realisieren wollen, in der Knappheit von IV-Mitarbeitern, die über das notwendige betriebswirt-schaftliche und technische Wissen verfügen.[306] Im Kontext der Anwendungsintegration werden insbesondere Systemplaner für die Architektur der Integrationslösung benötigt. Außerdem sind Erfahrungen bezüglich der technologischen Basis (insbesondere Middleware) erforderlich.[307]

Im Zusammenhang mit umfassenden Integrationsprojekten ist zudem mit Widerständen von Seiten betroffener Mitarbeiter im Unternehmen zu rechnen. Im Zuge der Erhöhung der Effizienz von Geschäftsprozessen durch die Integration verändern sich auch die Aufgaben der am Prozess beteiligten Personen. Um eine ablehnende Haltung seitens der Mitarbeiter zu vermeiden, sind eine frühe Involvierung der betroffenen Gruppen in die Entscheidungen, laufende Kommunikation bezüglich des Projektfortschritts, die Unter-stützung des Senior Managements sowie umfangreiche Benutzerschulungen erforder-lich.[308] Diese Aspekte des „Change Management" haben umfassende Integrations-projekte mit anderen Re-engineering-Projekten gemeinsam. Ein weiterer Aspekt des Widerstandes in der Organisation beruht auf dem der Integration zugrunde liegenden Prinzip des zweckorientierten, offenen Informationsaustausches. Dieser Informations-austausch entspricht oft nicht der allgemeinen Unternehmenskultur, in der Mitarbeiter glauben, ihre Stellung durch proprietäres Wissen absichern zu müssen.[309]

Schließlich handelt es sich bei der Konzeption und Realisierung einer integrierten Informationsverarbeitung um ein IV-Vorhaben großen Ausmaßes, dessen Nutzeffekte

---

[305] Vgl. Japha 01 /We, the People (WWW)/ o.S.

[306] Vgl. Mertens 00 /Integrierte Informationsverarbeitung 1/ S. 11.

[307] Vgl. Ruh u.a. 00 /EAI/ S. 13.

[308] Vgl. Varon 00 /Human Error/ S. 140 ff.

[309] Vgl. Varon 00 /Human Error/ S. 146.

sich häufig erst nach Jahren einstellen.[310] Entsprechend komplex ist die Projektplanung und -steuerung. Auf die Probleme der Wirtschaftlichkeitsbeurteilung im Vorfeld eines Integrationsprojekts wurde oben bereits eingegangen.[311] Insbesondere aber im Hinblick auf die langen Realisierungszeiten der Integrationsprojekte und den u.U. hohen wirtschaftlichen Nutzen einzelner IV-Projekte besteht ständig die Gefahr, dass einzelne Programme ohne Rücksicht auf die Integration rasch abgewickelt werden sollen und dadurch die Umsetzung einer komplexen Integrationslösung empfindlich gestört oder gar verhindert wird.[312]

Auf spezifische Problembereiche bezüglich der Realisierung von EAI-Projekten sowie daraus abzuleitenden Erfolgsfaktoren wird am Ende des folgenden Kapitels noch näher eingegangen.[313]

---

[310] Vgl. Mertens 00 /Integrierte Informationsverarbeitung 1/ S. 11.
[311] Siehe Abschnitt 2.4.2 Probleme der Wirtschaftlichkeitsbeurteilung.
[312] Vgl. Mertens 00 /Integrierte Informationsverarbeitung 1/ S. 11.
[313] Siehe Abschnitt 4.4 Realisierung von EAI-Projekten.

4 Enterprise Application Integration (EAI)

Die Anwendungs- und Systemintegration tritt immer dann in den Mittelpunkt der technologischen und betriebswirtschaftlichen Diskussion, wenn es darum geht, die bestehende Systemlandschaft zu erneuern oder zu erweitern.[314] Der gestiegene Integrationsbedarf im Zuge der Verbreitung des E-Commerce [315] hat das Feld bereitet für einen neuen Ansatz – den der Enterprise Application Integration (EAI). EAI deshalb als „E-Business-Technologie" zu bezeichnen[316], greift aber zu kurz. EAI verspricht einen umfassenden Ansatz für die operative Integration von Geschäftsprozessen durch die kontrollierte, flexible und rasch ausbaubare inner- oder zwischenbetriebliche Integration multipler Anwendungen. Entsprechend unterstützt EAI die Daten-, Programm- und die Prozessintegration (Abbildung 4-1). Dabei soll die spezifische Architektur von EAI-Lösungen sowie ein vermehrter Einsatz vorgefertigter, kommerzieller Integrationssoftware den Integrationsaufwand erheblich reduzieren.

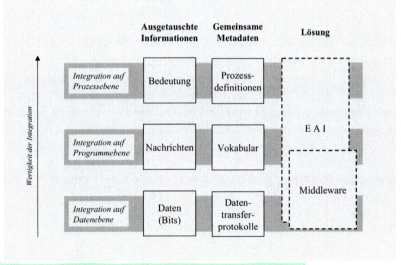

Abbildung 4-1: EAI zur Daten-, Programm- und Prozessintegration [317]

---

[314] Vgl. Winkeler u.a. 01 /EAI/ S. 7.

[315] Siehe Abschnitt 2.4.3 E-Commerce als wesentlicher Integrationstreiber.

[316] Vgl. Winkeler u.a. 01 /EAI/ S. 8; vgl. Nußdorfer 00 /EAI (WWW)/ S. 19.

[317] Ring 99 /Right Connections/ S. 26, eigene Übersetzung.

Auch wenn die Diskussion um EAI stark durch die Marketingmaßnahmen von Softwareherstellern angetrieben wird, die unter diesem Label unterschiedlichste Werkzeuge zur Anwendungsintegration anbieten, handelt es sich bei EAI in erster Linie um einen Integrationsansatz und nicht um ein Softwareprodukt. Die Umsetzung von EAI erfordert die Kombination von Architektur, Technologien und Verfahren.

Letztendlich besteht das Ziel von EAI in der durchgängig automatisierten Unterstützung von Geschäftsprozessen. Diese Prozessautomation soll durch eine nahtlose Integration aller Anwendungssysteme, die Teile dieser Prozesse informationstechnisch unterstützen, erreicht werden. Auf diese Weise wird ein aus Benutzersicht einziges, virtuelles System[318] geschaffen, das die Komplexität der darunter liegenden technologischen Lösungen verbirgt.

In diesem Kapitel wird zunächst der Integrationsansatz von EAI näher beschrieben und umfassend den im vorherigen Kapitel dargestellten traditionellen Integrationsansätzen vergleichend gegenübergestellt (Abschnitt 4.1). Im Rahmen der Beschreibung der wesentlichen Gestaltungselemente einer EAI-Architektur (Abschnitt 4.2) werden im Anschluss typische Topologien und wesentliche Standards zum Datenaustausch diskutiert. Zudem werden organisatorische Implikationen einer EAI-Lösung untersucht.

Aus dem von EAI verfolgten Integrationsansatz ergeben sich Anforderungen an die Funktionalität einer EAI-Lösung. Bei dieser funktionalen Betrachtungsweise lassen sich fünf grundlegende Bausteine einer solchen EAI-Lösung unterscheiden, die je nach dem zu lösenden Integrationsproblem und der gewählten softwaretechnischen Lösung unterschiedlich ausgestaltet sind. Diese werden im dritten Abschnitt dieses Kapitels voneinander abgegrenzt. Einen Schwerpunkt bildet dabei die Darstellung unterschiedlicher Middleware-Typen, da traditionelle Middleware durch die Unterstützung der Kommunikation zwischen Anwendungssystemen auf syntaktischer Ebene den Kern einer EAI-Lösung darstellt. Abschließend werden überblickartig einige Aspekte der Umsetzung einer EAI-Lösung im Rahmen eines IV-Projekts beleuchtet (Abschnitt 4.4).

---

[318] Vgl. Hapgood 01 /The Great Communicator/ S. 164.

4.1 Der Lösungsansatz

EAI ist ein umfassender Ansatz zur Anwendungsintegration innerhalb eines Unternehmens und über Unternehmensgrenzen hinweg. Dieser erlaubt nicht nur die Kommunikation zwischen verschiedenen Systemen und Anwendungen in einer heterogenen Systemlandschaft, sondern unterstützt auch die operative Integration von Geschäftsprozessen.[319]

Dazu baut EAI auf dem dargestellten Middleware-basierten Integrationsansatz auf, indem es den Einsatz von bewährten, robusten Integrationswerkzeugen und Middleware-Produkten nutzt.[320] Zusätzlich verfügt eine vollständige EAI-Lösung aber auch über Prozesssteuerungsmechanismen, mit deren Hilfe der Prozessfluss zwischen den Anwendungen visualisiert und die zentrale Koordination der Transaktionen übernommen wird.[321]

Erklärtes Ziel von EAI ist es zudem, Integrationsmaßnahmen mit minimalen oder gar keinen Veränderungen an den existierenden Anwendungen oder Daten zu ermöglichen. EAI-Lösungen werden in diesem Zusammenhang als „non-intrusive" oder „non-invasive" bezeichnet.[322] Diese Eigenschaft von EAI-Lösungen ist eine wesentliche Voraussetzung für deren wirtschaftliche Anwendung.[323]

Ein charakteristisches Merkmal von EAI-Lösungen ist ihre Schnittstellenkonzeption. Anstelle des Designs und der Entwicklung einer Reihe von Punkt-zu-Punkt-Verbindungen sind hier alle Anwendungen gleichberechtigt mit einer zentralen EAI-Komponente verbunden (Abbildung 4-2).[324] Über diese zentrale Komponente steht jede verbundene Anwendung mit allen anderen verbundenen Systemen oder Anwendungen in Verbindung, um Nachrichten oder Daten auszutauschen. Im Idealfall besitzt so jede Anwendung nur eine Schnittstelle – und zwar die zur zentralen EAI-Software.[325] Zur physischen Realisierung kommen dabei unterschiedliche EAI-Architekturen in Frage.[326]

---

[319] Vgl. Ließmann 00 /Schnittstellenorientierung/ S. 75.
[320] Vgl. Haenggi 01 /Anwendungsintegration/ S. 50.
[321] Vgl. Winkeler u.a. 01 /EAI/ S. 10; vgl. Bradbury 00 /Middleware with bells/ S. 27.
[322] Vgl. Rock-Evans 00 /EAI/ S. 23 ff.
[323] Vgl. Linthicum 00 /EAI/ S. 3.
[324] Vgl. Winkeler u.a. 01 /EAI/ S. 10.
[325] Vgl. Haenggi 01 /Anwendungsintegration/ S. 51.
[326] Siehe Abschnitt 4.2 EAI-Architektur.

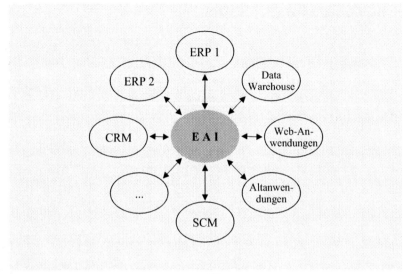

Abbildung 4-2: „EAI-Informationsdrehscheibe" [327]

Potentielle Integrationsobjekte sind kommerzielle Standardanwendungen, Datenbanken, Dateien, Individualanwendungen, Middleware etc. – und zwar unabhängig von Herstellern, Betriebssystemen oder Entwicklungskonzepten („any-to-any").

In dieser Schnittstellenkonzeption wird auch ein weiteres Merkmal von EAI-Lösungen deutlich: Bei den traditionellen Integrationsansätzen werden typischerweise über die Lebensdauer einer Anwendung bedarfsgerecht (ad hoc) Verbindungen zu anderen Anwendungen (Punkt-zu-Punkt) geschaffen. Dabei handelt es sich um Reaktionen auf veränderte Geschäftsprozesse mit dem Ziel, neue oder modifizierte Transaktionen durchgängig informationstechnisch zu unterstützen. EAI hingegen zielt auf die Einrichtung einer EAI-Infrastruktur ab, die flexibel die Integration multipler betrieblicher Anwendungen erlaubt („many-to-many").[328]

Dadurch wird EAI der Innovationsproblematik beim Einsatz neuer Informations- und Kommunikationstechnologien gerecht, die darin besteht, dass bei der Implementierung neuer Technologien häufig noch nicht alle potentiellen Einsatzbereiche und damit auch nicht der resultierende Integrationsbedarf bekannt sind.[329] Insbesondere erhöht eine

---

[327] In Anlehnung an Winkeler u.a. 01 /EAI/ S 11.
[328] Vgl. Donelly 99 /EAI Infrastructure/ S. 80 f.
[329] Vgl. Scheckenbach 97 /Semantische Geschäftsprozeßintegration/ S. 37-39.

solche EAI-Infrastruktur aber auch die Flexibilität im Unternehmen, rasch auf sich verändernde Geschäftsbedingungen mit einer Anpassung der eigenen Geschäftsprozesse zu reagieren. Darüber hinaus reduziert sie die mit zahlreichen Punkt-zu-Punkt-Verbindungen verbundene Intransparenz und den Wartungsaufwand.[330] Es kommt in gewissem Maße zu einer Entkopplung der technischen Integration von Anwendungen („Verkabelung") von der flexiblen Kombination der verbundenen Anwendungskomponenten zur Unterstützung von Geschäftszielen.

Die Fähigkeit zur Integration verschiedenster Systeme ermöglicht es, bisher langwierige Integrationsmaßnahmen zu beschleunigen und Synergien aus der bestehenden Anwendungsbasis durch Wiederverwendung zu erzielen.[331] Dabei verschiebt sich das Hauptaugenmerk idealerweise von der Programmierung hin zur Konfiguration der EAI-Lösung.[332] Der Standardisierung der Anwendungen folgt somit nun die Standardisierung der Integration.[333]

Tabelle 4-1: EAI im Vergleich zu traditionellen Integrationsansätzen

Merkmal	Traditionelle Integrationsansätze	EAI
Integrationsgegenstand	Daten und Programme	Daten, Programme und Prozesse
Schnittstellenkonzeption	Punkt-zu-Punkt-Verbindungen	Zentrale EAI-Komponente („Informationsdrehscheibe")
Integrationszeitpunkt	Ad-hoc-Integration bei Bedarf	Flexible Integrationsinfrastruktur
Integrationsmethode	Eigenentwicklung durch Programmierung von Datenexport/-import-Programmen und Anwendung traditioneller Middleware (z.B. Datenbank-Gateways) (statisch)	Konfiguration vorgefertigter Middleware-basierter Integrationslösungen (konfigurierbar)
Abhängigkeiten	Anwendungs- und technologieabhängig	Anwendungs- und technologieunabhängig

Zusammenfassend lässt sich EAI als eine Erweiterung der traditionellen Integrationsansätze begreifen, indem dieser Ansatz die semantische Integration über die Daten-, Programm- und Prozessebene hinweg unterstützt. Tabelle 4-1 stellt zusammenfassend den EAI-Lösungsansatz den traditionellen Integrationsansätzen gegenüber.

---

[330] Vgl. Donelly 99 /EAI Infrastructure/ S. 80 f.

[331] Vgl. Ließmann 00 /Schnittstellenorientierung/ S. 75.

[332] Vgl. Rock-Evans 00 /EAI/ S. 32.

[333] Vgl. Ließmann 00 /Schnittstellenorientierung/ S. 75.

4.2 EAI-Architektur

In der Wirtschaftsinformatik versteht man unter einer Architektur zunächst einmal die Beschreibung von Strukturen.[334] Die breite Anwendung des Begriffs erschwert eine einheitliche Definition. Zudem gibt es je nach Abgrenzung des betrachteten Gegenstandes sowie der Zielsetzung der Architekturbeschreibung unterschiedliche Erscheinungsformen.[335]

Zwei im Kontext der Integration heterogener Anwendungssysteme durch EAI wesentliche Ausprägungsformen sind die unternehmensweite Informationssystem-Architektur eines Unternehmens und die Anwendungsarchitektur eines spezifischen Systems bzw. die Architektur der EAI-Lösung selbst.

Die Entwicklung einer Informationssystem-Architektur dient allgemein der Bestimmung eines unternehmensweiten Rahmenplanes, der die Beziehungen aller Informationssysteme zueinander verdeutlicht und Regeln für die Benutzung von IV-Technologien definiert.[336] Genereller Maßstab für die Beurteilung alternativer Architekturen ist deren Dienlichkeit für die Erreichung der allgemeinen Geschäftsziele des Unternehmens. Zum Schutz der Investitionen in die IV sollte die Architektur langfristig gültig sein, gleichzeitig aber flexibel genug, um schnell auf sich verändernde Geschäftsanforderungen reagieren zu können.[337]

EAI leistet einen wesentlichen Beitrag zur Erstellung eines solchen Rahmenplanes und zur technischen Umsetzung durch die Integration der Systeme. Aufgrund der Unterstützung eines unternehmensweiten Integrationskonzeptes gewährleistet EAI die prozessorientierte Integration der Informationsverarbeitung im Unternehmen. Es besteht somit eine enge wechselseitige Beziehung zwischen der Informationssystem-Architektur und der Realisierung einer EAI-Lösung im Unternehmen. Gegenstand der EAI-Architektur ist die Untermenge aller Informationssysteme des Unternehmens, die über die Verbindung zur zentralen EAI-Instanz Teil der integrierten Lösung ist. Im Abschnitt 4.2.1 werden typische Formen der Ausgestaltung dieses Netzwerkes dargestellt. Wie bei der Informationssystem-Architektur allgemein, ist auch die Ausgestaltung der EAI-Lösung von den Unternehmenszielen abzuleiten, die langfristig und flexibel unterstützt werden sollen.

---

334 Vgl. Krcmar 90 /Informationssystem-Architekturen/ S. 396.
335 Vgl. Strunz 90 /Architektur informationstechnikgestützter IuK-Systeme/ S. 441.
336 Vgl. Krcmar 90 /Informationssystem-Architekturen/ S. 395 ff.
337 Vgl. Krcmar 90 /Informationssystem-Architekturen/ S. 402.

Bei der Definition einer EAI-Architektur im Sinne eines globalen Integrationskonzeptes werden auch Vorgaben für das Design der einzelnen Anwendungssysteme gegeben, die sich auf die benutzen Daten, Funktionen oder Kommunikationsmechanismen beziehen können. Eine wesentliche Rolle, insbesondere für die Festlegung von Regeln für die Kommunikation zwischen den einzelnen Komponenten, haben Standards; diese werden im Abschnitt 4.2.2 näher beleuchtet.

Die Entscheidung für EAI und die Einigung auf unternehmensweit gültige Standards bedingen schließlich auch die Notwendigkeit, Prozesse und Verhaltensweisen innerhalb der betrieblichen IV anzupassen. So sollte etwa bei zukünftigen Anwendungsprojekten auch darauf geachtet werden, inwiefern Standardsoftware oder die eigenentwickelte Lösung sich in die EAI-Architektur einfügen lassen und ob relevante technologische Standards beachtet werden. Klare Richtlinien und Standards sind zu definieren und deren Einhaltung muss überwacht werden.[338] Zudem sind Prozesse zur Gewährleistung der Datensicherheit auf ihre Wirksamkeit im integrierten Umfeld zu überprüfen. Im Abschnitt 4.2.3 stehen diese Fragestellungen im Blickpunkt.

Wie im vorherigen Abschnitt dargestellt, ähnelt schließlich auch die EAI-Software selbst eher einem Anwendungssystem als einer einfachen IV-technischen Infrastruktur. Daher kann man auch von einer Anwendungsarchitektur der EAI-Softwarelösung sprechen. Deren Struktur wird im Abschnitt 4.3 durch die Darstellung der funktionalen Bestandteile von EAI-Lösungen untersucht.[339]

4.2.1 Verteilung und Topologien

Wie im ersten Abschnitt dieses Kapitels dargestellt, zeichnen sich EAI-Lösungen durch das Vorhandensein einer zentralen Instanz aus, über die jeweils die Verbindungen zwischen allen Systemen hergestellt werden. Alle Kommunikationswege laufen zumindest logisch über diese zentrale EAI-Software. Die angebundenen Anwendungen oder Systeme besitzen idealerweise lediglich diese eine Schnittstelle zur zentralen Instanz. Mit einer solchen architektonischen Lösung sind verschiedene Vorteile verbunden[340] :

---

[338] Vgl. Haenggi 01 / Anwendungsintegration/ S. 52.
[339] Siehe Abschnitt 4.3 Funktionale Bestandteile von EAI-Lösungen.
[340] Vgl. Winkeler u.a. 01 / EAI/ S. 10 f.

- minimale Anzahl von Schnittstellen;
- eindeutige Schnittstellendefinitionen;
- klare Verantwortlichkeiten für Informationsobjekte;
- Orientierung an Geschäftsprozessen statt an Systemen, Anwendungen und Datenbanken;
- isolierte Einführung, Änderung oder Ablösung von Systemen;
- Möglichkeit der Einbindung existierender Systeme;
- stufenweise und teilweise Realisierung von Integrationsvorhaben.

Im Rahmen einer EAI-Architektur können die einzelnen Funktionskomponenten einer solchen EAI-Lösung auf unterschiedliche Weise angeordnet werden. Die Architekturalternativen werden durch die Verteilung der EAI-Funktionalitäten sowie die ihnen zugrundeliegenden Topologien charakterisiert. Die beiden am häufigsten angewendeten Varianten sind die sog. „Hub-and-Spokes"-(Nabe und Speichen)-Architektur sowie die verteilte oder „federated" Architektur auf Basis einer Bus-Struktur (Abbildung 4-3).[341]

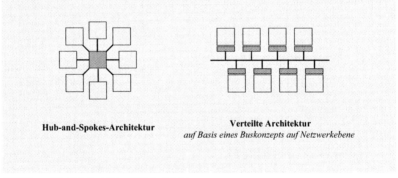

Hub-and-Spokes-Architektur　　　　**Verteilte Architektur**
auf Basis eines Buskonzepts auf Netzwerkebene

Abbildung 4-3: Gebräuchliche EAI-Architekturen

Der Mehrzahl der Lösungen liegt die „Hub-and-Spokes"-Topologie zugrunde. In diesem Fall bildet der Hub das Zentrum, über das alle integrierten Anwendungen miteinander verbunden sind und Nachrichten austauschen können.[342] Der dedizierte Server stellt die gesamte EAI-Funktionalität zur Verfügung. In ihm sind die unterstützten Prozesse vollständig, einheitlich und redundanzfrei abgebildet.[343] Da alle Daten den

---

[341] Vgl. Winkeler u.a. 01 /EAI/ S. 12.
[342] Vgl. Wrazen 99 /EAI/ S. 3.
[343] Vgl. Winkeler u.a. 01 /EAI/ S. 12.

Hub passieren, stellt dieser auch die beste Stelle für die Verwaltung und Kontrolle des gesamten Netzwerkes dar.[344]

Physisch können die zentralen Hubs aus Performanz- oder Verfügbarkeitsgründen durchaus redundant vorgehalten werden (Multihub-Konfiguration).[345] Auf diese Weise wird die Integrationslösung, bei der ansonsten der zentrale Hub den Engpass des Systems darstellt[346], skalierbar. Auch kann der Ausfall eines Hubs u.U. von den redundanten Komponenten aufgefangen werden.[347]

In der Realität sind die einzelnen Anwendungen natürlich nicht sternförmig mit einem Hub verbunden. Vielmehr sind die Komponenten Teil des Netzwerks im Unternehmen. Bei dem Bus-Konzept nutzt man den Sachverhalt aus, dass jedes Datenpaket innerhalb eines lokalen Netzwerkes ohnehin alle Rechner einmal „besucht". Das Bus-Konzept ist netzwerkzentrisch und die (logisch) zentralen Funktionalitäten wie die Daten- oder Nachrichtentransformation oder das Prozessmanagement werden in diesem Fall auf die verbundenen Funktionseinheiten aufgeteilt und dezentral verwaltet.[348] Entsprechend spricht man hier auch von einer verteilten Architektur.

Die Vorteile dieser Strukturvariante liegen in der flexibleren Reaktion auf Performanz- und Verfügbarkeitsanforderungen sowie der Möglichkeit zur Kapselung einzelner Geschäftsprozesse durch dezentrale Einheiten.[349] Letzteres ist insbesondere bei der zwischenbetrieblichen Integration relevant. Nachteilig ist der höhere Verwaltungs- aufwand und die mögliche Redundanz logisch zentraler Funktionen.

4.2.2 Standards

Der Fokus von Standards liegt auf dem allgemeinen Abstimmungsbedarf.[350] Durch sie werden grundlegende Dienste definiert, die nicht individuell formuliert werden müssen, sondern die als allgemein verfügbare Spezifikationen vorliegen oder die in Form von Produkten Dritter, die auf diesen Standards basieren, bezogen werden können.[351] Dabei

---

[344] Vgl. Constellar Corp. 98 /EAI – A Technical Primer/ S. 10.

[345] Vgl. Rock-Evans 00 /EAI/ S. 30; Linthicum 00 /EAI/ S. 315.

[346] Vgl. Ließmann 00 /Schnittstellenorientierung/ S. 72.

[347] Vgl. Linthicum 00 /EAI/ S. 315.

[348] Vgl. Winkeler u.a. 01 /EAI/ S. 12.

[349] Vgl. Haenggi 01 /Anwendungsintegration/ S. 51.

[350] Vgl. Sprott 00 /Componentizing/ S. 67.

[351] Vgl. Ließmann 00 /Schnittstellenorientierung/ S. 33.

legen Standards i.d.R. nicht die Maßnahmen zu ihrer technischen Implementierung fest, sondern erlauben alternative Realisationsmöglichkeiten und Hardware-Unabhängigkeit. In heterogenen Systemumgebungen kann die Einhaltung von Standards für verteilte IV-Systeme die Kommunikation zwischen den Komponenten sowie die gemeinsame Nutzung allgemeiner Dienste unterstützen.[352] In dieser integrativen Wirkung liegt das Potential für Standards im EAI-Kontext, und die unternehmensspezifische Festlegung einer effektiven Kombination angewendeter Standards ist Teil der Bestimmung einer EAI-Architektur.

Prinzipiell ist zwischen Normen („de-jure"-Standards) im Sinne von verpflichtenden Empfehlungen nationaler oder internationaler Normierungsinstituten und Industriestandards („de-facto"-Standards), die sich durch die mehrheitliche Nutzung in der Praxis durchsetzen, zu unterscheiden.[353] Für den Anwender einer einheitlichen Richtlinie ist jedoch deren Ursprung weit weniger interessant als ihre Marktdurchdringung.[354] Daher soll auch im Folgenden unabhängig vom Ursprung einheitlich die Bezeichnung Standard gebraucht werden.

EAI-relevante Schnittstellenstandards können systemtechnischer oder semantischer Natur sein. Für eine Systematisierung bietet sich die Unterscheidung zwischen Rechnerkommunikationsstandards, Prozesskommunikationsstandards und semantischen Standards an (Tabelle 4-2).[355]

Tabelle 4-2: Standards des Datenaustauschs in verteilten Anwendungssystemen [356]

Standard	Fokus	Beispiele
Rechnerkommu-nikationsstandards	Einrichtung von Kommunikationskanälen über verschiedene Kommunikationsmedien und -systeme	TCP/IP, IPX, SPX, NetBIOS, APPC, X.400, X.435, X.500
Prozesskommu-nikationsstandards *(Middleware-Standards)*	Kommunikation zwischen verschiedenen Programmen, die auf den Rechnersystemen laufen, im Sinne der Aufgabenverteilung auf spezialisierte Rechnersysteme	OAMAS, DCE, DTPM, CORBA, COM/DCOM, EJB
Semantische Standards des Datenaustauschs	Normung der zwischen den Anwendungen eines verteilten Systems zu übertragenden Informationen zur einheitlichen Interpretation der Daten im jeweiligen Kontext	OAGIS, EDIFACT, ANSI X.12, XML, SGML, ODA/ODIF

---

352 Vgl. Gierhake 98 /Geschäftsprozessmanagement/ S. 83 f.
353 Vgl. Glanz 93 /Ökonomie von Standards/ S. 28.
354 Vgl. Ließmann 00 /Schnittstellenorientierung/ S. 34.
355 Vgl. Gierhake 98 /Geschäftsprozessmanagement/ S. 90 f.
356 Vgl. Gierhake 98 /Geschäftsprozessmanagement/ S. 83 ff.

4.2.2.1 Rechnerkommunikationsstandards

Rechnerkommunikationsstandards sollen den Datenaustausch zwischen eigenständigen Rechnern über verschiedene Kommunikationsmedien und -systeme (Datennetze, Funk, Telefon etc.) gewährleisten.[357] Es geht hier lediglich um die Einrichtung der Kommunikationskanäle. Die Betrachtung der semantischen und pragmatischen Inhalte der übertragenen Daten ist Gegenstand der Prozesskommunikation. Zur Systematisierung der Rechnerkommunikationsstandards kann nach wie vor das bereits 1983 von der ISO verabschiedete OSI-Referenzmodell herangezogen werden, dessen sieben aufeinander aufbauende Kommunikationsschichten (engl.: layers) die Dienste für eine reibungslose Kommunikation zwischen Sender und Empfänger beschreiben.[358] Die Rechnerkommunikation ist hier den Schichten 1 bis 4 zuzuordnen.

Zu derartigen Rechnerkommunikationsstandards zählen etwa Datentransportprotokolle wie Internet Packet Exchange (IPX), Sequenced Packet Exchange (SPX), Network Basic Input/Output System (NetBIOS) und Advanced Program-to-Program Communications (APPC). Das stark verbreitete Transmission Control Protocol/Internet Protocol (TCP/IP) ist durch seine eigene Schichtstruktur weitgehend inkompatibel zum ISO/OSI-Modell, kann jedoch grob den Schichten 3 und 4 zugeordnet werden. Wesentliche Standards zum Nachrichtenaustausch in heterogenen Systemen sind auch die von dem Normierungsgremium ITU [359] stammenden X.400, X.435 oder X.500.[360]

In einer EAI-Lösung werden diese Dienste, die die technologische Grundlage für die Integration von Systemkomponenten bilden, von einer spezialisierten Software, der Middleware, für den Anwender transparent bereitgestellt.[361] Diese wird weiter unten noch näher behandelt, daher soll an dieser Stelle nicht weiter auf die entsprechenden Standards eingegangen werden.

---

[357] Vgl. Gierhake 98 /Geschäftsprozessmanagement/ S. 91.

[358] Vgl. Gierhake 98 /Geschäftsprozessmanagement/ S. 91 ff.; vgl. Schmitz, Hasenkamp 81 /Rechnerverbundsysteme/ S. 79 ff.; siehe auch http://www.iso.org.

[359] Bis zum Juni 1994 bildete das CCITT (Comité Consultatif International Télégraphique et Téléphonique) ein Untergremium der ITU (International Telecommunication Union) speziell für das Fernmeldewesen, das verschiedene Empfehlungen und Schnittstellen zur Datenübertragung über öffentliche Netze verabschiedet hat. Die CCITT-Empfehlungen werden jetzt im Rahmen der ITU-TS (International Telecommunication Union – Telecommunication Standardization Sector) gepflegt.

[360] Vgl. Gierhake 98 /Geschäftsprozessmanagement/ S. 93 ff.

[361] Siehe Abschnitt 4.3.2 Middleware.

4.2.2.2 Prozesskommunikationsstandards

Die Prozesskommunikation baut auf der technischen Kommunikation zwischen einzelnen Rechnersystemen auf. Es geht hier darum, wie die Kommunikation der auf den Rechnersystemen ablaufenden Programme geregelt werden kann.

Die Datenhaltung und -bereitstellung, die Bearbeitung von Anwendungen, die Kommunikation und die Benutzerinteraktion sind Aufgaben, die innerhalb des betrieblichen Informationssystems auf spezialisierte Rechnersysteme aufgeteilt werden.[362] Prozessmanagementstandards helfen, die resultierenden Informationsflüsse zwischen den Systemkomponenten zu regeln. Dies ist auch die originäre Aufgabe von Middleware, die dabei die Komplexitäten von Quell- und Zielsystem vor dem Anwender verbirgt, indem sie die Unterschiede zwischen den Anwendungen ausgleicht und die oben dargestellte Rechnerkommunikation unterstützt. Entsprechende Standards wie z.B. DCE, CORBA, DTPM, EJB oder COM/DCOM, die unterschiedliche Ansätze zur Unterstützung der Prozesskommunikation beschreiben, werden dementsprechend auch als Middleware-Standards bezeichnet.[363] Einige dieser Standards werden beispielhaft im Abschnitt 4.3.2 Middleware näher beleuchtet.

Ein Versuch der Standardisierung der Prozesskommunikation, der die unterschiedlichen Ansätze der verschiedenen Middleware-Konzepte überspannt, ist die Open Applications Middleware API Specification (OAMAS).[364] Die Open Applications Group, Inc. (OAGI) versucht, mit der OAMAS einen allgemeingültigen Middleware-Standard zu schaffen, der grundlegende Verarbeitungsmechanismen für Middleware definiert. Dabei ist die OAMAS geprägt von handelsüblicher Message-oriented Middleware, wie etwa IBM MQSeries (zukünftig WebSphere MQ).[365] Von ihrem Design her unterstützt sie jedoch jede Art von Middleware-Transportmechanismen oder -Architekturen.[366] Die primäre Aufgabe der OAMAS liegt in der Erleichterung der Implementierung des aus der Sicht der OAGI wesentlich wichtigeren semantischen Standards, der Open Applications Group Integration Specifications, OAGIS (siehe unten Abschnitt 4.2.2.3.3) [367].

---

[362] Vgl. Gierhake 98 /Geschäftsprozessmanagement/ S. 95 f.

[363] Vgl. Gierhake 98 /Geschäftsprozessmanagement/ S. 100.

[364] Vgl. OAGI 99 /OAMAS (WWW)/ o.S.

[365] Vgl. Ließmann 00 /Schnittstellenorientierung/ S. 125.

[366] Vgl. OAGI 99 /OAMAS (WWW)/ S. 10f.

[367] Vgl. Ließmann 00 /Schnittstellenorientierung/ S. 126; siehe Abschnitt 4.2.2.3.3 OAGIS für eine detaillierte Darstellung des OAGIS-Standards.

Die OAMAS ist eine grobe Richtlinie, die generell die aus Sicht der Integration betriebswirtschaftlicher Anwendungen heraus entstehenden Anforderungen an Middleware beschreibt und eine einheitliche Middleware-Schnittstelle spezifiziert.[368]

Die in der OAMAS gelisteten Anforderungen umfassen im Einzelnen[369]:

- eine gemeinsame Schnittstelle zur Anbindung der verschiedenen betriebswirtschaftlichen Anwendungskomponenten an die Middleware;
- die Unabhängigkeit von Hardware, Betriebssystem und Datenbanken;
- die Unterstützung verschiedener Programmiersprachen;
- die Transformation von Zeichensätzen beim Transport (z.B. ASCII → EBCDIC)
- Verzeichnisdienste zur Identifikation und Lokalisierung der Anwendungskomponenten;
- Sicherheitsdienste und Verschlüsselung;
- die Unterstützung verschiedener Kommunikations- und Adressierungsmechanismen (request/reply, publish/subscribe, broadcast)[370];
- Unabhängigkeit vom physischen Netzwerk und Unterstützung verschiedener Netzwerkprotokolle;
- Datenkomprimierung;
- Unterstützung von Batch-Verarbeitung und Dialogbetrieb;
- Logging-Funktionalität zur Unterstützung des erneuten Versands von Nachrichten bei Störungen sowie zur Erstellung von Verfügbarkeitsberichten;
- Unterstützung verschiedener Transport- bzw. Middleware-Konzepte (z.B. RPC, Messaging, COM, CORBA)[371];
- Transaktionsmanagement[372].

4.2.2.3 Semantische Standards

Semantische Standards zum Datenaustausch dienen schließlich der Normierung der zwischen den einzelnen Anwendungen ausgetauschten Informationen.[373] Auf diese

---

[368] Vgl. OAGI 99 /OAMAS (WWW)/ S. 7.

[369] Vgl. OAGI 99 /OAMAS (WWW)/ S. 11 ff.

[370] Siehe Abschnitt 4.3.2 Middleware zur Darstellung der verschiedenen Kommunikationskonzepte und Adressierungsmechanismen.

[371] Siehe Abschnitt 4.3.2 Middleware.

[372] Siehe zur Darstellung der Transaktionseigenschaften Abschnitt 4.3.2.4 Transaktionsorientierte Middleware.

[373] Vgl. Gierhake 98 /Geschäftsprozessmanagement/ S. 107.

Weise soll sichergestellt werden, dass Sender und Empfänger die übertragenen Informationen einheitlich im jeweiligen Kontext interpretieren. Eine solche Einigung auf gemeinsame Austauschformate ist eine wesentliche Voraussetzung für eine interventionslose Maschine-Maschine-Kommunikation[374] und damit für die Prozessintegration.

Während in Unternehmen seit mehr als 20 Jahren Electronic Data Interchange (EDI) zum elektronischen Austausch von strukturierten Handelsdokumenten verwendet wird, steht gegenwärtig die Etablierung semantischer Standards im Mittelpunkt des Interesses zahlreicher Normierungsgremien und Softwarehersteller. Der Grund dafür liegt vor allem in dem Bedarf einheitlicher Datenaustauschformate für den Internet-basierten elektronischen Handel (E-Commerce), die flexibel und ohne vorhergehende Absprachen oder hohe Investitionen den strukturierten Austausch von Geschäftsdaten mit stets wechselnden Handelspartnern erlauben. Große Erwartungen werden hier z.Z. insbesondere in XML und XML-basierte Austauschformate gesetzt.

Im Folgenden werden mit EDIFACT, XML bzw. XML-basierten Formaten und den Spezifikationen der Open Applications Group, Inc. (OAGI) einige ausgewählte Beispiele semantischer Standards näher beschrieben.

4.2.2.3.1 EDIFACT

Während mit dem VDA-Standard in der Automobilindustrie, SEDAS in der Konsumgüterindustrie und S.W.I.F.T. bei den Banken bereits in den 70er und 80er Jahren erste, für bestimmte Anwendergruppen nutzbare Standards entwickelt wurden, handelt es sich bei EDIFACT (Electronic Data Interchange for Administration, Commerce and Transport) um den ersten branchenunabhängigen und international gültigen Austauschstandard.[375] Wesentlich beeinflusst wurde die Entwicklung von EDIFACT auch durch den US-amerikanischen, nationalen und ebenfalls branchenunabhängigen Standard ANSI X.12.[376]

---

374 Vgl. Scheckenbach 97 /Semantische Geschäftsprozeßintegration/ S. 108; vgl. Niggl 94 /EDI-Standards/ S. 20.

375 Vgl. Niggl 94 /EDI-Standards/ S. 37; vgl. Scheckenbach 97 /Semantische Geschäftsprozeßintegration/ S. 109 f.

376 Vgl. Scheckenbach 97 /Semantische Geschäftsprozeßintegration/ S. 112.

1987 verabschiedete die europäische Wirtschaftskommission der Vereinten Nationen (UN/ECE) die internationale EDIFACT-Norm (ISO 9735).[377]

Mit EDIFACT kann der Inhalt eines strukturierten Geschäftsdokuments, etwa einer Rechnung, mittels der in dieser Norm vereinheitlichten Syntax (z.b. auf Basis des Transportstandards X.400) übertragen werden.[378] Im Einzelnen definiert die EDIFACT-Syntax die verwendbaren Zeichensätze, Bausteine und Baugruppen sowie Syntax-Regeln.[379] Variable Feld- und Satzlängen, Qualifier- und Trennzeichentechnik sowie Wiederholungen und hierarchische Schachtelungen stellen eine hohe Flexibilität und Effizienz bei der Übertragung sicher.

Trotz des eigentlichen Ziels der Branchenunabhängigkeit entstehen seit der Einführung von EDIFACT individuell definierte Branchenstandards als sog. Subsets.[380] Durch Streichung nicht benötigter Bausteine lässt sich der Umfang einer Nachricht so um 50-80% reduzieren und es steigt die semantische Klarheit, allerdings zu Lasten entstehender Inkompatibilitäten zwischen verschiedenen Subsets.

Die Verbreitung des Standards bleibt weltweit hinter den Erwartungen zurück.[381] Insbesondere der Mittelstand wird durch die entstehenden Abhängigkeiten vom Marktpartner und die hohen Kosten von Implementierung und Betrieb abgeschreckt.[382] Auch aufgrund der langwierigen Normungs- und Anpassungsprozesse einzelner Nachrichtentypen sowie der umfangreichen und komplexen Nachrichtenstrukturen verhielten sich viele Unternehmen hinsichtlich des Einsatzes von EDIFACT abwartend.[383]

4.2.2.3.2 XML-basierte Standards

XML (Extensible Markup Language) ist eine im Februar 1998 vom World Wide Web Consortium (W3C) verabschiedete Spezifikation einer Auszeichnungssprache.[384] Wie HTML stellt auch XML eine Untermenge der SGML (Standard Generalized Markup Language) dar, einem ursprünglich für das Verlagswesen entwickelten Standard zur

---

377 Vgl. Frank 91 / Anwendungsnahe Standards/ S. 104.

378 Vgl. Gierhake 98 /Geschäftsprozessmanagement/ S. 111.

379 Vgl. Scheckenbach 97 /Semantische Geschäftsprozeßintegration/ S. 112.

380 Vgl. Scheckenbach 97 /Semantische Geschäftsprozeßintegration/ S. 120 ff.

381 Vgl. Ließmann 00 /Schnittstellenorientierung/ S.44 f.

382 Vgl. Weitzel u.a. 99 / EDI Ritter/ S. 127.

383 Vgl. Scheckenbach 97 /Semantische Geschäftsprozeßintegration/ S. 113.

384 Vgl. W3C 00 /XML 1.0 (WWW)/ o.S.

Beschreibung von Struktur und Inhalt von Dokumenten. Während HTML sich zu einem Standard für die Darstellung von Informationen entwickelt hat, trennt XML Inhalt und Darstellung voneinander, beschreibt eher den Inhalt von Informationen und erlaubt alternative Darstellungen.[385]

XML ermöglicht anhand von Schemata die Strukturierung von Daten und unterstützt auf diese Weise u.a. eine Weiterverarbeitung im Rahmen des EDI als einheitliches Austauschformat für Geschäftsdaten.[386] Dabei verfolgt XML einen Metasprachenansatz, der es Anwendern erlaubt, eigene Sprachbeschreibungselemente oder Dokumententypen (engl.: Document Type Definition, DTD) zu definieren.[387] Die Übertragung von XML-Dokumenten erfolgt i.d.R. über Internet-Protokolle anstatt über proprietäre und kostspielige Value Added Networks (VANs), wie es bei traditionellen EDI-Lösungen häufig noch der Fall ist.[388] Das Layout bei der Darstellung von XML-Dokumenten wird über sog. Style Sheets beschrieben. Die Auswahl alternativer Style Sheets ermöglicht die Präsentation eines Dokuments auf unterschiedlichen Medien ohne Änderung.[389]

Basierend auf XML entwickeln nun Unternehmen und Verbände XML-Dokumentdefinitionen zur Normierung der ausgetauschten Informationen in bestimmten Industrien oder für spezifische Anwendungsfälle.[390]

Beispiele sind etwa Staffing Exchange Protocol (SEP) für die Publikation von Stellenanzeigen im Internet, das News Industry Text Format (NITF) für Nachrichtenagenturen und Verlage oder die Research Information Exchange Markup Language (RIXML) für Analystenstudien in der Finanzindustrie. Ariba Technologies und der Konkurrent Commerce One haben mit Commerce XML (cXML) respektive Common Business Library (xCBL) Spezifikationen für die Abwicklung des elektronischen Geschäftsverkehrs, insbesondere der elektronischen Beschaffung (engl.: E-Procurement) entwickelt. Große Verzeichnisdienste wie das der Organization for the Advancement of Structured Information Standards (OASIS) oder die BizTalk.org von Microsoft bemühen sich darum, dass entsprechende Dokumentdefinitionen bei ihnen hinterlegt werden.

---

385 Vgl. Morgenthal, La Forge 00 /EAI with XML and Java/ S. 4 f.; vgl. Linthicum 00 /EAI/ S. 281.

386 Vgl. Georg 01 /EDI/ S. 27.

387 Vgl. Dörflein u.a. 01 /Inter-Unternehmenskommunikation/ S. 34.

388 Vgl. Weitzel u.a. 99 /EDI Ritter/ S. 127 f.

389 Vgl. Buxmann 98 /XML (WWW)/ o.S.

390 Vgl. Dörflein u.a. 01 /Inter-Unternehmenskommunikation/ S. 35; vgl. o.V. 00 /XML-Formate/ S. 20.

ZapThink, eine auf XML fokussierte Analystenfirma in den USA, listet gegenwärtig rund 400 solcher vertikalen oder horizontalen XML-basierten Standards.[391] Die unkomplizierte Definition von XML-Anwendungen ohne langwierige Standardisierungsprozesse stellt einen wesentlichen Unterschied zu EDIFACT dar.

Electronic Business XML (ebXML) ist eine Initiative der UN/Cefact (United Nations Centre for the Facilitation of Procedures and Practices for Administration, Commerce and Trade), der für Handelserleichterungen und elektronische Geschäftsabwicklung zuständige Arbeitsgruppe der Vereinten Nationen und der OASIS. ebXML ist eine Sammlung von Spezifikationen, die gemeinsam ein Rahmenwerk für den elektronischen Handel bilden sollen – mit der zugrunde liegenden Vision eines globalen Marktplatzes, auf dem Unternehmen ohne notwendige vorherige Absprachen elektronischen Handel über XML-basierte Geschäftsnachrichten praktizieren können.[392] Damit stellt ebXML eine Implementierung des Open-EDI-Ansatzes dar, der auf den EDI-Einsatz auch bei „Ad-hoc"-Geschäften und zeitlich begrenzten Geschäftsbeziehungen abzielt.[393]

Eine vergleichbare Zielsetzung verfolgt die von Microsoft geprägte BizTalk-Initiative. Diese besteht neben dem Verzeichnisdienst und entsprechenden XML-Spezifikationen zusätzlich noch aus der dazu passenden Software, dem BizTalk Server.[394]

Eine stärker vertikale Ausrichtung hat RosettaNet, ein Konsortium aus über 350 IV-Firmen und Halbleiterproduzenten, das für seine Industrie einen gleichnamigen E-Business-Standard schaffen will. Dazu definiert RosettaNet spezialisierte XML-basierte Dialoge, sog. Partner Interface Processes (PIPs), die festlegen, wie die Geschäftsprozesse zwischen den Handelspartnern auszuführen sind.[395]

Bei allen erwähnten XML-basierten Standards handelt es sich gegenwärtig erst um vorläufige Standardisierungsbemühungen. Insbesondere bei rivalisierenden Initiativen wie ebXML und BizTalk wird sich erweisen müssen, welches Rahmenwerk sich auf Dauer durchsetzen kann.

---

[391] Vgl. Hildreth 01 /BizTalk (WWW)/ o.S.; siehe auch http://www.zapthink.com.

[392] Vgl. UN/Cefact, OASIS 00 /ebXML (WWW)/ o.S.; vgl. UN/Cefact, OASIS 01 /ebXML Technical Architecture Specification (WWW)/ o.S.; vgl. Sommergut 01 /ebXML/ S. 18 f.

[393] Vgl. Scheckenbach 97 /Semantische Geschäftsprozeßintegration/ S. 123 f.

[394] Vgl. Sommergut 00 /Biztalk Server/ S. 13 f.; vgl. Lawton 01 /BizTalk, RosettaNet (WWW)/ o.S.

[395] Vgl. Bauer 01 /Rosetta Net/ S. 174 f.

4.2.2.3.3 OAGIS

Dieser Standard zielt insbesondere auf die semantische Integration betriebswirt-schaftlicher Anwendungen unterschiedlicher Hersteller im Unternehmen ab. Dazu werden die Schnittstellen der unterschiedlichen Standardsoftware genutzt. Auf diese Weise soll es für die Anwender möglich werden, im Sinne des „Best-of-breed"-Gedankens die jeweils beste Lösung für unterschiedliche Funktionsbereiche auswählen zu können, ohne dabei auf die Nutzeffekte einer durchgängigen Integration der An-wendungssysteme verzichten zu müssen. Individuelle Integrationslösungen sollen auf diese Weise obsolet werden und Versionswechsel sich einfacher gestalten.[396]

Die Open Applications Group, Inc. (OAGI) wurde 1995 als Non-Profit-Organisation auf Initiative einiger Anbieter gegründet, darunter SAP, Peoplesoft, J.D. Edwards, CODA Financials und Marcam Solutions.[397] Die OAGIS (Open Application Group Integration Specification) liegen gegenwärtig als Spezifikation im Release 7.1 vor.[398]

Im Gegensatz zu der bei Standardsoftware üblichen engen Kopplung über eine gemein-same Datenbank basiert die OAGIS auf einer losen Kopplung von Anwendungen über Nachrichten. Das Grundkonzept dabei ist, dass die Inhalte an den Schnittstellen betriebswirtschaftlicher Anwendungskomponenten stabiler sind als die Inhalte der Komponenten selbst bzw. deren softwaretechnische Realisierung.[399] Dazu werden Minimalanforderungen an die Daten und Prozesse festgelegt, die OAGIS-konforme Anwendungen über ein zentrales Daten-Verzeichnis gemeinsam nutzen.[400]

Zentrales Element der OAGIS sind die sog. Business Object Documents (BODs), über die das gemeinsame semantische Modell für die Kommunikation zwischen den An-wendungen definiert wird.[401] Sie transportieren die Informationen, die zwei Anwen-dungskomponenten im Zuge einer entsprechenden Dienstanforderung, einem sog. Business Service Request (BSR), austauschen. BODs können durch eine Reihe von Integrationstechnologien abgebildet werden. Dazu greift die OAGIS auf bestehende

---

[396] Vgl. OAGI 00 /Plug and Play Business Software (WWW)/ S. 2 ff.; vgl. Ließmann 00 /Schnittstellen-orientierung/ S. 42 f.

[397] Vgl. OAGI 00 /Plug and Play Business Software (WWW)/ S. 8.

[398] Vgl. OAGI 01 /OAGIS (WWW)/ o.S.

[399] Vgl. Engelhardt 99 /Branchensoftware/ S. 35.

[400] Vgl. Ließmann 00 /Schnittstellenorientierung/ S. 42.

[401] Vgl. OAGI 00 /Plug and Play Business Software (WWW)/ S. 12 f.

Middleware-Standards zurück. Zur maschinenlesbaren Beschreibung der BODs nutzt die OAGI XML, das damit ein OAGI-spezifisches Format abgelöst hat.

Durch seine Breite birgt die OAGIS große Potentiale für die Integration von Standardsoftware. Dabei ist die OAGI auf die Umsetzung ihrer Spezifikationen durch die Mitglieder angewiesen.[402] Gleichzeitig betonen auch Vertreter anderer Gremien die Komplementarität der OAGI-Spezifikationen zu ihren Standards, etwa BizTalk oder RosettaNet, wodurch deren Erfolg auch eine erhöhte Marktdurchdringung für OAGIS bedeuten könnte.[403]

4.2.3 Organisation

Die strategische Entscheidung für eine umfassende Anwendungsintegration durch EAI muss auch Konsequenzen in den Aufbau- und Ablaufstrukturen der IV im Unternehmen nach sich ziehen, wenn sie nachhaltig sein soll. Im Folgenden werden diese Auswirkungen von EAI auf die Organisation der betrieblichen IV näher untersucht.

Unter der Aufbauorganisation der IV versteht man zum einen die Einordnung der IV in die Organisationsstruktur des Unternehmens und zum anderen die interne organisatorische Gliederung der IV-Abteilung. Die Ablauforganisation bezieht sich auf die geregelten Prozesse der Beschaffung, der Erstentwicklung, des Betriebs, der Wartung und der Weiterentwicklung der verschiedenen Anwendungssysteme, für die jeweils die IV zuständig ist.[404]

In den meisten Unternehmen ist die Top-Ebene der IV heute entweder der gleichen Hierarchiestufe zugeordnet, auf der das Management der von ihr unterstützten Fachbereiche steht, oder aber ist als Stabsabteilung eingerichtet. Damit wird zum einen der Tatsache Rechnung getragen, dass de facto alle Fach- bzw. Funktionsbereiche im Unternehmen IV-Technologien nutzen. Zum anderen hat sich der strategisch orientierte Ansatz des Informationsmanagements durchgesetzt, wonach die IV nicht mehr nur als Rationalisierungshilfe, sondern als „strategische Waffe", d.h. als ein Instrument zur Steigerung des Unternehmenserfolgs betrachtet wird.[405] Diese Einordnung entspricht

---

[402] Vgl. Engelhardt 99 /Branchensoftware/ S. 42.
[403] Vgl. Kurt 00 /BizTalk and the OAGI (WWW)/ o.S.; vgl. Kanaskie 00 /OAGI and RosettaNet (WWW)/ o.S.
[404] Vgl. Seibt 97 /Aufbau- und Ablaufstrukturen der IV/ S. 42.
[405] Vgl. Seibt 97 /Aufbau- und Ablaufstrukturen der IV/ S. 42.

dem globalen, d.h. dem das gesamte Unternehmen betreffenden, Charakter von EAI-Projekten.

Parallel führen verschiedene Tendenzen zu einer Dezentralisierung verschiedener IV-Funktionen, wie z.B. die Erstentwicklung und Wartung von Anwendungssystemen, u.U. verbunden mit dem Outsourcing einzelner Teile. In diesem Fall muss die zentrale Koordination EAI-relevanter dezentraler IV-Tätigkeiten aus Sicht der Unternehmensführung gewährleistet sein.[406] So ist sicherzustellen, dass die Ergebnisse zukünftiger Anwendungsprojekte sich in die EAI-Architektur einpassen lassen, dass allgemeine Technologie- und Kommunikationsstandards eingehalten werden und dass das unternehmensweite IV-Sicherheitskonzept nicht ausgehöhlt wird. Hierzu sind verbindliche Richtlinien und IV-Prozesse notwendig, die eine Abstimmung dezentraler IV-Aktivitäten auf die gemeinsamen Integrationsziele gewährleisten. Von Dobschütz beschreibt die Auslegung und Präzisierung der strategischen Vorgaben sowie die Gewährleistung, dass die Standards und Richtlinien eingehalten werden, als eine zentrale Aufgabe eines dezentralen IV-Controllings.[407]

Die interne organisatorische Gliederung der Organisationseinheit IV ist generell von verschiedenen Faktoren abhängig. Dazu zählen die Organisationsstruktur des Unternehmens, die Anzahl der Mitarbeiter, die Typen und die Anzahl der betriebenen Anwendungssysteme und der als „Kunden" auftretenden Fachbereiche.[408] Zwei für EAI wesentliche organisatorische Rollen haben die für die IV-Architektur und die IV-Sicherheit verantwortlichen Gremien inne. Beide Bereiche können durch entsprechende zentralisierte Ausschüsse besetzt werden, die neben Mitgliedern der IV-Abteilung auch Repräsentanten der Fachbereiche umfassen sollten.[409]

Ein IV-Architektur-Ausschuss ist verantwortlich für unternehmensweite IV-Architektur-Richtlinien sowie deren Einhaltung und trifft alle wesentlichen Architekturentscheidungen. Zu den wesentlichen Aufgaben zählen die Wartung der IV-Architekturspezifikationen, die Analyse zukünftiger Anforderungen an die IV und entsprechender architektonischer Änderungen, die Bewertung neuer Technologien und die Beteiligung an Anwendungsentwicklungsprojekten.[410]

---

[406] Vgl. Von Dobschütz 00 /Organisation des IV-Controlling/ S. 15.
[407] Vgl. Von Dobschütz 00 /Organisation des IV-Controlling/ S. 17.
[408] Vgl. Seibt 97 /Aufbau- und Ablaufstrukturen der IV/ S. 43.
[409] Vgl. Ruh u.a. 00 /EAI/ S. 177 ff.
[410] Vgl. Ruh u.a. 00 /EAI/ S. 177 f.

Der IV-Sicherheitsausschuss soll einen konsistenten Managementansatz für alle IV-Sicherheitsfragen gewährleisten. Durch ihn werden die unternehmensweiten IV-Sicherheitsrichtlinien definiert und deren Übereinstimmung mit den Unternehmenszielen sichergestellt. Die Verantwortlichkeiten des Sicherheitsausschusses umfassen unter anderem die Überprüfung der Sicherheitsrichtlinien angesichts neuer Bedrohungen, die Untersuchung aller Sicherheitsverletzungen, die Beurteilung der sicherheitsrelevanten Eigenschaften kritischer Anwendungen während Entwicklung und Betrieb sowie die Organisation von Sicherheitserziehungs- und -trainingsmaßnahmen.*411*

Die IV-Prozesse schließlich waren früher dominiert von der Programmierung von Anwendungssystemen. Heute steht die Wartung und Pflege von Anwendungen sowie die Konfiguration und das Customizing von Standardsoftware mit entsprechendem Integrationsbedarf im Vordergrund. Die Geschäftsanforderungen bezüglich erhöhter Flexibilität und verkürzter Reaktionszeiten wirkt sich auch auf die Gestaltung von IV-Prozessen aus. Während früher klare Zuständigkeiten bei zentralen oder dezentralen Stellen lagen, wird es zukünftig vermehrt zu Mischformen kommen, bei denen Vorgänge modularisiert und je nach Typ des zu gestaltenden Systems sowohl zentral wie auch dezentral wahrgenommen werden können. Eine solche flexible Ablaufstruktur erfordert zwingend die Einhaltung koordinierender Richtlinien und Standards, wie die oben beschriebenen, wenn sich die individuellen Lösungen in die EAI-Struktur einfügen sollen.*412*

4.3 Funktionale Bestandteile von EAI-Lösungen

Bisher wurde der allgemeine Ansatz von EAI als umfassende Integrationslösung auf Daten-, Programm- und Prozessebene dargestellt. In einer funktionalen Betrachtung werden nun die wesentlichen Bestandteile einer kompletten EAI-Lösung näher beschrieben (Abbildung 4-4).*413*

Die modulare Darstellung dient ausschließlich der strukturierten Beschreibung der Funktionalitätskomponenten. Am Markt erhältliche Softwareprodukte zur Unterstützung von Integrationsaufgaben können einzelne, mehrere oder alle Bausteine in unterschiedlichen Ausprägungen beinhalten.

---

411 Vgl. Ruh u.a. 00 /EAI/ S. 178.
412 Vgl. Seibt 97 / Aufbau- und Ablaufstrukturen der IV/ S. 43.
413 Vgl. Winkeler u.a. 01 /EAI/ S. 11 f.; vgl. Ring 99 /Right Connections/ S. 41 ff.

Zudem wird eine EAI-Lösung aufgrund ihres Ex-post-Charakters in aller Regel nicht auf der „grünen Wiese" implementiert, sondern ist in bestehende Integrationslösungen im Unternehmen einzubetten. Insbesondere werden in den meisten Unternehmen Kernanwendungen (insbesondere ERP- und CRM-Systeme) vorzufinden sein, auf denen Einzelanwendungen für spezifische, durch die Kernanwendung im Einzelnen nicht unterstützte Zwecke aufsetzen.[414] Ebenso werden Unternehmen häufig bereits Middleware-Produkte in ihrem Systemportfolio haben, die zur Verbindung einzelner Anwendungspaare genutzt werden.[415] Entsprechend nehmen diese vorhandenen Technologien Teile der oben dargestellten Funktionalitäten bereits wahr, die unter Umständen in die EAI-Lösung integriert werden können.

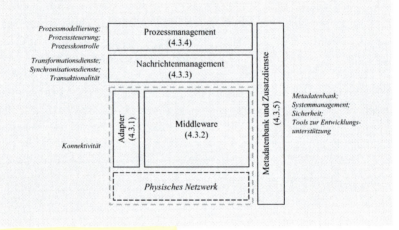

Abbildung 4-4: EAI-Bestandteile [416]

4.3.1 Adapter

Adapter oder sog. Konnektoren sind vorgefertigte Softwarebausteine, die auf physikalischer Ebene die Kommunikation zwischen verschiedenen Systemen unterstützen. Dazu werden die „Softwarestecker"[417] zwischen die zu integrierenden Anwendungen geschaltet (Abbildung 4-5).

---

[414] Siehe Abschnitt 3.3.2 ERP-basierte Integration.
[415] Siehe Abschnitt 3.3.3 Middlewarebasierter Integrationsansatz.
[416] Vgl. Ring 99 / Right Connections/ S. 41.
[417] Vgl. Meyer-Martin 01 /Standardadapter/ S. 15.

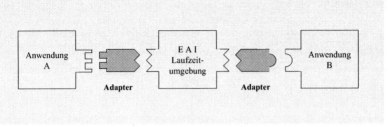

Abbildung 4-5: Funktionsweise von Adaptern

In EAI-Szenarien unterstützen Adapter Zugang und Interaktion zwischen der EAI-Laufzeit-Umgebung und verschiedenartigen Integrationsobjekten. Dies geschieht ohne Veränderungen an der Export-Schnittstelle des zu integrierenden Systems.[418] Adapter sind anwendungs- bzw. technologiespezifisch. Es gibt Adapter für unterschiedliche Integrationsobjekte wie Standardsoftware, Datenbanken, Dateien, Individualsoftware, Middleware etc.[419]

Typischerweise unterstützen Adapter lediglich die technische Kopplung von Systemen durch eine standardisierte Verständigung („thin adapters"). Zunehmend werden aber auch sog. „thick adapters" angeboten, die zusätzlich Anpassungen zwischen den Anwendungen auf semantischer Ebene, wie etwa der Transformation von Daten zwischen Quell- und Zielsystem, übernehmen sollen.[420]

Zudem kann man Adapter nach ihrem Verhalten unterscheiden. Normalerweise sind Adapter statisch, d.h. Informationen bezüglich der zu integrierenden Anwendung werden im Zuge einer Konfiguration „eingetragen". Dynamische Adapter besitzen zusätzlich Mechanismen, diese Konfiguration automatisch zu aktualisieren, etwa wenn sich das Schema einer angebundenen Datenbank verändert.[421]

---

[418] Vgl. Winkeler u.a. 01 /EAI/ S. 11.
[419] Vgl. Wrazen 99 /EAI/ S. 3.
[420] Vgl. Linthicum 00 /EAI/ S. 310 ff.
[421] Vgl. Linthicum 00 /EAI/ S. 313 f.

4.3.2 Middleware

Der zentrale Bestandteil von EAI-Lösungen ist die darunter liegende Middleware („EAI Engine"[422]); diese unterstützt die Integration auf Datenebene, indem sie den Austausch von Informationen zwischen zwei oder mehreren Anwendungssystemen in einer heterogenen IV-Landschaft ermöglicht.[423]

In ihren Anfängen wurde Middleware primär über ihre Rolle für den Datenaustausch zwischen Clients und Servern, sozusagen als der „Schrägstrich" in Client/Server-Architekturen definiert.[424] Durch die gewachsene Bedeutung für die Anwendungsintegration wird der Middleware-Begriff heute in einem weiteren Sinne verwendet. Allgemein bezeichnet hiernach Middleware eine Softwareschicht zwischen betrieblichen Anwendungen und Systemsoftware (Betriebssysteme und Software zum Datenaustausch in Rechnernetzen). Diese Softwareschicht stellt auf Basis standardisierter Schnittstellen und Protokolle Dienste für eine transparente Kommunikation verschiedener Komponenten in einem heterogenen und verteilten Umfeld zur Verfügung.[425]

Im Rahmen des ISO/OSI-Referenzmodells für Rechnerkommunikation in offenen Systemen ist Middleware den anwendungsorientierten Protokollen der Ebenen 5-7 zuzuordnen (Abbildung 4-6).[426]

Ein wesentliches Merkmal von Middleware ist das durch sie unterstützte Kommunikationskonzept. Generell kann zwischen dem synchronen und dem asynchronen Nachrichtenaustausch unterschieden werden. Die Synchronisation bezieht sich hierbei auf die Koordination der einzelnen Aktivitäten miteinander kooperierender Systeme. Im Fall der synchronen Kommunikation ist der Sender einer Nachricht so lange blockiert, bis er die Antwort des Empfängers erhalten hat. Erst dann setzt der Sender die interne Verarbeitung fort. Bei der asynchronen Kommunikation besteht keine Abhängigkeit zwischen interner Verarbeitung und Kommunikation bei Sender und Empfänger. Der Empfänger braucht in diesem Fall zum Sendezeitpunkt nicht aktiv zu sein und kann die

---

[422] Vgl. Linthicum 00 /EAI/ S. 119 ff.

[423] Vgl. Winkeler u.a. 01 /EAI/ S. 11; Söffky 97 /Middleware/ S. 264. Siehe für eine entsprechende Definition von Middleware Mondal, Gupta 00 /Choosing a Middleware/ S. 50.

[424] Vgl. Hapgood 01 /The Great Communicator/ S. 164; vgl. Tresch 96 /Middleware/ S. 249; vgl. Gadient 96 /EDA/SQL/ S. 183; vgl. Dolgicer 99 /Middleware Platform/ S. 40.

[425] Vgl. Riehm, Vogler 96 /Infrastruktur für die Integration/ S. 27 f.; vgl. Söffky 97 /Middleware/ S. 264; vgl. Ruh u.a. 00 /EAI/ S. 3.

[426] Vgl. Serain 99 /Middleware/ S. 5; vgl. Riehm, Vogler 96 /Infrastruktur für die Integration/ S. 27.

eingegangene Nachricht durch Nutzung eines Zwischenspeichers oder Puffers später bearbeiten.[427]

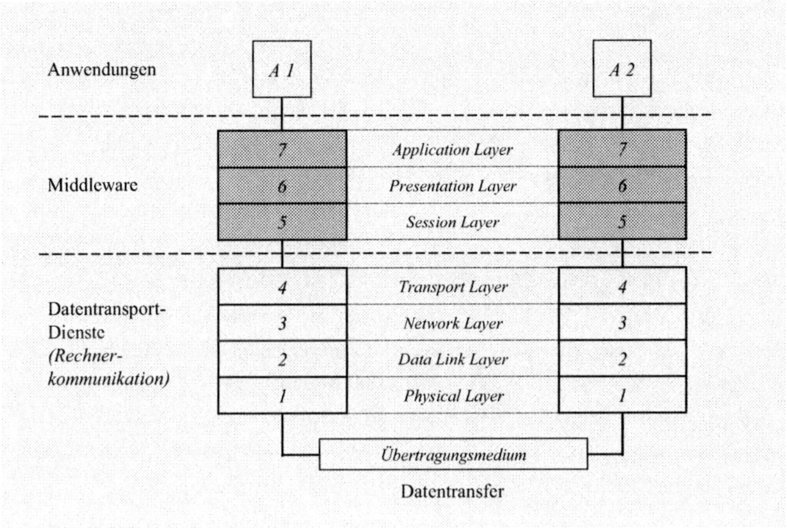

Abbildung 4-6: Einordnung von Middleware im ISO/OSI-Referenzmodell [428]

Zudem lässt sich Middleware über die durch sie unterstützten Adressierungsmechanismen charakterisieren. Hier steht die Punkt-zu-Punkt-Kommunikation der Gruppenkommunikation gegenüber, bei der Konzepte der Eins-zu-Viele-Kommunikation nötig werden. Zur Implementierung der Gruppenkommunikation gibt es drei Varianten. Der Sender kann in Form einer Punkt-zu-Punkt-Verbindung je eine Nachricht an alle Gruppenmitglieder senden. Man spricht hier auch vom sog. Unicasting. Beim Broadcasting wird genau eine Nachricht an alle Gruppenmitglieder gesandt, die anhand einer Adresse entscheiden, ob die Nachricht für sie bestimmt ist. Beim Multicasting schließlich wird vermieden, dass Gruppenmitglieder, die nicht zur Empfängergruppe gehören, für sie irrelevante Nachrichten erhalten. Der Sender übermittelt in diesem Fall genau eine Nachricht an die durch eine Gruppenadresse identifizierbare Empfängergruppe.[429]

Schließlich bietet Middleware Zusatzdienste an. Dabei kann es sich etwa um Verzeichnisse handeln, in denen die Namen der Ressourcen bzw. Dienste in verständlicher Form zusammen mit ihrer genauen Adresse abgelegt sind. Auch muss die Sicherheit beim

---

[427] Vgl. Ruh u.a. 00 /EAI/ S. 45; vgl. Riehm, Vogler 96 /Infrastruktur für die Integration/ S. 72 f.

[428] In Anlehnung an Serain 99 /Middleware/ S. 33.

[429] Vgl. Ruh u.a. 00 /EAI/ S. 46; vgl. Riehm, Vogler 96 /Infrastruktur für die Integration/ S. 73 f.

Austausch von Informationen gewährleistet sein. Die Middleware bietet hier insbesondere Dienste zum sicheren Datentransport über das Netzwerk, etwa durch die Verschlüsselung von Daten.[430]

Entsprechend der weitgefassten Definition des Middleware-Begriffs lassen sich sehr unterschiedliche Technologien und Produkte als Middleware bezeichnen. Dies legt die Unterscheidung verschiedener Middleware-Kategorien nahe. In der Literatur finden sich solche Klassifizierungen beispielsweise anhand der unterstützten Middleware-Dienste.[431]

Eine gängige Unterscheidung verschiedener Middleware-Kategorien ist die nach Produkttypen.[432] Dabei weichen die einzelnen Autoren in ihrer Einteilung leicht voneinander ab. So fassen einige Autoren auch EAI-Lösungen an sich als hochentwickelte Middleware-Produkte auf.[433] Im Folgenden stehen jedoch die Kerntechnologien ohne eigene Anwendungslogik zur Unterstützung der Kommunikation zwischen Anwendungen im Vordergrund. Danach lassen sich Middleware-Produkte grob fünf Kategorien zuordnen:

- Funktionsaufruforientierte Produkte (Remote Procedure Calls – RPCs), die zur Anwendungskopplung durch Prozedur- oder Funktionsaufrufe eingesetzt werden;
- Datenzugriffsorientierte Middleware, die den Zugang zu verschiedenen Datenbanksystemen ermöglicht;
- Message-oriented Middleware zur losen, asynchronen Anwendungskopplung;
- Transaktionsorientierte Middleware, die mit verteilten Transaktionsmonitoren arbeitet;
- Komponentenorientierte Middleware auf Basis sog. Object Request Brokers (ORB).

4.3.2.1 Remote Procedure Calls (RPCs)

RPCs ermöglichen es, aus einer Anwendung heraus eine Prozedur zur Ausführung zu bringen, die von einer anderen Anwendung verteilt über ein Netzwerk zur Verfügung

---

[430] Vgl. Britton 01 /IT Architectures and Middleware/ S. 156 ff.

[431] Vgl. Riehm, Vogler 96 /Infrastruktur für die Integration/ S. 37 ff.; vgl. Bernstein 96 /Middleware/ S. 91; vgl. Tresch 96 /Middleware/ S. 250.

[432] Vgl. Linthicum 00 /EAI/ S. 120 f.; vgl. Ruh u.a. 00 /EAI/ S. 52 ff.; vgl. Söffky 97 /Middleware/ S. 264 ff.; vgl. Wendel 96 /Verwirrung auf der Metaebene/ S. 14 f.

[433] Vgl. Slater 00 /Middleware Demystified/ S. 132.

gestellt wird.[434] Damit stellt dieser einfache Basismechanismus eine Erweiterung des gewohnten lokalen Prozeduraufrufs auf verteilte Anwendungssysteme dar.[435]

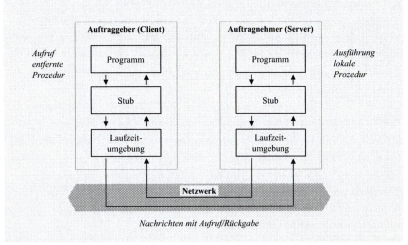

Abbildung 4-7: Remote Procedure Call [436]

Die Umsetzung eines Prozeduraufrufes wird über sog. Stubs geleistet (Abbildung 4-7). Die Stubs nehmen den Prozeduraufruf lokal an bzw. geben ihn weiter. Die Client-Stub-Prozedur und die RPC-Laufzeit-Bibliothek organisieren die Funktionsparameter und transportieren sie über das Netzwerk zum entsprechenden Auftragnehmer.[437]

Durch seine Einfachheit ist der RPC schnell und effizient.[438] RPCs bilden die Grundlage der meisten Client/Server-Datenbanksysteme sowie der höherentwickelten Object Request Broker (ORBs)[439] (siehe Abschnitt 4.3.2.5).

In der „Java-Welt" finden RPCs ihre Entsprechung in der sog. Remote Method Invocation (RMI), einem einfachen, synchronen Kommunikationsmechanismus, der es ermöglicht, verteilte Java-Applikationen über ein Netzwerk aufzurufen.[440]

---

[434] Vgl. Riehm, Vogler 96 /Infrastruktur für die Integration/ S. 75.

[435] Vgl. Tresch 96 /Middleware/ S. 250.

[436] In Anlehnung an Gierhake 98 /Geschäftsprozessmanagement/ S. 101.

[437] Vgl. Riehm, Vogler 96 /Infrastruktur für die Integration/ S. 75; vgl. Gierhake 98 /Geschäftsprozeß-management/ S. 101 f.

[438] Vgl. Tresch 96 /Middleware/ S. 250.

[439] Vgl. Riehm, Vogler 96 /Infrastruktur für die Integration/ S. 77; vgl. Linthicum 00 /EAI/ S. 165.

[440] Vgl. Ritter 99 /Middleware Muddle/ S. 6; vgl. Linthicum 00 /EAI/ S. 210 f.

Auch wenn durch die Verwendung mehrerer Steuerflüsse (Threads) innerhalb eines Systems asynchrone RPC-Mechanismen simuliert werden können, ist die Kommunikation über einen RPC in der Regel synchron, d.h. die funktionsaufrufende Anwendung ist so lange blockiert, bis die Antwort vom Auftragnehmer eintrifft.[441] Dementsprechend muss für die reibungslose Anwendung gewährleistet sein, dass zwischen den kommunizierenden Anwendungen eine direkte Netzwerkverbindung besteht und der Server zu jedem Zeitpunkt verfügbar ist, um eine Anfrage zu bearbeiten. Hierin liegt der größte Nachteil des Einsatzes von RPCs in EAI-Lösungen.[442]

Der RPC-Mechanismus bildet die Kernkomponente des von der Open Software Foundation (OSF) entwickelten Distributed Computing Environment (DCE)-Standards, der die netzwerknahen Dienste des RPCs um reichere Kommunikations- und Verteilungsdienste ergänzt (Abbildung 4-8).[443] DCE stellt eine integrierte Sammlung betriebssystemnaher Middleware-Dienste dar. Zwar bildet DCE eine Schlüsselinfrastrukturkomponente im Unix-Umfeld vieler großer Unternehmen, konnte sich jedoch bislang nicht als Middleware-Standard durchsetzen.[444]

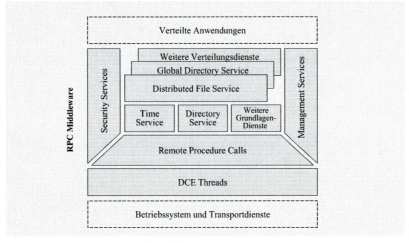

Abbildung 4-8: OSF DCE-Architektur [445]

---

[441] Vgl. Britton 01 /IT Architectures and Middleware/ S. 26 f.; vgl. Riehm, Vogler 96 /Infrastruktur für die Integration/ S. 76; vgl. Tresch 96 /Middleware/ S. 250.

[442] Vgl. Linthicum 00 /EAI/ S. 164.

[443] Vgl. Linthicum 00 /EAI/ S. 165 f.; vgl. Tresch 96 /Middleware/ S. 250; vgl. Riehm, Vogler 96 /Infrastruktur für die Integration/ S. 77.

[444] Vgl. Riehm, Vogler 96 /Infrastruktur für die Integration/ S. 88 f.

[445] In Anlehnung an die OSF in Serain 99 /Middleware/ S. 55.

4.3.2.2 Datenzugriffsorientierte Middleware

Bei datenzugriffsorientierten Produkten handelt es sich gewissermaßen um klassische Middleware. Sie ermöglichen über eine einheitliche Schnittstelle den transparenten Zugriff auf heterogene Daten, unterstützen die Konsistenzerhaltung und gewährleisten flexible, prozessorientierte Sichten auf die Daten.[446] Ziel ist die integrierte Sicht auf verteilte Daten im Sinne einer einzelnen „virtuellen" Datenbank.[447]

Dieser Art von Middleware liegt der Ansatz föderativer Datenbanken zugrunde. Im Gegensatz zu verteilten Datenbanken erfolgt die Integration in diesem Fall nicht durch ein gemeinsames Datenmodell, sondern durch Austauschbeziehungen unter Inkaufnahme gewollter Redundanz und entsprechenden Koordinationsaufwands.[448]

Produkte dieser Kategorie von Middleware zeichnen sich durch ihre technologische Reife aus, sind gründlich getestet und werden bereits breit eingesetzt.[449]

Es lassen sich generell drei grundlegende Verfahren datenzugriffsorientierter Middleware unterscheiden, die im Rahmen von EAI-Lösungen i.d.R. kombiniert zum Einsatz kommen: [450]

- proprietäre Schnittstellen,
- Standardschnittstellen (Call-Level Interfaces – CLIs) und
- Datenbank-Gateways.

Fast alle Datenbanken werden heute mit Schnittstellen (Application Programming Interfaces – APIs) geliefert, die den Zugriff auf den Datenbankserver ermöglichen. Spezifische Treiber übernehmen die Weiterleitung von Anfragen an die Datenbank und liefern entsprechende Ergebnismengen zurück. Beide Programmteile gemeinsam stellen die einfachste Form von datenzugriffsorientierter Middleware dar. Sie erlauben i.d.R.

---

[446] Vgl. Riehm, Vogler 96 /Infrastruktur für die Integration/ S. 48 f.

[447] Vgl. Linthicum 99 /Enterprise Metadata/ S. 17.

[448] Vgl. Österle /Business Engineering/ S. 241 ff.; vgl. Riehm, Vogler 96 /Infrastruktur für die Integration/ S. 51 f.

[449] Vgl. Linthicum 00 /EAI/ S. 207 f.

[450] Vgl. Riehm, Vogler 96 /Infrastruktur für die Integration/ S. 52 ff.; vgl. Hackathorn /Enterprise Database Connectivity/ Kap. 6.4.

die beste Performanz und den Zugriff auf proprietäre Funktionen der Datenbank.[451] Die Herstellerabhängigkeit reduziert jedoch die Flexibilität beim Datenbankwechsel.[452]

Call Level Interfaces wie ODBC (Open Database Connectivity) oder JDBC (Java Database Connectivity) ermöglichen den Zugriff auf verschiedene Datenbanken. Sie sind wiederum durch datenbankspezifische Treiber in der Lage, die Schnittstellenaufrufe in verschiedene Datenbankdialekte zu übersetzen und die Antwort in einer allgemeinen, für die Anwendung verständlichen Form zurückzuliefern.[453]

Bei ODBC handelt es sich um einen von Microsoft entwickelten Quasi-Standard, der insbesondere den Datenzugriff auf heterogene relationale Datenbanken aus Windows-Umgebungen heraus unterstützen soll.[454] JDBC wurde von JavaSoft entwickelt und ist funktional äquivalent zu ODBC. JDBC ermöglicht den standardisierten Zugriff auf die gängigsten Datenbanken aus einer Java-basierten Umgebung heraus.[455] Es ist ein Java-API, das es Java-Programmen ermöglicht, SQL-Anweisungen auszuführen.

Die dritte und in ihrer Funktionalität umfangreichste Variante der Datenbank-Middleware sind die sog. Gateways. Sie ermöglichen durch Zwischenschaltung einer Anwendung, auf ein breites Spektrum relationaler und nicht-relationaler Datenbanken zuzugreifen, insbesondere auch auf typischerweise schwer zugängliche Großrechnerdatenbanken wie IMS oder DB2. Dabei sind sie für die Protokolltransformation, die SQL-Übersetzung und den Datentransfer verantwortlich.[456]

Ein weiterer Ansatzpunkt für den gemeinsamen Zugriff von Anwendungen auf verschiedene Datenbanken ist die Standardisierung des Datenzugriffsprotokolls. Ein solches Protokoll lässt unterschiedliche Schnittstellen zu, insofern sie mit dem Protokollstandard konform sind. Zu nennen sind hier Distributed Relational Database Access (DRDA) von IBM oder Remote Data Access (RDA) von ISO.

---

[451] Vgl. Söffky 97 /Middleware/ S. 264 f.

[452] Vgl. Linthicum 00 /EAI/ S. 195.

[453] Vgl. Söffky 97 /Middleware/ S. 265; vgl. Linthicum 00 /EAI/ S. 195.

[454] Vgl. Linthicum 00 /EAI/ S. 196 ff.

[455] Vgl. Linthicum 00 /EAI/ S. 198 ff.

[456] Vgl. Söffky 97 /Middleware/ S. 265; vgl. Linthicum 00 /EAI/ S. 205 f.

4.3.2.3 Message-oriented Middleware (MOM)

Bei der Anwendung von Message-oriented Middleware (MOM) kommunizieren heterogene Systeme und Anwendungen in einer Peer-to-Peer-Beziehung durch den Austausch von Nachrichten. Die Middleware stellt dazu die standardisierte Schnittstelle zur Kommunikation über verschiedene Plattformen bereit.[457]

Im Gegensatz zum synchronen RPC unterstützt MOM mit seinen beiden Implementierungsvarianten, Inter-Prozess-Kommunikation und Message Queuing, sowohl das synchrone als auch das asynchrone Kommunikationsmodell.[458]

Während bei der Inter-Prozess-Kommunikation der sendende wie auch der empfangende Prozess aktiv sein müssen, um Nachrichten auszutauschen, erlaubt das Message-Queuing-Modell die persistente Zwischenspeicherung von Nachrichten in einer Warteschlange (engl.: queue) (Abbildung 4-9). Dies erhöht die Flexibilität beim Einsatz von MOM durch die Entkopplung der Programme. Zum einen muss hier der empfangende Prozess nicht während der Versendung der Nachricht aktiv sein. Zum anderen blockiert der Aufruf der MOM-Schnittstelle nicht die aufrufende Anwendung bis zum Empfang der Antwort, wie dies bei dem RPC der Fall ist. Diese Eigenschaften sind insbesondere in heterogenen Client/Server-Umgebungen und bei langsamen und/oder unzuverlässigen WAN-Verbindungen oder der Kommunikation über das Internet von Vorteil.[459] Schließlich eignet sich MOM auch für die Übertragung hoher Nachrichtenmengen.[460]

Beim Message-Queuing-Modell bieten sog. Queue Manager spezielle Dienste zur Verwaltung von persistenten Warteschlangen an. Diese übernehmen den Transport und das Routing der Nachricht über ein Netzwerk auf ihrem Weg von einer Warteschlange an der Nachrichtenquelle in eine zweite bei der Senke der Nachricht. Die lokale Speicherung auf der Seite der Nachrichtenquelle gewährleistet den Schutz vor Datenverlust bei Übertragungsfehlern (guaranteed message delivery).[461]

---

[457] Vgl. Riehm, Vogler 96 /Infrastruktur für die Integration/ S. 78 f.; vgl. Linthicum 00 /EAI/ S. 166.

[458] Vgl. Dolgicer 99 /Middleware Platform/ S. 41; vgl. Söffky 97 /Middleware/ S. 266; vgl. Riehm, Vogler 96 /Infrastruktur für die Integration/ S. 78 f.; vgl. Linthicum 00 /EAI/ S. 166; vgl. Ruber 98 /Will the Message/ S. 66.

[459] Vgl. Dolgicer 99 /Middleware Platform/ S. 41; vgl. Söffky 97 /Middleware/ S. 266; vgl. Riehm, Vogler 96 /Infrastruktur für die Integration/ S. 78 f.; vgl. Linthicum 00 /EAI/ S. 166.

[460] Vgl. Riehm, Vogler 96 /Infrastruktur für die Integration/ S. 80.

[461] Vgl. Riehm, Vogler 96 /Infrastruktur für die Integration/ S. 79 f.

Neben Punkt-zu-Punkt-Verbindungen sind durch MOM auch Adressierungskonzepte der Gruppenkommunikation realisierbar. MOM unterstützt das „Publish and Subscribe"-Konzept, bei dem in Abhängigkeit von dem Eintreten eines definierten Ereignisses Nachrichten an eine Gruppe von Anwendungen gesandt werden. Diese Gruppe wird definiert, indem Anwendungen die an diesem Ereignis interessiert sind, die entsprechenden Nachrichten abonnieren (engl.: subscribe).

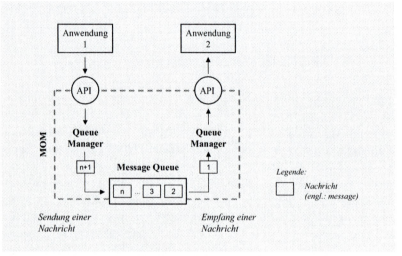

Abbildung 4-9: Message-oriented Middleware [462]

4.3.2.4 Transaktionsorientierte Middleware (z.B. CICS)

In verteilten Systemen ist die Sicherstellung der Transaktionseigenschaft eines der wichtigsten Themen, um kritische Geschäftsprozesse zuverlässig zu unterstützen. Eine Transaktion ist eine Verrichtungseinheit, die entweder erfolgreich abgeschlossen wird (engl.: commit) oder im Fehlerfall zu einer Wiederherstellung des Ausgangszustandes führt (engl.: rollback).[463] Eine Transaktion muss dabei den sog. ACID-Kriterien genügen: Sie wird entweder ganz oder gar nicht ausgeführt (engl.: *A*tomicity). Das System geht von einem konsistenten Zustand in den nächsten über (engl.: *C*onsistency). Die Transaktion wird nicht durch andere Transaktionen beeinflusst (engl.: *I*solation).

---

[462] In Anlehnung an Ruh u.a. 00 /EAI/ S. 63 und Linthicum 00 /B2B Application Integration/ S. 171.

[463] Vgl. Riehm, Vogler 96 /Infrastruktur für die Integration/ S. 43; vgl. Linthicum 00 /EAI/ S. 143 f.

Und die Transaktion hat, sobald sie abgeschlossen ist, eine dauerhafte Wirkung auf die bearbeiteten Daten (engl.: *Durability*).[464]

Transaktionsorientierte Middleware gewährleistet die zuverlässige Verarbeitung von Transaktionen durch Einhaltung der ACID-Kriterien und optimiert gleichzeitig den Transaktionsdurchsatz. Sie koordiniert die Anfragen der Benutzer und den Zugriff auf die benötigten Ressourcen, insbesondere Datenbanken und Dateisysteme.[465]

Transaktionsorientierte Middleware hat ihren Ursprung in Mainframe-Umgebungen (insbesondere IBMs Customer Information Control System – CICS), wo sie eine robuste und effiziente Laufzeitumgebung für transaktionsintensive Online-Applikation (OLTP) schafft.[466] Im Rahmen von EAI-Lösungen wird das Konzept auf verteilte Systeme angewendet.

Zu den wesentlichen Funktionalitäten transaktionsorientierter Middleware gehören:[467]

- *Datenbank-Multiplexing*
  Transaktionsmonitore entlasten die Betriebssystemressourcen, indem sie eine geringere Anzahl von Verbindungen mit den Datenbanken unterhalten, auf die die eintreffenden Anfragen durch einen Scheduler verteilt werden (Connection Pooling). Auf diese Weise kann die Anzahl der Clients erhöht werden, ohne die Anforderungen an den Datenbankserver zu erhöhen.

- *Load Balancing*
  Wenn die Anzahl der eintreffenden Anforderungen bezüglich eines Prozesses das vom System verwaltbare Maximum übersteigt, werden automatisch andere Prozesse bearbeitet. Dabei können auch Prioritäten für die Bearbeitung berücksichtigt werden.

- *Fehlertoleranz*
  Eine mehrstufige Bestätigung des erfolgreichen Abschlusses einer Transaktion (Two-Phase-Commit) erlaubt die Wiederherstellbarkeit eines konsistenten Zustandes nach dem Auftreten eines Fehlers.

---

[464] Vgl. Britton 01 /IT Architectures and Middleware/ S. 30 f.; vgl. Riehm, Vogler 96 /Infrastruktur für die Integration/ S. 43; vgl. Linthicum 00 /EAI/ S. 144 f.

[465] Vgl. Riehm, Vogler 96 /Infrastruktur für die Integration/ S. 90; vgl. Tresch 96 /Middleware/ S. 254.

[466] Vgl. Tresch 96 /Middleware/ S. 254.

[467] Vgl. Tresch 96 /Middleware/ S. 255; vgl. Linthicum 00 /EAI/ S. 146 ff.

Eine konkrete Umgebung für die Entwicklung und den Betrieb transaktionsorientierter Middleware sind die Transaction Processing-Monitore (TP-Monitore). Neben den Transaktions- und Ressourcenmanagementdiensten stellen sie Software-Werkzeuge für deren Betrieb und eine Sprache zur Definition der Transaktionen bereit.[468]

Standardisierungsbemühungen bezüglich transaktionsorientierter Middleware gibt es durch die International Organization for Standardization (ISO) und das X/Open-Konsortium. Insbesondere das Distributed Transaction Processing Model (DTPM) der X/Open ist vor dem Hintergrund des Einsatzes transaktionsorientierter Middleware in EAI-Lösungen relevant, da es die Kommunikation mit externen Ressourcen regelt (Abbildung 4-10).[469]

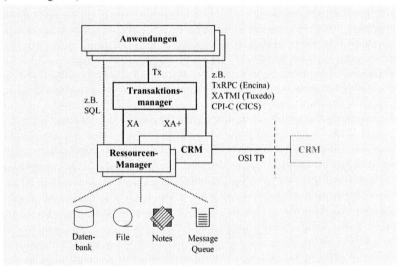

Abbildung 4-10: Distributed Transaction Processing Model [470]

Die wesentlichen Komponenten des Modells sind der Transaktionsmanager und die verschiedenen Ressourcenmanager. Die Kommunikation zwischen diesen regelt die sog. XA-Schnittstelle. Diese stellt eine Reihe von Funktionsaufrufen zwischen Ressourcen- und Transaktionsmanager dar. Für die verteilte Anwendung ist eine besondere Komponente, der Communication Resource Manager (CRM), zuständig. Über diesen können die Applikationen (Clients) eine transaktionsorientierte Kommunikation in verschie-

---

[468] Vgl. Riehm, Vogler 96 /Infrastruktur für die Integration/ S. 90.

[469] Vgl. Britton 01 /IT Architectures and Middleware/ S. 32 ff.; vgl. Riehm, Vogler 96 /Infrastruktur für die Integration/ S. 44 f.; vgl. Linthicum 00 /EAI/ S. 148.

[470] In Anlehnung an X/Open in Riehm, Vogler 96 /Infrastruktur für die Integration/ S. 44.

denen Formen (RPC, transaktionales RPC – TRPC, oder MOM) realisieren. Der CRM regelt auch die Kommunikation mit entfernten Transaktionsmonitoren unter Nutzung von OSI TP, einem Protokoll der Anwendungsebene des ISO/OSI-Referenzmodells.

4.3.2.5 Komponentenorientierte Middleware

Hinter dieser Kategorie von Middleware steht die Vision, flexibel verteilte Anwendungen durch die Integration kommerziell beziehbarer Komponenten entwickeln zu können. [471]

Ihre Ursprünge liegen in der objektorientierten Systementwicklung, wo eine Infrastruktur für die Unterstützung verteilter Objekte geschaffen werden sollte.[472] Die verteilten Objekte sollten transparent, d.h. über verschiedene Netzwerke, Programmiersprachen, Betriebssysteme und Anwendungen hinweg interagieren können.

Diese Infrastruktur ist es, die zur Anwendungsintegration im Umfeld von EAI-Szenarien genutzt wird. Dabei müssen die Komponenten, die integriert werden, nicht objektorientiert entwickelt sein. Es kann sich bei den Anwendungsobjekten vielmehr auch um in anderen Sprachen entwickelte Altsysteme oder Standardsoftware handeln.[473] Entsprechenden Standards gemein ist gleichwohl die Berücksichtigung der konstituierenden Prinzipien der Objekttechnologie (Kapselung, Polymorphismus und Vererbung) sowie die transparente Kommunikation der Komponenten über einen Object Request Broker (ORB).[474]

Es gibt drei wesentliche Vertreter komponentenorientierter Middleware: CORBA der Object Management Group (OMG), COM/DCOM von Microsoft und die Enterprise Java Beans (EJB) von Sun.[475]

---

[471] Vgl. Riehm, Vogler 96 /Infrastruktur für die Integration/ S. 93.

[472] Vgl. Sessions 98 /Component-Oriented Middleware/ S. 23; vgl. Söffky 97 /Middleware/ S. 265; vgl. Riehm, Vogler 96 /Infrastruktur für die Integration/ S. 93; vgl. Weske 99 /Business-Objekte/ S. 6 f.

[473] Vgl. Riehm, Vogler 96 /Infrastruktur für die Integration/ S. 94 ff.

[474] Vgl. Mantel u.a. 00 /Integrationspotenziale von Kommunikationsplattformen/ S. 19.

[475] Vgl. Mantel u.a. 00 /Integrationspotenziale von Kommunikationsplattformen/ S. 10.

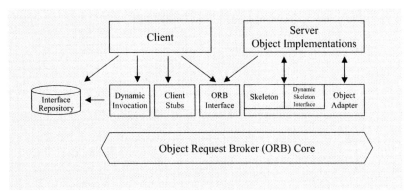

Abbildung 4-11: Common Object Request Broker Architecture (CORBA) [476]

Zentrales Element komponentenorientierter Middleware ist der Object Request Broker (ORB) als Kommunikationsmechanismus für die transparente Interaktion zwischen den verteilten Komponenten.[477] An dieser Stelle wird exemplarisch die Struktur des ORBs gemäß der Common Object Request Broker Architecture (CORBA) dargestellt (Abbildung 4-11). CORBA ist eine ORB-Spezifikation der OMG im Rahmen ihrer Object Management Architecture (OMA) (Abbildung 4-12). Die OMG beschränkt sich dabei auf die Beschreibung der Schnittstellen der einzelnen Komponenten und überlässt die Entwicklung von Produkten der Softwareindustrie.[478]

Kernstück von CORBA ist der eigentliche ORB, der ORB Core, der die Kommunikation zwischen zwei Komponenten nach dem Client/Server-Prinzip aufbaut. Der Client ruft dabei eine Methode eines Serverobjekts auf. Hier zeigt sich der enge Bezug zu den Konzepten des Remote Procedure Calls. Es werden zwei Formen der Kommunikation unterstützt. Bei der statischen Kommunikationsschnittstelle erfolgt die Kommunikation über unveränderliche, objektspezifische Schnittstellen. Die Client-seitige statische Schnittstelle wird als Stub, die Server-seitige als Skeleton bezeichnet. Wie bei einem RPC müssen die Schnittstellen eines Serverobjektes definiert werden. Dazu stellt CORBA die Interface Definition Language (IDL) zur Verfügung. Aus der IDL-Schnittstellenspezifikation werden von einem Compiler die Stubs generiert. Bei der dynamischen Kommunikationsschnittstelle wird Client- oder Server-seitig zur Laufzeit über das Dynamic Invocation Interface (DII) bzw. das Dynamic Skeleton Interface (DSI) ein

---

[476] In Anlehnung an die OMG in Zahavi 99 /EAI with CORBA/ S. 108 und Riehm, Vogler 96 /Infrastruktur für die Integration/ S. 85.

[477] Vgl. Zahavi 99 /EAI with CORBA/ S. 106.

[478] Vgl. Riehm, Vogler 96 /Infrastruktur für die Integration/ S. 94.

Dienstaufruf erzeugt. Die hierzu notwendigen Informationen sind in einem Interface Repository hinterlegt, auf das über das ORB Interface zugegriffen wird. In beiden Fällen werden die Serverobjekte in einer speziellen Laufzeitumgebung verwaltet. Sog. Object Adapter sorgen für die Verbindung zwischen den Objekt-Implementierungen, die das Verhalten eines CORBA-Objekts charakterisieren, und dem ORB.[479]

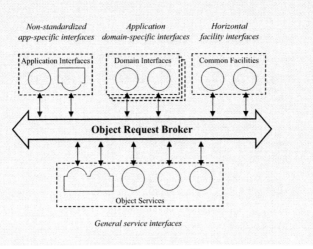

Abbildung 4-12: Object Management Architecture (OMA) [480]

Die Object Management Architecture (OMA) geht über die Spezifikation des ORB hinaus und beschreibt zusätzlich CORBA Services, CORBA Facilities, CORBA Domains und Application Objects. CORBA Services stellen allgemeine Dienste der Objektverwaltung dar, wie etwa Dienste zur Allokation von Namen, die persistente Speicherung von Objekten, Dienste zur Transaktionsverwaltung oder zum Erstellen, Kopieren oder Löschen von Komponenten. CORBA Facilities sind vordefinierte Objekte, die domänenunabhängigen Anwendungsdienste wie etwa Druckdienste, graphische Benutzeroberflächen etc. CORBA Domains stellen Objektklassen für bestimmte Domänen wie Telekommunikation, Finanzdienstleistungen oder E-Commerce bereit. Application Objects schließlich sind IDL-Schnittstellen zu anwendungsspezifischen Softwarekomponenten, die die Funktionen eines verteilten Anwendungssystems durch

---

[479] Vergleiche zur Darstellung der CORBA-Architektur Mantel u.a. 00 /Integrationspotenziale von Kommunikationsplattformen/ S. 12 ff; vgl. Riehm, Vogler 96 /Infrastruktur für die Integration/ S. 85 ff.; vgl. Zahavi 99 /EAI with CORBA/ S. 106 ff.; vgl. Serain 99 /Middleware/ S. 69 ff.; vgl. Ferstl u.a. 97 /Bausteine/ S. 27 f.

[480] OMG 97 /Object Management Architecture (WWW)/ Abschnitt 4, S. 2.

die zuvor genannten Dienste realisieren. Sie sind nicht Teil der Standardisierungsbemühungen der OMG.[481]

Das OMG-Konsortium entwickelt gegenwärtig die OMA weiter.[482] Die Model Driven
Architecture (MDA), das Ergebnis dieser Weiterentwicklung, vereint bisherige und
neue Standards. Die OMA wird dabei um einen Middleware-Plattform-unabhängigen
Kern zur Spezifikation von Prozessmodellen und Metadaten erweitert. Dieser besteht
aus der Modellierungsnotation Unified Modeling Language (UML) und Standards zur
Beschreibung und zum Austausch von Datenbankschemata und Metadaten. Dadurch
soll eine Unabhängigkeit der Modellierung von der eingesetzten komponentenorientierten Middleware gewährleistet werden.

Neben CORBA stellen auch COM/DCOM von Microsoft und die EJBs von Sun
Ansätze zur transparenten Kommunikation von Komponenten dar, die hier jedoch nicht
detailliert dargestellt werden sollen. Microsofts Distributed Component Object Model
(DCOM) basiert im Kern auf dem Component Object Model (COM)-Standard, der
analog zu CORBA die Funktion eines ORBs beschreibt.[483] Ein Enterprise JavaBean ist
eine spezialisierte Java-Komponente, die in einem sog. Container zur Ausführung gebracht wird. Dieser Container ist für die Erzeugung, Aktivierung, Deaktivierung und
Löschung von EJBs verantwortlich und übernimmt Aufgaben wie Transaktionsverwaltung, Sicherheitsdienste oder Persistenz-Management. Damit übernimmt dieser
Container in der Enterprise JavaBean-Architektur Aufgaben eines ORBs.[484]

Probleme bei der Anwendung komponentenorientierter Middleware in EAI-Szenarien
stellen Performanzprobleme vieler verfügbarer kommerzieller ORBs dar.[485] Insbesondere die Skalierbarkeit bei großen Systemen hat ihre Tücken.[486] Zudem müssen u.U.
existierende Programme erheblich modifiziert bzw. durch sog. Wrapping für den Zu-

---

[481] Vergleiche zur Darstellung des OMA-Rahmenwerks OMG 97 /Object Management Architecture
(WWW)/ Abschnitt 1 und 2; vgl. Mantel u.a. 00 /Integrationspotenziale von Kommunikationsplatt-
formen/ S. 10 ff; vgl. Riehm, Vogler 96 /Infrastruktur für die Integration/ S. 93 ff.; vgl. Zahavi 99
/EAI with CORBA/ S. 106 ff.

[482] Vgl. OMG 01 /Model Driven Architecture (WWW)/ S. 2 ff.; OMG 00 /Model Driven Architecture
(WWW)/ S. 3 ff.; vgl. Alexander 01 /OMG/ S. 36.

[483] Vgl. Riehm, Vogler 96 /Infrastruktur für die Integration/ S. 96; vgl. Mantel u.a. 00 /Integrations-
potenziale von Kommunikationsplattformen/ S. 13 ff.; vgl. Serain 99 /Middleware/ S. 81 ff. Siehe für
eine ausführliche Darstellung der Microsoft DCOM/COM-Architektur http://www.microsoft.com/
com/.

[484] Vgl. Kara 99 /EJB Component Model/ S. 19 ff.; vgl. Mantel u.a. 00 /Integrationspotenziale von
Kommunikationsplattformen/ S. 16 ff. Siehe für eine ausführliche Darstellung der EJB-Architektur
http://java.sun.com/products/ejb.

[485] Vgl. Linthicum 00 /EAI/ S. 189 f.

[486] Vgl. Stewart u.a. 99 /CORBA-Based Systems/ S. 34 ff.; vgl. Hubert 99 /CORBA vs. EJB/ S. 37.

griff durch ORBs verfügbar gemacht werden.[487] Damit widerspricht eine solche Lösung dem Anspruch von EAI, nicht verändernd in existierende Anwendungen und Daten einzugreifen.[488]

Mit den sog. Web-Services steht ein erweiterter Ansatz der komponentenorientierten, plattformunabhängigen Systementwicklung mit entsprechender Middleware am Anfang seiner Entwicklung. Die grundlegende Idee hierbei ist es, modulare, selbst-beschreibende Anwendungsbausteine über das Internet insbesondere für den zwischenbetrieblichen Gebrauch bereitzustellen.[489] Zur Umsetzung dient ein XML-basierter RPC-Mechanismus, das sog. Simple Object Access Protocol (SOAP). Dieses nutzt HTTP für den Datentransport über die Firewalls der Unternehmen hinweg und XML zur Kodierung der Funktionsaufrufe und der zurückgelieferten Antworten.[490] Dieser Mechanismus zur externen Kommunikation lässt sich intern mit der bestehenden Middleware wie etwa CORBA oder COM verbinden.[491] Globale Verzeichnisse erlauben den Unternehmen, angebotene Web Services einzutragen oder zu suchen. UDDI (Universal Description, Discovery and Integration) ist ein Projekt zur Entwicklung eines Standards für solche Verzeichnisse.[492] Für die Beschreibung der Services nutzt UDDI die Web Service Description Language (WSDL), die ebenfalls auf XML basiert.[493]

Mögliche Dienste, die auf diese Weise kommerziell über das Internet bereitgestellt werden könnten, sind Anwendungsdienste wie etwa die Berechnung von Distributionskosten in Abhängigkeit des Ziel- und Ausgangsortes durch Logistikunternehmen[494], die Kreditkartenabrechnung für einen Web-Shop oder etwa spezifische Kalkulationen im Rahmen der Abrechnung medizinischer Dienstleistungen. Auch spezifische Inhalte wie etwa Sportergebnisse können als Web-Services zur Darstellung auf unterschiedlichen Internet-fähigen Endgeräten angeboten werden.

---

[487] Vgl. Morin 98 /CORBA/ S. 39 ff.

[488] Vgl. Linthicum 00 /EAI/ S. 179.

[489] Vgl. Hildreth 01 /Web Services 1 (WWW)/ o.S.; vgl. Moss 01 /Web Services (WWW)/ S. 2 f.

[490] Vgl. Bisson 00 /Soap/ S. 50; vgl. Siffring 00 /Soap/ S. 73.

[491] Vgl. Schullan, Hefele 01 /Web-Services/ S. 73.

[492] UDDI wurde von Ariba, IBM und Microsoft initiiert. Mittlerweile haben Hewlett-Packard und die SAP AG einen weiteren UDDI-Server in Betrieb genommen.

[493] Vgl. Schullan, Hefele 01 /Web-Services/ S. 72.

[494] FedEx Corp. bietet einen aus dem Internet herunterzuladenden Adapter für einen Web Service an, der die Verfolgung einzelner Lieferungen (engl.: track & trace) unterstützt. Der Aufruf des Lieferstatus über XML stellt eine Alternative zur FedEx EDI-Lösung dar. Zukünftige Entwicklungsbemühungen zielen auf die oben erwähnte Funktionalität zur kundenspezifischen Festlegung von Lieferpreisen. Vgl. webMethods 01 /FedEx New Web Service Offering (WWW)/ o.S.

Einige große IV-Unternehmen haben Initiativen gestartet, um sich als Anbieter der Infrastruktur oder auch allgemein benötigter Services zu positionieren. Zu nennen sind hier insbesondere die .net Initiative von Microsoft[495], Suns ONE (Open Network Environment), Oracles Dynamic Services, IBM mit seiner Web Services Architecture oder Hewlett Packards Netaction/E-Speak-Technologie.[496]

4.3.3 Nachrichtenmanagement

Ein weiterer Bestandteil einer EAI-Lösung ist das Nachrichtenmanagement. Es dient der Programmintegration und stellt damit die Verbindung zwischen den angebundenen Systemen auf semantischer Ebene her. Wesentliche Bestandteile des Nachrichten- managements sind die Bereitstellung von Transformations- und Synchronisations- diensten sowie die Gewährleistung der Transaktionalität der EAI-Lösung. Diese Dienste werden häufig zumindest teilweise bereits von den oben dargestellten Middleware- Produkten angeboten. Ist dies nicht der Fall, müssen sie innerhalb der EAI-Lösung durch spezifische Softwarekomponenten bereitgestellt werden.

Transformationsdienste wandeln die bereitgestellten Daten in Formate um, die vom Zielsystem im Sinne der unterstützten Transaktion korrekt interpretiert werden können. Diese Transformation beinhaltet zum einen die Anpassung an unterschiedliche Daten- bankschemata, etwa beim Übergang von objektorientierten zu relationalen Daten- banken. Zum anderen ist ggf. eine Konvertierung der Dateninhalte notwendig. Dies geschieht durch die Ausführung von Algorithmen oder den Rückgriff auf sog. „Look- up"-Tabellen, z.B. für Währungsumrechnungen.[497] Neben der Transformation findet hier auch die Identifikation und Validierung von Informationsflüssen unter Zugriff auf Metadaten (Kataloge zur Datenbeschreibung) statt.[498] Diese Dienste entsprechen weit- gehend dem seit Jahren praktizierten Vorgehen beim Befüllen von Datawarehouse- Systemen.

Die Synchronisationsdienste regeln den zeitlichen Ablauf des Zusammenspiels ver- schiedener Anwendungssysteme bei der durchgängigen Unterstützung einer Trans-

---

[495] Microsoft wird unter dem Namen „.Net Myservice" voraussichtlich die ersten kommerziellen Web- Services anbieten. Dazu gehören etwa ein Terminkalender und der Authentifizierungsdienst „Passport" Vgl. Schulze 01 /Web-Services/ S. 12.

[496] Vgl. Hildreth 01 /Web Services 2 (WWW)/ o.S.; vgl. Miedl 01 /Web-Services/ S. 18 f.; vgl. Schulze 01 /Web-Services/ S. 12.

[497] Vgl. Linthicum 00 /EAI/ S. 297 ff.

[498] Vgl. Winkeler u.a. 01 /EAI/ S. 11.

aktion. So kann etwa die Bearbeitung durch System B erst beginnen, nachdem die Bearbeitung durch System A und die anschließende Transformation des Ergebnisses erfolgreich ausgeführt wurden.[499]

Zudem muss das Ergebnis einer Transformation – ggf. auch in Abhängigkeit vom Inhalt der Nachricht – an ein oder mehrere unterschiedliche Zielsysteme versandt werden. Hierzu ermöglicht eine EAI-Lösung die Festlegung bestimmter Regeln (engl.: rules) zur Kontrolle der Verarbeitung und Verteilung von Nachrichten. Diese Regeln werden durch traditionelle Boolesche Variablen (IF, ELSE und OR) sowie Beschreibungssprachen zur Festlegung der Regeln und der entsprechenden Aktionen definiert. Im laufenden Betrieb besteht dann die Möglichkeit, bestimmte Felder und Werte innerhalb von Nachrichten bezüglich dieser Regeln zu testen und entsprechend die Verarbeitung und Verteilung zu steuern. Eine solche regelbasierte Verteilung von Nachrichten wird auch als „intelligentes" Routing bezeichnet.[500]

Schließlich stellen entsprechende Dienste die Transaktionalität der Operationen sicher. Wie bereits im Zusammenhang mit transaktionsorientierter Middleware dargestellt[501], wird dazu die Durchführung, Vollständigkeit und Konsistenz komplexer, ggf. mehrere Systeme umspannender Operationen überwacht. Im Falle von Konflikten oder unvollständiger Bearbeitung einer Transaktion können alle bis dahin durchgeführten Operationen wieder zurückgesetzt werden.[502]

4.3.4 Prozessmanagement

Durch seine Prozessmanagementfunktionalität hebt sich der EAI-Lösungsansatz wesentlich von dem traditionellen Middleware-basierten Integrationsansatz ab. Diese EAI-Komponente unterstützt schließlich die Prozessintegration.

Das Prozessmanagement erlaubt es, das Zusammenspiel komplexer Transaktionen basierend auf den entsprechenden Geschäftsprozessen zu definieren und zu steuern. Dies ist die notwendige Voraussetzung dafür, etwa eine vollständige und komplexe

---

[499] Vgl. Winkeler u.a. 01 /EAI/ S. 11 f.

[500] Vgl. Linthicum 00 /EAI/ S. 302 ff.

[501] Siehe Abschnitt 4.3.2.4 Transaktionsorientierte Middleware.

[502] Vgl. Winkeler u.a. 01 /EAI/ S. 11 f.

Auftragsbearbeitung über verschiedene Systeme und Organisationen hinweg zu automatisieren.[503]

Die entsprechende Funktionalitätskomponente einer EAI-Lösung unterstützt auf oberster Ebene lang laufende, unterbrechbare, verteilte Geschäftsprozesse (sog. Workflows), die auch personenunterstützte Schritte beinhalten können.[504] Es abstrahiert in der Beschreibung der Geschäftsprozesslogik von der darunter liegenden anwendungsinternen Vorgangssteuerung einzelner Systeme, die Teile eines Geschäftsprozesses unterstützen. Somit beschreibt das Prozessmanagement eine zusätzliche Ebene einfach zu definierender und zentral verwalteter Prozesse, die organisationseinheitsübergreifend auf der Menge bestehender Teilprozesse und Daten aufsetzen, die in den Geschäftsanwendungen abgebildet sind. Auch wird im Rahmen des Prozessmanagements die Methode der Übermittlung von Informationen von der Quell- zur Zielanwendung definiert. Insofern baut es auf den Nachrichtenmanagementdiensten und der Middleware zur tatsächlichen Übermittlung von Informationen auf.[505]

Das Prozessmanagement umfasst drei wesentliche Funktionalitäten: die Prozessmodellierung, die Prozesssteuerung und die Prozesskontrolle.[506]

Im Rahmen der Prozessmodellierung werden die Prozessmodelle detailliert, Ressourcen (Anwendungen und Personen) zugeordnet sowie die Sequenzen und Informationsflüsse zwischen den Komponenten definiert. Bei komplexen Prozessen können Subprozesse definiert und wiederverwendet werden. In einer idealen Welt ließe sich aus dem Prozessmodell automatisch die EAI-Lösung im Sinne einer Konfiguration der anderen EAI-Komponenten generieren. Aufgrund der hohen Abstraktionsebene ist dies jedoch meist nicht möglich.[507]

Über Schnittstellen zu den anderen EAI-Komponenten wird die Ausführung des Workflows gesteuert.[508] Die Prozesssteuerung stellt das Kernstück des Prozessmanagements dar. Es ermöglicht die Ausführung diskreter Arbeitsschritte im Kontext eines Geschäfts-

---

503 Vgl. Winkeler u.a. 01 /EAI/ S. 12.

504 Vgl. Kloppmann u.a. 00 /EAI mit Workflow Management/ S. 30.

505 Vgl. Linthicum 00 /EAI/ S. 320 ff.

506 Vgl. Yee 00 /Business Process Integration (WWW)/ o.S.

507 Vgl. Yee 00 /Business Process Integration (WWW)/ o.S.

508 Vgl. Linthicum 00 /EAI/ S. 329 f.

prozesses unabhängig von den beteiligten Anwendungen, technischen Integrations-
methoden oder organisatorischen Grenzen.[509]

Die Prozesskontrolle schließlich beinhaltet Maßnahmen zum Prozessmonitoring anhand
bestimmter festgelegter Metriken und umfasst die entsprechende Optimierung der Prozesse.[510]

Die Workflow Management Coalition (WfMC) ist ein Normungsgremium, das versucht, einen gemeinsamen Ansatz für das Prozessmanagement, insbesondere aber auch
bezüglich der Schnittstellen zu der Technologie, die zur Ausführung der Prozessmodelle
angewendet wird, zu entwickeln. Eine entsprechende Spezifikation soll definieren, wie
die Interaktion zwischen der zentralen Prozessmanagementkomponente (Workflow
Engine) und allen externen Systemen sowie anderen Workflow Engines auszugestalten
ist. [511]

4.3.5 Metadatenbank und Zusatzdienste

Die für die Gestaltung der EAI-Lösung zentralen Informationen sind in einer Metadatenbank, dem sog. Repository hinterlegt. Dieses beinhaltet Informationen über die
integrierten Komponenten sowie über ihre Integrationsbeziehungen. Typische Informationen, die in der Metadatenbank verwaltet werden, beziehen sich auf:

- die Verteilung der Komponenten (Directories);
- Sicherheitsparameter und Verantwortlichkeiten;
- die technologische Infrastruktur;
- Nachrichtenschemata;
- Transformationsinformationen;
- Regeln und Logik für die Verarbeitung von Nachrichten sowie
- Design- und Architekturinformationen (z.B. in UML).

Schließlich beinhaltet eine EAI-Lösung eine Reihe von Zusatzdiensten, die die Funktionalitäten der anderen Komponenten übergreifend unterstützen. Zu diesen Zusatzdiensten zählen insbesondere Funktionalitäten zum Systemmanagement und zur Sicher-

---

[509] Vgl. Yee 00 /Business Process Integration (WWW)/ o.S.
[510] Vgl. Yee 00 /Business Process Integration (WWW)/ o.S.
[511] Vgl. Gierhake 98 /Geschäftsprozessmanagement/ S. 84; vgl. Linthicum 00 /EAI/ S. 330; siehe auch
http://www.wfmc.org.

heit sowie Tools zur Entwicklungsunterstützung. Diese Zusatzdienste können fester Bestandteil anderer EAI-Komponenten sein oder durch eigenständige EAI-Komponenten vertreten sein.[512] Auch wenn diese Zusatzdienste hier als letzter Bestandteil einer EAI-Lösung zusammenfassend dargestellt werden, sind sie durch ihren integrativen Charakter bei der Errichtung einer EAI-Infrastruktur von entscheidender Bedeutung.

Zur Verwaltung der EAI-Lösung werden Systemmanagement-Dienste bereitgestellt. Generelle Aufgabe des Systemmanagements ist es, die effektive und effiziente Nutzung der Systemressourcen sowie die verlässliche und rechtzeitige Bereitstellung der Ressourcen für die Benutzer sicherzustellen.[513] Dabei handelt es sich um einen Managementprozess, der durch die Phasen Planung, Realisierung und Betrieb gekennzeichnet ist.[514] Die entsprechenden Dienste betreffen das Konfigurationsmanagement, das Fehlermanagement, das Leistungsmanagement im Sinne einer ständigen Verbesserung der Systemperformanz und das Abrechnungsmanagement zur Berechnung und Aufteilung der entstandenen Kosten der Diensterbringung.

Zentrales Element des Systemmanagements ist ein Verzeichnis (engl.: directory) aller Netzwerkressourcen.[515] Directories unterstützen durch die eindeutige und konsistente Bezeichnung aller Komponenten von verteilten Systemen deren Ortung, Identifikation und Gebrauch sowie die Zuordnung von Systemressourcen zu diesen Komponenten.[516]

Im Rahmen des Leistungsmanagements ist insbesondere die Reaktionsfähigkeit auf unvorhersehbare Schwankungen der Transaktionslast oder bei Systemausfällen bedeutsam. Durch sog. Load Balancing kann die Arbeitslast umverteilt werden, um die Überlastung einzelner Server zu vermeiden oder den Ausfall von Komponenten auszugleichen.[517]

Auch die Sicherheit stellt eine Funktion des Systemmanagements dar. Ihr kommt in EAI-Lösungen eine besondere Bedeutung zu, da durch die Vernetzung der Systeme die Risiken steigen. Neben der sicheren Kommunikation, die durch die Middleware gewährleistet sein sollte, werden insbesondere Funktionalitäten bezüglich der Authentifizierung und Autorisierung der Benutzer sowie des Auditing notwendig. Bei der

---

[512] Vgl. Riehm, Vogler 96 /Infrastruktur für die Integration/ S. 38.

[513] Vgl. Riehm, Vogler 96 /Infrastruktur für die Integration/ S. 38; vgl. Bauer u.a. 94 /Distributed System Architecture/ S. 399 ff.

[514] Vgl. Riehm, Vogler 96 /Infrastruktur für die Integration/ S. 96; vgl. Hegering, Abeck 93 /Integriertes Netz- und Systemmanagement/ 87 ff.

[515] Vgl. Winkeler u.a. 01 /EAI/ S. 12.

[516] Vgl. Linthicum 00 /EAI/ S. 308.

[517] Vgl. Winkeler u.a. 01 /EAI/ S. 12.

Authentifizierung geht es um die eindeutige Identifikation der einen Dienst anfordernden Person oder des anfordernden Systems. Im Rahmen der Autorisierung wird die Berechtigung geprüft. Das Auditing schließlich erfordert die genaue Aufzeichnung aller Aktivitäten, um später etwaige Angriffe auf die Systemsicherheit nachvollziehen zu können.[518]

Eine komplette EAI-Lösung verfügt auch über Entwicklungstools, die auf Integrationsvorhaben spezialisiert sind. Diese kommen dort zum Einsatz, wo Standardintegrationslösungen nicht ausreichen. Dies kann etwa bei der Anbindung von eigenentwickelter Individualsoftware der Fall sein, für die keine Standardadapter oder -schnittstellen verfügbar sind. Es werden dafür i.d.R. graphische und/oder skriptbasierte Entwicklungsumgebungen bereitgestellt.[519]

Es sind eine Reihe weiterer Zusatzdienste denkbar, denen je nach EAI-Kontext eine unterschiedliche Bedeutung zukommen kann. Hierzu gehören zum Beispiel die Identifikation und Verfolgung bestimmter Ereignisse durch Agenten und der Versand entsprechender Notifikationen sowie zusätzliche Dienste des Versionsmanagements von Objekten oder Nachrichten.[520]

4.4 Realisierung von EAI-Projekten

Zur Umsetzung einer EAI-Architektur ist diese fachlich und technisch zu entwickeln und organisatorisch im Unternehmen umzusetzen. Bei der Entwicklung werden die bestehenden Systeme, ihre Beziehungen zueinander und die existierende Integrationsinfrastruktur bezüglich ihrer Eignung zur Erreichung der Integrationsziele analysiert, ein Konzept der EAI-Architektur wird entworfen und dieses fachlich und technisch realisiert. Dazu bedarf es strukturierter Vorgehensweisen für den Architekturentwurf und für das Qualitäts- und Projektmanagement.[521]

Die Entwicklung eines Vorgehensmodells für die Umsetzung von EAI-Lösungen in Unternehmen soll und kann im Rahmen dieser Arbeit nicht geleistet werden. Auch im Falle von EAI stellt aber die Technologie nur einen Teil der Lösung dar. Nur wenn es im Rahmen der fachlichen und technischen Realisierung gelingt, die Unterstützung der

[518] Vgl. Riehm, Vogler 96 /Infrastruktur für die Integration/ S. 41.; vgl. Ruh u.a. 00 /EAI/ S. 15.
[519] Vgl. Winkeler u.a. 01 /EAI/ S. 12.
[520] Vgl. Ruh u.a. 00 /EAI/ S. 57 f.
[521] Vgl. Fischer 99 /Informationswirtschaft/ S. 66.

Fachbereiche für die Prozessgestaltung zu gewinnen, eine unkontrollierte Ausweitung des Projektumfangs zu vermeiden sowie die Akzeptanz der Anwender sicherzustellen, kann eine EAI-Lösung erfolgreich sein. Daher werden in diesem Abschnitt einige Aspekte der Realisierung von EAI-Lösungen im Zuge von IV-Projekten diskutiert.

Hierzu werden im Folgenden zunächst einige Problembereiche der Realisierung von EAI-Projekten dargestellt. Aus diesen lassen sich im Anschluss Erfolgsfaktoren für die Durchführung derartiger Projekte ableiten. Die Problembereiche sowie die Erfolgsfaktoren im Sinne von Handlungsempfehlungen sind dabei nur zum Teil spezifisch für Integrationsvorhaben.

4.4.1 Problembereiche

Die planmäßige Realisierung einer EAI-Lösung erfordert von den Fachabteilungen getragene, oft unternehmensweit angelegte IV-Projekte. Diese Projekte können das Ergebnis einer strategieorientierten Projektplanung sein, bei der aus der Unternehmensstrategie direkt die erforderliche EAI-Architektur und das entsprechende Realisierungsprogramm abgeleitet werden. EAI-Projekte können sich aber auch aus konkretem Integrationsbedarf einzelner Organisationseinheiten ergeben. Schließlich ist im Rahmen einer architekturorientierten Projektplanung in periodischen Abständen zu überprüfen, ob die IV-Architektur des Unternehmens in ihrer geschäftlichen, organisatorischen, fachlichen und technischen Dimension den Erfordernissen entspricht. Auch dies kann die Grundlage für Integrationsprojekte bilden.[522]

Während EAI angetreten ist, um den Integrationsaufwand zu reduzieren, kann es jedoch keine „Out-of-the-Box"-Integrationslösung bieten. Auch bei der Anwendung vorgefertigter Integrationslösungen bleibt häufig der Bedarf zur Eigenentwicklung spezifischer Lösungskomponenten bestehen, insbesondere bei einer großen Zahl zu integrierender Altanwendungen. Dennoch kann aufgrund der Standardisierung der technischen Integrationslösung damit gerechnet werden, dass die Projekte i.d.R. kürzer sind und insbesondere der Wartungsaufwand nach Abwicklung des Projekts geringer ausfällt als bei traditionellen Integrationsprojekten.[523]

---

[522] Vgl. Fischer 99 / Informationswirtschaft/ S. 67.

[523] Vgl. Frye 99 / EAI Tools/ S. 38 ff. Siehe auch Abschnitt 2.4 Integrationsziele und -potentiale.

Die Ausgestaltung der EAI-Lösung ist den spezifischen Gegebenheiten und Anforderungen im Unternehmen anzupassen. Darin ähnelt die Umsetzung einer EAI-Lösung mehr der Implementierung einer betrieblichen Anwendung als dem Einsatz von Middleware-Technologie.[524] Designentscheidungen während der Implementierung haben dabei einen wesentlichen Einfluss auf die spätere Wiederverwendbarkeit sowie die Wartbarkeit der Integrationslösung. In traditionellen Systementwicklungsprojekten werden diese Attribute durch die Entwicklung und anschließende Wartung von Softwarecodes bestimmt; in EAI-Szenarien werden sie durch die Definition von Business Rules, Transformationsregeln oder Prozessmodellen getrieben.[525]

Ein wesentlicher Faktor, der zur Komplexität von EAI-Projekten beiträgt, ist die Tatsache, dass im Rahmen der Integrationsprojekte i.d.R. ein Re-engineering der zu integrierenden Geschäftsprozesse notwendig wird. Die Teilprozesse, die durch unterschiedliche Anwendungssysteme unterstützt werden, sind oft nicht überschneidungsfrei und eigenständig, sondern es bestehen Überlappungen in der Funktionalität sowie Unterschiede in der Art und Weise, wie mit den Daten verwaltet und manipuliert werden. In diesen Fällen sind in den betroffenen Fachabteilungen allgemein gültige Entscheidungen bezüglich der Gestaltung der integrierten Geschäftsprozesse zu treffen. Auch sind einheitliche Regelungen bezüglich des verwendeten Datenmodells im Unternehmen nötig. Eine effektive EAI-Lösung erfordert die einheitliche Definition wesentlicher Geschäftsobjekte, wie etwa die eines Kunden, einer Rechnung oder eines Lieferanten. Zudem erfordert die Integration die Harmonisierung von Sicherheitssystemen, Notfallplänen etc. im Unternehmen.[526]

4.4.2 Erfolgsfaktoren

Aus den dargestellten Problembereichen der Realisierung von EAI-Lösungen lassen sich einige konkrete Voraussetzungen für die erfolgreiche Umsetzung entsprechender Projekte ableiten.[527] Dabei wird ein strategie- bzw. architekturgetriebener Projektansatz unterstellt. Die zyklische Abhängigkeit zwischen Funktionalität und Architekturdefinition ist durch ein iteratives und inkrementelles Vorgehen aufzulösen.[528] Keinesfalls sollten EAI-Projekte mit der Technologieauswahl beginnen und sich auf deren Einsatz

---

[524] Vgl. Frye 99 /EAI Tools/ S. 37.
[525] Vgl. Allen 01 /EAI Tools (WWW)/ o.S.
[526] Vgl. Wrazen 99 /EAI/ S. 4.
[527] Vgl. Wrazen 99 /EAI/ S. 4 f.; vgl. Linthicum 00 /EAI/ S. 91 ff.; vgl. Ruh u.a. 00 /EAI/ S. 153 ff.
[528] Vgl. Schlüter 99 /EAI-Projekte (WWW)/ S. 8.

beschränken. Die einzelnen Erfolgsfaktoren werden nicht im Detail analysiert. Vielmehr geben die einzelnen Punkte einen Überblick über die Breite der zu adressierenden Themen:

- *Klare Integrationsziele basierend auf der Unternehmensstrategie*
  Die Grundlage jedes Integrationsvorhabens durch EAI müssen klar definierte Integrationsziele sein. Diese sind Bestandteil der IV-Strategie, die sich wiederum aus den Unternehmenszielen im Rahmen der Geschäftsstrategie ergibt.

- *EAI als Bestandteil einer mittel- bis langfristigen IV-Strategieplanung*
  Die umfassende Integration heterogener betrieblicher Anwendungen im Unternehmen durch EAI wird i.d.R. nicht im Zuge eines einzelnen, umfassenden IV-Projekts erzielt, sondern durch eine Reihe zeitlich gestaffelter Maßnahmen. Die einheitliche Ausrichtung auf ein umfassendes Integrationsziel muss durch die IV-Strategie gewährleistet sein. Auch ist im Rahmen der Wirtschaftlichkeitsrechnung die Gesamtintegrationslösung zu berücksichtigen und nicht nur ein Teilprojekt.[529]

- *Unterstützung der Geschäftsführung und klare Verantwortlichkeiten für das Projekt*
  Organisatorische und kulturelle Grenzen zwischen unterschiedlichen Projektteams und den Sponsoren der existierenden Anwendungen können zu Unsicherheiten und Unklarheit bezüglich der Verantwortlichkeit führen, wo Organisationsgrenzen übergreifende Entscheidungen notwendig sind. Aufgrund der unternehmensweiten Relevanz umfassender Integrationsvorhaben ist generell die Beteiligung der Geschäftsführung im Lenkungsausschuss des EAI-Projekts erforderlich.

- *Richtige Zusammensetzung des Projektteams*
  Die Zusammenarbeit über Organisations- und evtl. sogar Unternehmensgrenzen hinweg sowie der Infrastrukturcharakter einer EAI-Lösung machen ein solches Projekt komplexer als viele Entwicklungsprojekte. Das Projektmanagement muss in der Lage sein, vermittelnd die Interessen aller Beteiligten abzustimmen, und benötigt die konzeptionelle Übersicht über die gesamte Integrationslösung. Des Weiteren sind IV-Architekten, Netzwerkspezialisten, Middleware-Spezialisten sowie Kenntnisse bezüglich der zu integrierenden Altanwendungen oder Standardsoftwarepakete notwendig. Zudem sind i.d.R. externe Ressourcen in das Projektteam einzubinden sowie der Wissenstransfer zu gewährleisten.

---

[529] Siehe Abschnitt 2.4.2 Probleme der Wirtschaftlichkeitsbeurteilung.

- *Verständnis der Unternehmensdaten- und -prozessmodelle*
Die Datenintegration, aber auch die Programm- und Prozessintegration erfordern eine vorhergehende Analyse und u.U. eine Normalisierung der im Unternehmen verteilten Datenbestände. Redundanzen, Inkonsistenzen und manuelle Manipulationen, Integritätskontrollen und Anforderungen an die Latenz der Daten sind bei der Realisierung der Integrationslösung zu berücksichtigen. Ziel dieser Bemühungen ist eine einheitliche Sicht auf ein unternehmensweites, logisches Datenmodell im Sinne einer einzelnen virtuellen oder föderierten Datenbank.[530] Aufgrund einer Vielzahl im Unternehmen vorhandener Datenbanktypen wird dieses Datenmodell im Regelfall nicht physisch implementiert.

Bei der Programm- und Prozessintegration ist zudem eine Aufnahme des zu unterstützenden integrierten Gesamtprozesses sowie der in den zu integrierenden Systemen abgebildeten Teilprozesse notwendig.

- *Festlegung der EAI-Architektur*
Auf Basis der Integrationsziele und nach Erfassung der Unternehmensdaten- und -prozessmodelle ist der Integrationsbedarf als Bestandteil der EAI-Architektur zu bestimmen. Dazu sind spezifische Geschäftsvorfälle (synchrone und asynchrone Ereignisse) zu definieren, die eine integrierte Informationsverarbeitung auslösen, Szenarien für die Transformation von Datenschemata und -inhalten (Geschäftsregeln, engl.: business rules) müssen bestimmt werden; schließlich muss ein Mapping des Informationsaustausches zwischen den Anwendungen erfolgen.

- *Kriteriengetriebene Technologie- und Anbieterauswahl*
Basierend auf dem identifizierten Integrationsbedarf ist der geeignete Mix an Integrationstechnologien und Anbietern zu bestimmen, der den Anforderungen der EAI-Lösung entspricht. Dabei sind bei der Technologieauswahl neben der Funktionalität auch allgemeine technologische Kriterien zu berücksichtigen, wie etwa Plattform-Support, Transaktionssicherheit, Skalierbarkeit, Konfigurierbarkeit, Adaptervielfalt oder Benutzerfreundlichkeit. Schließlich sind auch anbieterspezifische, strategische Aspekte zu berücksichtigen, wie Referenzkunden, die Zukunftssicherheit des Anbieters, die Qualität des Kundendienstes und natürlich die Lizenzkosten. Im Anschluss an die Technologieauswahl sollten in breit angelegten Systemtests die Eigenschaften der Systeme im Kontext des Unternehmens überprüft werden.

---

530 Vgl. Linthicum 99 /Enterprise Metadata/ S. 14.

- *Durchführung von Pilotprojekten*

  In der Durchführung von Integrationsprojekten mit reduziertem Umfang und bei nicht unternehmenskritischen Anwendungen lassen sich erste Erfahrungen im Umgang mit neuen Technologien sammeln. Diese können wertvolle Hinweise bzw. Kriterien für die Technologieauswahl liefern. Zudem dienen Pilotprojekte der Überprüfung des konzeptionellen Lösungsmodells. Das Projektteam kann aufeinander abgestimmt werden, und erste vorzeigbare Resultate unterstützen die Vorbereitung weiterer Projekte.

- *Berücksichtigung von Wartung und System Management*

  Die Wartung und Überwachung der Integrationslösung ist bereits während der Implementierung mit zu berücksichtigen. Entsprechende Prozeduren, Werkzeuge und Verantwortlichkeiten müssen frühzeitig eingerichtet werden, da mit der Integration die Gefahr negativer Auswirkungen möglicher Engpässe auf die Performanz der Gesamtlösung steigt. Auch Aspekte der Kontinuitäts- bzw. Wiederanlaufplanung in Notfällen sind zu berücksichtigen.

- *Aktives Risikomanagement*

  Generell sind mit EAI-Projekten spezifische Risiken verbunden. Diese ergeben sich aus der Anwendung relativ junger Technologien, aus der möglichen Destabilisierung unternehmenskritischer Anwendungen durch ihre Anbindung an eine zentrale Integrationsinstanz oder aus der Rolle der Integration als kritische Voraussetzung für neue Anwendungen. Im Zuge der Realisierung von EAI-Projekten müssen diese Risiken thematisiert werden. Entsprechende Risikomanagement-Maßnahmen umfassen ein schrittweises Vorgehen mit Pilotprojekten und umfassenden System- und Akzeptanztests, die Entscheidung für offene Technologien und Standards anstelle geschlossener Speziallösungen, eine umfassende Dokumentation der Lösung und die durchgängige Berücksichtigung der IV-Sicherheit.

4.4.3 Wirtschaftlichkeitsbetrachtung

Nachdem oben im Rahmen der Diskussion von Integrationszielen und -potentialen bereits allgemein auf die Nutzeffekte der Anwendungsintegration sowie die Probleme der Wirtschaftlichkeitsbeurteilung eingegangen worden ist [531], werden an dieser Stelle einige EAI-spezifische Aspekte untersucht.

---

[531] Siehe Abschnitt 2.4 Integrationsziele und -potentiale.

Bei der Vorbereitung jedes Integrationsvorhabens spielt das Kosten-/Nutzenverhältnis eine entscheidende Rolle. Operative und strategische Nutzeffekte in den Fachbereichen ergeben sich dabei aus der verbesserten Unterstützung der betrieblichen Tätigkeit durch die integrierten Anwendungssysteme. Der zur Umsetzung gewählte Integrationsansatz ist dabei lediglich von instrumenteller Bedeutung. Direkt zurechenbar sind allenfalls Opportunitätskostenvorteile, die sich daraus ergeben, dass sich Nutzeffekte durch verschiedene Integrationsansätze unterschiedlich schnell erzielen lassen und Unternehmen somit u.U. schneller von den damit verbundenen Vorteilen profitieren.[532]

Implementierungs- und zukünftiger Wartungsaufwand der Integrationslösung werden jedoch maßgeblich durch den Integrationsansatz mitbestimmt. Bei der Wirtschaftlichkeitsbetrachtung von EAI-Lösungen treten daher auch Kostenvergleiche zu den alternativen Integrationsansätzen, insbesondere zu individuellen Punkt-zu-Punkt-Verbindungen, in den Vordergrund. Diese Kostenunterschiede kommen vornehmlich innerhalb der betrieblichen IV bei der Entwicklung und dem Betrieb der Schnittstellen zum Tragen.[533]

Der EAI-Lösungsansatz beschleunigt die Entwicklung von Schnittstellen zwischen integrierten Anwendungen sowie die Anbindung zusätzlicher Systeme. Dazu tragen die zentralisierte Entwicklungsumgebung und die einheitliche Programmierung unter Nutzung von Standards bei.[534] Das Resultat sind Personalkosteneinsparungen sowie geringere Komplexitätskosten durch das einheitliche Vorgehen, eine einheitliche Dokumentation und die geringere Abhängigkeit von dem Spezialwissen einzelner Mitarbeiter, da die Schnittstellenentwicklung durch EAI-Werkzeuge in der Regel keine Kenntnisse in höheren Programmiersprachen erfordert. Auf Basis der Entwicklung mehrerer exemplarischer Schnittstellen in vier Unternehmen hat die Gartner Group ermittelt, dass sich der Zeit- und Kostenaufwand für die Entwicklung von komplexen Schnittstellen zur Integration von Anwendungen durch EAI im Vergleich zu traditionellen Integrationsansätzen um bis zu 43% vermindern lässt.[535]

---

[532] Vgl. Renk 01 /Return-on-Investment/ S. 63.

[533] Siehe Abschnitt 2.4.1 Nutzeffekte der Anwendungsintegration.

[534] Vgl. Winkeler u.a. 01 /EAI/ S. 13.

[535] Vgl. Renk 01 /Return-on-Investment/ S. 62. Gartner bestimmt die Komplexität einer Schnittstelle nach der Zahl der auszutauschenden Datenfelder, der Anzahl von Zielanwendungen und der Komplexität der Nachrichtenstruktur. Eine einfache Schnittstelle dient der Übertragung von weniger als 50 Datenfeldern zwischen zwei Anwendungen bei einer flachen Nachrichtenstruktur. Eine Schnittstelle mittlerer Komplexität muss bereits mehr als 50 Datenfelder verarbeiten oder Nachrichten von einem hierarchischen Format in ein anderes übertragen. Komplexe Schnittstellen müssen schließlich eine Vielzahl von Anwendungen miteinander verbinden, mehr als 50 Datenfelder verarbeiten und Nachrichtenformate transformieren. Für die Kostenschätzung hat Gartner den Zeitaufwand für Analyse und Design, Entwicklung, Testläufe und Fehlerbeseitigung sowie Implementierung berücksichtigt. Die Zeitersparnis bei der Anwendung von EAI-Plattformen betrug dabei durchschnittlich 25% bei einfachen, 32% bei mittleren und 43% bei komplexen Schnittstellen.

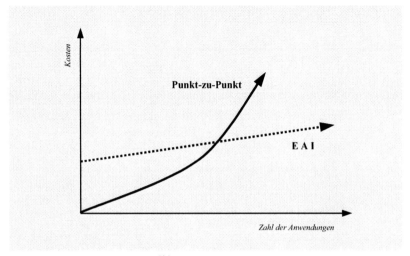

Abbildung 4-13: Integrationskosten [536]

Wesentliche Kostenvorteile durch EAI lassen sich jedoch insbesondere bei der Wartung der Schnittstellenlandschaft erreichen. Durch EAI kann aufgrund der geschilderten Schnittstellenkonzeption die Anzahl der Schnittstellen deutlich verringert werden.[537] Abbildung 4-13 stellt konzeptionell in Abhängigkeit von der Zahl der integrierten Anwendungen die Kosten einer auf Punkt-zu-Punkt-Verbindungen basierenden Integrationslösung denen der EAI-Lösung mit einer zentralen Integrationsinstanz gegenüber. Die Kosten umfassen dabei sowohl die Anfangsinvestitionen der Implementierung der Integrationslösungen als auch die laufenden Betriebskosten für Pflege und Wartung der Schnittstellen bzw. der EAI-Lösung. Während bei einer geringen Zahl von zu integrierenden Anwendungen die Kosten der EAI-Lösung aufgrund höherer Anfangsinvestitionen über denen der auf Punkt-zu-Punkt-Verbindungen basierenden Integrationslösung liegen, erweist sich ab einer gewissen Anzahl von Anwendungen die EAI-Lösung auch kurzfristig als kostengünstiger. Während zur vollständigen Integration von n Anwendungen über Punkt-zu-Punkt-Verbindungen unter Annahme einer bidirektionalen Kommunikation n(n-1) Schnittstellen notwendig sind, reduziert sich die Anzahl bei Anwendung einer zentralen Integrationsinstanz auf n*2 (Abbildung 4-14).[538] Entsprechend steigt das Einsparungspotential mit der Zahl der zu integrierenden Anwendungen.

---

536 Winkeler u.a. 01 /EAI/ S. 13.
537 Vgl. Winkeler u.a. 01 /EAI/ S. 13.
538 Vgl. OAGI 00 /Plug and Play Business Software (WWW)/ S. 7 f.

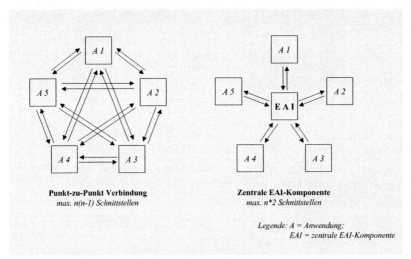

Punkt-zu-Punkt Verbindung   Zentrale EAI-Komponente
max. n(n-1) Schnittstellen   *max. n*2 Schnittstellen*

Legende: A = Anwendung;
EAI = zentrale EAI-Komponente

Abbildung 4-14: EAI-Schnittstellenkonzeption

Eine Beispielsrechnung des auf diese Weise zu erwartenden Einsparungspotentials bei der Schnittstellenwartung findet sich bei der Open Applications Group, Inc. (OAGI).[539] Dabei wird von 20 Systemkomponenten ausgegangen. Diese sollen alle beliebig untereinander kommunizieren können. Aus der Formel n(n-1) ergeben sich damit 20(20-1) = 380 Verbindungen zwischen diesen 20 Anwendungskomponenten. In alternativen Berechnungen gehen die Autoren der OAGI nun zum einen davon aus, dass die Wartung einer solchen Verbindung 10% der Arbeitszeit eines Mitarbeiters (Full Time Equivalent) beansprucht; zum anderen werden 5% für ausreichend angenommen. Durch Multiplikation ergibt sich so ein Bedarf von 380*0,1 = 38 Mitarbeitern, bzw. 380*0,5 = 19 Mitarbeitern. Durch den Einsatz einer zentralen EAI-Instanz reduziert sich der Bedarf bei 20*2 = 40 (n*2) Verbindungen auf 40*0,1 = 4 Mitarbeiter bzw. 40*0,05 = 2 Mitarbeiter. Zur Berechnung absoluter jährlicher Einsparungen werden Lohnkosten (inkl. Lohnnebenkosten) pro Mitarbeiter von US\$ 100.000 angenommen. Daraus ergeben sich Personaleinsparungen von US\$ 3,4 Mio. bzw. US\$ 1,7 Mio. pro Jahr.

Auch wenn diese Einschätzungen der OAGI sehr hoch und zu theoretisch erscheinen, zeigen die ersten Projekterfahrungen, dass das Einsparungspotential im Bereich der betrieblichen IV durch den reduzierten Wartungsaufwand von Punkt-zu-Punkt-Schnitt-

---

[539] Vgl. OAGI 00 /Plug and Play Business Software (WWW)/ S. 7 f.

stellen signifikant ist. So konnte etwa die Deutsche See GmbH und Co. KG den Wartungsaufwand auf ähnliche Weise um 50% reduzieren.[540]

Den Kostenvorteilen einer EAI-Lösung bei der Entwicklung und Wartung von Schnittstellen sind die Anfangsinvestitionen zur Implementierung der erforderlichen Infrastruktur, dem eigentlichen EAI-Produkt, gegenüberzustellen. Es können sich Kosten für
Computer-Hardware, Fremdsoftware (System- und Anwendungssoftware), u.U. Investitionen in die betrieblichen Netze, Personal- und Schulungskosten der Mitarbeiter aus
der internen IV-Abteilung und den Fachbereichen sowie Kosten für die Inanspruch-
nahme von Fremdleistungen (Beratung, Entwicklung, Systemeinführung) ergeben. Die
Höhe der verursachten Kosten hängt stark von der spezifischen Integrationsproblematik,
der gewählten Technologie, den vorhandenen Ressourcen sowie den angewendeten
Verfahren und Methoden ab.

Insbesondere durch die relative Neuheit des EAI-Konzeptes und der entsprechenden
Technologien sind EAI-Projekte beratungsintensiv. Entsprechend stellen die Software-
kosten nur einen Teil der Gesamtkosten dar. Die Beratungskosten während der Implementierung betragen häufig das 1,5 bis 7fache der Lizenzgebühren.[541] Dafür kann
aufgrund der einfachen Bedienbarkeit der EAI-Lösung die Wartung der Schnittstellen
von internen Mitarbeitern nach relativ kurzen Anwenderschulungen wahrgenommen
werden.

---

[540] Siehe Abschnitt 6.2 Fallbeispiel: Deutsche See.
[541] Vgl. Frye 99 /EAI Tools/ S. 42; vgl. Pender 00 /Damned/ S 84 f.; vgl. Hackmann 01 /EAI-Projekte/
        S. 70.

5 Integrationsprodukte als technologische Basis für EAI

EAI beschreibt in erster Linie einen Integrationsansatz und nicht eine spezifische Klasse von Software.[542] Für die Umsetzung des Konzeptes ist jedoch die softwaretechnische Unterstützung von wesentlicher Bedeutung. Die Einrichtung der zentralen EAI-Integrations-Instanz erfordert die Auswahl und die Implementierung von entsprechenden Integrationsprodukten. Bei diesen Integrationsprodukten handelt es sich um spezialisierte kommerzielle Software, deren Funktionalität dem Ausgleich von Unterschieden im Design und in der Technologie verschiedener zu integrierender Anwendungssysteme dient.[543] Gerade die Verwendung vorgefertigter Adapter, der Aufbau auf bewährten Middleware-Technologien und die Reduktion des Programmieraufwands zu Gunsten der Konfiguration von zentralen Transformations-, Nachrichten- und Prozessmanagementkomponenten ermöglicht die Daten-, Programm- und Prozessintegration durch EAI.

Eine einheitliche Definition der erforderlichen Funktionalitäten und Systemeigenschaften eines EAI-Produkts als Voraussetzung für einen klar abgegrenzten Markt für solche Software gibt es indes nicht.[544] Die Darstellung der funktionalen EAI-Bestandteile im vorherigen Kapitel liefert einen entsprechenden Bewertungsrahmen.[545] Das Angebot an Integrationsprodukten ist sehr breit gefächert. Eine Marktdominanz bestimmter Integrationsprodukte und deren Anbieter entwickelt sich erst, und eine Vielzahl von Anbietern verschiedener Herkunft bieten ihre Software unter dem EAI-Label an.

Hinzu kommt, dass auch die Anforderungen an die softwaretechnische Unterstützung in Abhängigkeit von den Integrationszielen, die durch die spezifische EAI-Lösung im Unternehmen verfolgt werden, stark variieren können. Die Herstellung einer konsistenten Datenbasis im Unternehmen, der zwischenbetriebliche Informationsaustausch im Rahmen einer B2B-Anwendung oder die durchgängige Unterstützung von Geschäftsprozessen mit asynchronen Verarbeitungsschritten und vielfältigen Abhängigkeiten rücken unterschiedliche Integrationsanforderungen in den Vordergrund, die von den

---

[542] Siehe Kapitel 4 Enterprise Application Integration (EAI).

[543] Vgl. Schulte, Altman 00 / Application Integration Middleware Market/ S. 7.

[544] Vgl. Winkeler u.a. 01 /EAI/ S. 14; vgl. Schulte, Altman 00 /Application Integration Middleware Market/ S. 14.

[545] Siehe Abschnitt 4.3 Funktionale Bestandteile von EAI-Lösungen.

verschiedenen Integrationsprodukten unterschiedlich gut unterstützt werden.[546] Entsprechend lassen sich keine allgemeingültigen Empfehlungen für die bei der Umsetzung
von EAI-Lösungen anzuwendende Integrationssoftware aussprechen.

In diesem Kapitel werden zunächst verschiedene Integrationsprodukte voneinander
abgegrenzt und beschrieben (Abschnitt 5.1). Dabei liegt das Hauptaugenmerk auf der
Anwendbarkeit der entsprechenden Software in EAI-Szenarien. In Abschnitt 5.2 wird
Potential für die Weiterentwicklung von Integrationsprodukten aufgezeigt. Anschließend werden allgemeine Aspekte für die Auswahl und Bewertung von Integrationsprodukten für die Umsetzung von EAI-Lösungen dargelegt (Abschnitt 5.3). Es werden
dazu ein beispielhafter Kriterienkatalog vorgestellt sowie allgemeine Systemanforde-
rungen an Integrationssoftware diskutiert. Abschließend werden Entwicklungstendenzen
im Markt für die dargestellte Software untersucht (Abschnitt 5.4). Es werden dabei die
Entwicklung und die Dynamik der relevanten Softwaremärkte beleuchtet.

5.1 Integrationsprodukte

Systemdesignern und Entwicklern im Unternehmen stehen verschiedene Wege offen,
um Integrationsziele softwaretechnisch zu unterstützen. In einfachen Integrationsszenarien können die Modifikation einzelner Anwendungen oder die Programmierung
einfacher Datenextraktions- und Uploadprogramme ausreichen. Dazu ist keine spezielle
Software neben einer Entwicklungsumgebung oder einer einfachen Messaging-Software
erforderlich. Sind die Integrationsprobleme jedoch komplexer, ermöglichen vorgefertigte, kommerzielle Integrationsprodukte die schnellere und effizientere Umsetzung der
Integrationslösung.[547]

Zur Schaffung der technologischen Basis von EAI-Lösungen kann das gesamte
Spektrum von kommerziellen Integrationsprodukten zum Einsatz kommen. Zudem wird
in aller Regel neben der Konfiguration der Standardsoftware auch noch ein Restbedarf
an Eigenentwicklung bestehen bleiben.

Im Folgenden werden verschiedene Klassen von Integrationssoftware näher beschrieben. Hierzu zählen zunächst Message- bzw. Integration Broker. Insbesondere letztere
haben sich durch die umfassende Unterstützung der EAI-Funktionalitäten zu der

---

[546] Siehe Kapitel 6 Fallbeispiele für die Umsetzung von EAI-Lösungen.
[547] Vgl. Schulte, Altman 00 / Application Integration Middleware Market/ S. 7.

führenden Integrationssoftware in EAI-Lösungen entwickelt. Ist neben der Integration existierender Anwendungen aber auch die Entwicklung neuer Web-basierter Funktionalität erforderlich, spielen Applikations-Server eine wesentliche Rolle. Neben diesen beiden umfassenden Integrationsprodukten ist in EAI-Szenarien aber auch Software von Bedeutung, die ergänzend einzelne Funktionalitäten der EAI-Lösung unterstützt. In diesem Zusammenhang werden hier traditionelle Middleware-Produkte, Prozessmanagement-Produkte sowie Entwicklungsumgebungen und verschiedene weitere Software-Tools untersucht.

Im Anhang dieser Arbeit sind tabellarisch beispielhafte Produkte jeder Kategorie mit Produktname, Hersteller und Internetadresse für weitere Informationen aufgeführt.

5.1.1 Message bzw. Integration Broker

Message Broker vermitteln Informationen in Form von Nachrichten zwischen zwei oder mehreren Quell- und Zielsystemen. Sie überbrücken dabei Unterschiede bezüglich der technischen Plattform und in der Anwendungsentwicklung. Zudem gleichen sie Unterschiede in der Darstellung und der Zugriffsform auf die Daten aus. Dazu ist eine Modifikation der integrierten Systeme nicht notwendig. Message Broker setzen dazu auf traditioneller Middleware-Technologie auf und regeln die Transformation, das Routing und den Fluss der Daten zwischen den integrierten Systemen.[548]

Message Broker basieren auf einem asynchronen Kommunikationsmodell.[549] Anwendungssysteme oder andere Informationsquellen senden Daten an den Message Broker (publish), und andere Systeme empfangen die Daten (subscribe). Entsprechend ist keine direkte Verbindung zwischen Quell- und Zielsystem erforderlich. Zudem dienen Message Broker bei dieser Form von Kommunikation als Vermittler. Sie übersetzen und konvertieren die Daten, ändern das Format oder die Struktur der Nachricht und leiten sie dynamisch an jede Anzahl von Zielsystemen weiter. Dies geschieht basierend auf zentral definierten Geschäftsregeln, die auf den Inhalt der empfangenen Nachricht angewendet werden.[550]

---

[548] Vgl. Linthicum 00 /Message Broker 1 (WWW)/ o.S.

[549] Siehe Abschnitt 4.3.2 Middleware.

[550] Vgl. Yee, Apte 01 /Integrating Your e-Business Enterprise/ S. 49 f. ; vgl. Zahavi 99 /EAI/ S. 16; vgl. Linthicum 99 /Message Brokers/ S. 50.

Die meisten kommerziellen Message Broker werden physisch server-zentriert in einer Hub-and-Spokes- bzw. in einer Multihub-Konfiguration realisiert. Einige Produkte basieren jedoch auf dem föderativen verteilten Konzept, wobei die Funktionalität des Message Brokers auf mehrere Server im Netz verteilt ist.[551] Dazu zählen auch die Produkte führender Anbieter wie Vitria, Tibco oder SeeBeyond.

Die Anbieter von Message Brokern haben individuelle Ansätze bei der Umsetzung des Konzeptes gewählt. Aber trotz des Mangels an Standardisierung lassen sich gemeinsame, einen Message Broker charakterisierende funktionelle Komponenten identifizieren.[552] Dazu zählen Mechanismen zur Transformation der Nachrichten auf syntaktischer und semantischer Ebene, zur Festlegung von Geschäftsregeln für die Verarbeitung und Verteilung der Daten sowie Mechanismen zum intelligenten Routing der Nachrichten (Abbildung 5-1). Damit entsprechen die zentralen Funktionalitäten eines Message Brokers dem oben beschriebenen Nachrichtenmanagement in EAI-Lösungen.[553]

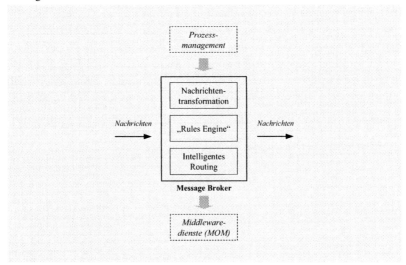

Abbildung 5-1: Funktionalität eines Message Brokers

Zur Definition der Regeln, die die Verarbeitung und Verteilung der Nachrichten steuern, stellen Message Broker meist neben einer grafischen Oberfläche eine Entwick-

---

[551] Vgl. Linthicum 00 /EAI/ S. 314 ff.

[552] Vgl. Yee, Apte 01 /Integrating Your e-Business Enterprise/ S. 47; vgl. Dolgicer 99 /Middleware Platform/ S. 42.

[553] Siehe Abschnitt 4.3.3 Nachrichtenmanagement.

lungsumgebung für die Abbildung der Integrationslogik zur Verfügung (sog. „Rules Engine"). Durch die Definition von Geschäftsregeln wird erst die Transformation und das intelligente Routing möglich. Dabei finden meist Beschreibungssprachen anstatt komplexer Programmiersprachen, wie beispielsweise C++ oder Java, sowie Interpreter statt Compiler Anwendung.[554] Die Funktionalität der Entwicklungsumgebung ist jedoch i.d.R. eingeschränkt und reicht lediglich aus, um Nachrichten zwischen einer beliebigen Anzahl von Quell- und Zielsystemen auszutauschen. Mit zunehmender Produktreife werden jedoch auch die Entwicklungsumgebungen mächtiger, so dass die einiger Message Broker bereits an die Funktionalität traditioneller Applikations-Server heranreichen.[555] Entsprechend komplexe Verarbeitungslogik kann über die Programm-Editoren in den Regeln abgebildet werden.

Eine weitere Funktionalität, die von vielen Message Brokern unterstützt wird, sind sog. „Message Warehouses". Dabei handelt es sich um eine Datenbank, in der die Nachrichten, die durch den Broker fließen, zwischengespeichert werden. Diese Zwischenspeicherung erfolgt meist ohne Modifikation der Daten; zuweilen werden sie jedoch, ähnlich der Verarbeitung in einem Datawarehouse, aggregiert oder transformiert. Message Warehousing ermöglicht ein Data Mining auf Basis der Nachrichten und dient der Nachrichtenintegrität, der Archivierung und dem Auditing. Message Mining impliziert, dass die Nachrichten zur Unterstützung von Geschäftsentscheidungen ausgewertet werden können. So lassen sich etwa alle Auftragseingänge einer bestimmten Periode anzeigen. Da die Nachrichten in einer Datenbank persistent zwischengespeichert werden, kann das Message Warehouse auf natürliche Weise die Integrität des Systems sicherstellen. Bei Systemausfall dient das Message Warehouse als Puffer oder Warteschleife für Nachrichten, die ansonsten verloren wären.[556]

Bei Message Brokern handelt es sich um keine neue Technologie. Bereits seit Ende der 80er Jahre wurden meist eigenentwickelte Message Broker insbesondere in den informationsverarbeitungsintensiven Bereichen im Gesundheitswesen und in der Finanzdienstleistungsbranche eingesetzt. Im EDI-Kontext wurden frühe Message Broker in EDI-Clearinghouses eingesetzt, um kleinere Unterschiede in den Transaktionsformaten zwischen Handelspartnern auszugleichen.[557] Etwa seit 1996 haben kommerzielle Anbieter wie Active Software (mittlerweile von webMethods aufgekauft), New Era of Networks (NEON) oder TSI Software (heute: Mercator) dieses Konzept in funktionale

---

[554] Vgl. Linthicum 99 /Message Brokers/ S. 51.

[555] Vgl. Linthicum 00 /EAI/ S. 303.

[556] Vgl. Linthicum 00 /EAI/ S. 304 f.; vgl. Riehm, Vogler 96 /Infrastruktur für die Integration/ S. 62.

[557] Vgl. Schulte, Altman 00 /Application Integration Middleware Market/ S. 8 f.

Softwareprodukte umgesetzt. NEONs Message Broker, MQ Integrator, etwa ging aus einem Projekt bei Goldman Sachs hervor. TSI Softwares (heute: Mercator) Integration Broker war ebenfalls eine Weiterentwicklung ihrer EDI-Mapping-Produkte.[558]

Auf Message Brokern basierende Integrationsprodukte bieten heute i.d.R. mehr als nur den Broker. In den Jahren 1997 und 1998 begannen Anbieter zusätzlich standardisierte, anwendungsspezifische Adapter den Brokern beizufügen, um auf diese Weise die benötigte Zeit und den Programmieraufwand für die Anbindung gängiger kommerzieller Anwendungssysteme wie ERP- oder Front-Office-Systeme zu reduzieren. Hinzu kamen vorgefertigte Templates für die Abbildung von Standardnachrichtenformaten wie S.W.I.F.T., ANSI X.12 oder HL7[559] sowie Entwicklungsumgebungen für die Entwicklung von Adaptern für Anwendungen, für die keine Standardadapter angeboten wurden.

In den Jahren 1999 und 2000 kamen Prozessmanagement-Komponenten sowie XML-Unterstützung hinzu.[560] Führende Anbieter sind Vitria und Peregrine (vormals: Extricity), die bereits sehr früh das Prozessmanagement zu einem grundlegenden Aspekt ihrer Leistungsversprechen gemacht haben.[561] Hier wird zwischen der in den Anwendungen abgebildeten Ablauf-Logik und den eigentlichen Geschäftsprozessen unterschieden, die zentral definiert werden und je nach Ablaufregeln die erforderlichen Anwendungskomponenten aufrufen. Bei dieser Architekturvariante spricht man vereinzelt auch von Processware.[562]

Typischerweise bieten die Produkte zusätzlich verschiedene Sicherheits-, Kontroll- und Systemmanagementwerkzeuge. Einige dieser Systempakete enthalten zusätzlich Message-oriented Middleware oder Entwicklungs- oder Laufzeitwerkzeuge für den Betrieb von Datawarehouses.

Um der erweiterten Funktionalität dieser Softwarepakete Rechnung zu tragen, werden die entsprechenden Produkte in letzter Zeit auch als Integration Broker Suites[563] oder

---

[558] Vgl. Linthicum 00 /EAI/ S. 292.

[559] Bei „Health Level Seven" (HL7) handelt es sich um ein Standardformat für das Management und die Integration von Patientendaten im Gesundheitswesen. 1987 an der Universitätsklinik von Palo Alto entwickelt, hat sich mittlerweile eine kommerzielle Organisation um den Standard gebildet: http://www.hl7.org. „Level Seven" bezieht sich auf die siebte Schicht des ISO/OSI-Referenzmodells, die Applikationsebene.

[560] Vgl. Cherry Tree & Co. 00 /Extended Enterprise Applications (WWW)/ S. 11.

[561] Vgl. Schulte, Altman 00 /Application Integration Middleware Market/ S. 9.

[562] Vgl. Nußdorfer 00 /EAI (WWW)/ S. 111 ff.; vgl. Nußdorfer 00 /Kein E-Business ohne EAI/ S. 22 f.

[563] Vgl. Schulte, Altman 00 /Application Integration Middleware Market/ S. 7 f.

Business Ware[564] bezeichnet. All diesen Bezeichnungen gemein ist jedoch die ihnen zugrunde liegende Message Broker-Technologie.

Ursprünglich fokussierten sich die frühen Anbieter von Message Brokern auf Probleme der unternehmensinternen Anwendungsintegration. Die zwischenbetriebliche Integration im Sinne von B2B-Kooperationen basierend auf XML wurde zunächst von anderen Anbietern mit spezifischen Produkten, den Web-Integration-Servern adressiert. Diese ähneln den Message Brokern in ihrer Funktionalität, sind jedoch i.d.R. in der Art, in der sie die zugrundeliegenden Messagingsysteme, den File Transfer und Standardadapter unterstützen, eingeschränkt. Gleichwohl bieten sie traditionell bessere HTTP-, XML- und Handelspartnerprozessmanagement-Funktionalitäten. Beispielhafte Anbieter sind Ajuba (früher: Scriptics), Arkona, Bluestone (Bluestone gehört heute zu Hewlett-Packard), eXcelon, NetFish (gehört heute zu Iona) und der B2B-Server von web-Methods. Mit der wachsenden Einsicht, dass die innerbetriebliche wie die zwischenbetriebliche Integration lediglich unterschiedliche Aspekte der gleichen Geschäftsprozesse sind, konvergieren die Märkte der zwischenbetrieblichen und der innerbetrieblichen Integrationsprodukte schnell. Entsprechende Unternehmenszusammenschlüsse wie die Akquisition von Active Software durch webMethods belegen diesen Trend.[565]

Die Gartner Group beobachtet den Markt für die beschriebenen Integration Broker Suites und nimmt regelmäßig eine Marktpositionierung der entsprechenden Anbieter vor (Abbildung 5-2). Dazu werden die untersuchten Anbieter bezüglich der Vollständigkeit der Konzeption ihrer Produkte („Completeness of Vision") sowie ihrer Fähigkeit zur Umsetzung dieser Konzeption am Markt („Ability to Execute") eingeordnet.[566] In die Beurteilung der Vollständigkeit der Konzeption fließt ein, inwieweit das Managementteam die spezifischen technischen und die Marketing-Probleme versteht; weitere relevante Aspekte sind die Innovationsfähigkeit, die erfolgte Differenzierung des Produktes am Markt sowie das Unternehmenswachstum. Die Umsetzungsfähigkeit wird anhand der technischen Expertise des Anbieters, der Produktqualität sowie der Ressourcen beurteilt, die der Anbieter für Entwicklung und Support des Produkts aufwendet. Zur Beurteilung der Produktqualität werden technische und wirtschaftliche Faktoren betrachtet: Transformation, Routing und Prozessmanagement, Datentransport, System Management, Adapter, Message Warehouse-Möglichkeiten, Performanz, Skalierbarkeit und Zuverlässigkeit, Kosten, Kundendienst, Anzahl von Installierungen, etc.

---

564 Vgl. Cherry Tree & Co. 00 /Extended Enterprise Applications (WWW)/ S. 11 f.

565 Vgl. Schulte, Altman 00 /Application Integration Middleware Market/ S. 9 f.

566 Vgl. Schulte, Altman 00 /Application Integration Middleware Market/ S. 10 ff.; vgl. Fritsch 01 /Intelligente Verknüpfungen/ S. 38.

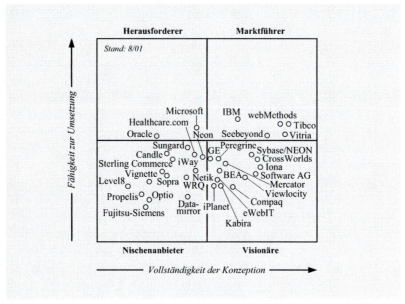

Abbildung 5-2: Marktpositionierung der führenden Anbieter von Integration Brokern [567]

Die im Markt führenden Integration Broker decken in der Gesamtheit aller um den zentralen Message Broker zu einem Anwendungspaket geschnürten Komponenten die in typischen EAI-Szenarien benötigte Integrationsfunktionalität vollständig ab. Dabei sind die Produkte noch weit von einer Standardisierung entfernt und unterscheiden sich herstellerabhängig wesentlich in ihren Systemeigenschaften. Dennoch haben sich diese Integrationsprodukte zur bevorzugten technologischen Lösung in EAI-Szenarien entwickelt.

5.1.2 Applikations-Server

Applikations-Server sind nicht in erster Linie Integrationsprodukte. Vielmehr dienen sie der Entwicklung insbesondere Web-basierter Anwendungen. Dabei stellen sie nicht nur die Laufzeitumgebung für Anwendungslogik zur Verfügung, sondern auch Mechanismen zur Kopplung der Web-Anwendung an die dahinterliegenden Anwendungssysteme

---

[567] Vgl. Schulte u.a. 01 /Integration Broker Vendor Positioning (WWW)/ o.S.

im Unternehmen.[568] Diese Backend-Integrationsfähigkeit macht Applikations-Server interessant für EAI-Lösungen.[569]

Applikations-Server stellen im weiteren Sinne wie TP-Monitore transaktionsorientierte Middleware dar.[570] Für die Clients verarbeiten Applikations-Server Transaktionen vom Aufruf bis zur Rückgabe der Ergebnisse. Sie beherbergen die Verarbeitungslogik, handhaben konkurrierende Zugriffe auf die Datenbanken, verwalten die Sitzungen der Clients und regeln, wie die Kapazitäten des Rechenzentrums genutzt werden können.[571] Zur sicheren und performanten Transaktionsverarbeitung unterstützen Applikations-Server dabei Datenbank-Multiplexing, Load Balancing und bieten eine weitgehende Fehlertoleranz.[572] Während die meisten Applikations-Server bezüglich ihrer Performanz und Zuverlässigkeit noch nicht an die ausgereiften TP-Monitore heranreichen[573], bieten sie jedoch maßgeschneiderte Funktionalitäten für die Anwendungsentwicklung, wie z.B. eine integrierte Entwicklungsumgebung (engl.: integrated development environment – IDE). Es lässt sich zudem eine zunehmende Verschmelzung der beiden Produktklassen beobachten.[574] *TP-Monitore vs. Applikations-Server*

Auch bei Applikations-Servern handelt es sich um keine grundlegend neue Technologie.[575] In der Vergangenheit wurden sie bereits weitläufig eingesetzt, insbesondere als technologische Plattform für die Verarbeitung verteilter Objekte. Aber erst der Bedarf zur Entwicklung Web-basierter Anwendungssysteme führte zur Weiterentwicklung der Technologie im Sinne einer transaktionsorientierten Entwicklungs- und Laufzeitumgebung und zu einem gesteigerten Interesse an Applikations-Servern.[576]

---

[568] Vgl. Schinzer 00 /Application Server/ S. 30; vgl. Mazingo 99 /Application Servers/ S. 24; vgl. Wolf 00 /Middleware/ S. 60 f.

[569] Vgl. Linthicum 00 /EAI/ S. 150.

[570] Siehe Abschnitt 4.3.2.4 Transaktionsorientierte Middleware.

[571] Vgl. Fritsch 01 /Zum Dienst bereit/ S. 47.

[572] Vgl. Linthicum 00 /Application Servers (WWW)/ o.S.

[573] Vgl. Fritsch 01 /Zum Dienst bereit/ S. 50.

[574] Vgl. Linthicum 00 /EAI/ S. 149 ff. Beispielhaft kann hier etwa der Applikations-Server WebLogic von BEA Systems genannt werden, der ein dem – ebenfalls von BEA angebotenen – TP-Monitor Tuxedo vergleichbares Transaktionsmanagement ermöglicht und die Steuerung verteilter Anwendungen unterstützt. Er unterstützt ein „Two-Phase-Commit", das mögliche Fehlerzustände zeitlich eingrenzt und fragliche Transaktionen bei Bedarf zurücksetzt, ferner alle XA-kompatiblen Ressourcen, JDBC, MQSeries (zukünftig WebSphre MQ) sowie den Java Messaging Service (JMS) [vgl. Alexander 01 /WebLogic-Server/ S. 19].

[575] Vgl. Diercks 99 /Schirmherrschaft/ S. 105.

[576] Vgl. Linthicum 00 /EAI/ S. 151.

Ein zentrales Merkmal von Anwendungssystemen auf Basis von Applikations-Servern ist deren 4-schichtige Client/Server-Architektur (Abbildung 5-3).[577]

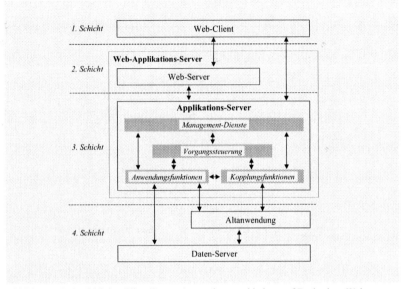

Abbildung 5-3: 4-schichtige Client/Server-Anwendungsarchitektur auf Basis eines Web-Applikations-Servers [578]

Zur Bereitstellung dynamischer Seiteninhalte und für die Anbindung von Anwendungs-funktionalität an das Web genügt eine 3-Schichten-Architektur, bestehend aus dem Web-Client, einem Web-Server und den Anwendungskomponenten. Der Web-Server fungiert in diesem Fall als Bindeglied zwischen der Darstellung der Inhalte durch den Web-Client und ihrer Erzeugung durch die Anwendung.[579] Wachsen jedoch die Anfor-derungen an solche Web-Anwendungen bezüglich Skalierbarkeit, Konsistenzsicherung, Verfügbarkeit und insbesondere die Integration verschiedener Backend-Systeme, so stößt die 3-Schichten-Architektur an ihre Grenzen.[580] In der 4-Schichten-Architektur übernimmt der Applikations-Server die erforderlichen Koordinations- und Manage-mentfunktionen. Diese umfassen vor allem Systemmanagement, Anwendungs- und Prozessverwaltung, Sitzungs- und Zustandsmanagement und behandeln Sicherheits- und

---

577 Vgl. Noack u.a. 00 /Network Computing/ S. 9; vgl. Sinz u.a. 00 /Web-Application-Server/ S. 550.
578 In Anlehnung an Sinz u.a. 00 /Web-Application-Server/ S. 551.
579 Vgl. Sinz u.a. 00 /Web-Application-Server/ S. 551.
580 Vgl. Noack u.a. 00 /Network Computing/ S. 8 ff.; vgl. Turau 99 /Web-basierte Anwendungen/ S. 10; vgl. Dolgicer 99 /Middleware Platform/ S. 44.

Integritätsaspekte.[581] Darüber hinaus stellt er die Mechanismen zur Ankopplung der verschieden Anwendungskomponenten bereit. Web-Server und Applikations-Server werden gemeinsam häufig auch als Web-Applikations-Server bezeichnet.[582]

Während die Kommunikation zwischen Web-Client und Web-Server auf Basis von HTTP stattfindet, erfolgt die Kommunikation zwischen den Komponenten des Applikations-Servers und dem Web-Server z.B. auf Basis des Internet-Inter-ORB-Protocols (IIOP) oder der Remote Method Invocation (RMI).[583] Bei der Realisierung von Anwendungsfunktionen von Applikations-Servern kommen Komponententechnologien zum Einsatz, wie etwa CORBA, EJB und COM/DCOM. Gleichwohl kann es sich bei den Anwendungskomponenten sowohl um Komponenten im Sinne der Komponententechnologie handeln als auch um eigenständige Anwendungen oder Datenbanksysteme.

Eine Standardisierung von Applikations-Servern ist noch nicht zu beobachten.[584] Zum vorherrschenden Industriestandard für Applikations-Server hat sich indes die Java 2 Platform, Enterprise Edition (J2EE) von Sun Microsystems entwickelt.[585] Die Spezifikation erlaubt die Erstellung von transaktionsgesicherten, hoch skalierbaren Internet- bzw. Intranet-basierten Anwendungen in Java.[586] Sie basiert auf der Java 2 Platform, Standard Edition, die ihrerseits die Verwendung standardisierter modularer Komponenten, JDBC für den Datenbankzugriff sowie ein Sicherheitsmodell für Internet-Anwendungen bietet. J2EE ergänzt dieses um Enterprise Java Beans (EJBs), Java Servlets, Java Server Pages (JSPs) und XML-Unterstützung. Weitere J2EE-Dienste beinhalten das Java Naming and Directory Interface (JNDI), den Java Messaging Service (JMS) sowie Remote Method Invocation (RMI).[587] Während Java Servlets und JSPs Client-seitig die Präsentation von Informationen unterstützen, stellen EJBs Server-seitige Komponenten für die Abbildung von Geschäftslogik dar. Zudem können für die Interaktion mit existierenden Anwendungen CORBA-Komponenten im Einklang mit dem EJB-Standard definiert werden.[588] Die aktuellen EJB-Applikations-Server setzen diese Möglichkeit auf unterschiedliche Weise um und unterstützen entsprechend beide

---

581 Vgl. Sinz u.a. 00 /Web-Application-Server/ S. 552.

582 Vgl. Sinz u.a. 00 /Web-Application-Server/ S. 550 ff.

583 Vgl. Sinz u.a. 00 /Web-Application-Server/ S. 552.

584 Vgl. Zahavi 99 /EAI/ S. 16.

585 Vgl. Yee, Apte 01 /Integrating Your e-Business Enterprise/ S. 68 ff.; vgl. Schinzer 00 /Application Server/ S. 30.

586 Vgl. Schneider 01 /Web und DV/ S. 73.

587 Vgl. Alexander 01 /EJB-Server/ S. 20.

588 Vgl. Weise, Springer 00 /Applikations-Server/ S. 69.

Standards. Unterstützen EJB-Server-Anbieter auch DCOM, so sind auch Windows-Clients möglich.[589]

Ein EJB-Applikations-Server besteht aus drei wesentlichen Bausteinen (Abbildung 5-4).[590] Der EJB-Server verwaltet die Transaktionen, ein EJB-Container bildet eine transaktionssichere und skalierbare Umgebung für die EJBs. Bei den EJBs oder auch Server-Beans handelt es sich schließlich um entfernt ausführbare Java-Komponenten, die über einen speziellen Mechanismus verfügen, um Dienste wie Sicherheit, Transaktionalität, Parallelzugriff durch mehrere Clients und Persistenz an den Container zu delegieren. Die in der EJB-Spezifikation vorgesehene Standardschnittstelle zwischen Container und EJB kann erweitert werden, so dass sich darüber auch Verbindungen zu Backend-Anwendungen und -Daten herstellen lassen.

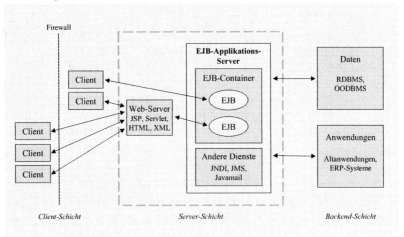

Abbildung 5-4: EJB-Applikations-Server [591]

Die skizzierten Funktionen eines Applikations-Servers finden sich bei fast allen Anbietern wieder. Die Unterschiede bezüglich der Produkte ergeben sich demnach auch meist aus Funktionalitäten, die über den J2EE-Standard hinausgehen: den mitgelieferten Administrations-Tools, den Entwicklungsumgebungen, den mitgelieferten Standard-adaptern sowie den wesentlichen Systemeigenschaften Skalierbarkeit, Performanz und Transaktionssicherheit. Insbesondere auch über die unterschiedlich weitreichende

---

[589] Vgl. Noack u.a. 00 /Network Computing/ S. 12.

[590] Vgl. Noack u.a. 00 /Network Computing/ S. 12; für eine vergleichende Gegenüberstellung verschiedener EJB-Applikations-Servern vgl. Schill u.a. 01 /EJB Applikationsserver (WWW)/ o.S.

[591] In Anlehnung an Alexander 01 /EJB-Server/ S. 21.

Unterstützung der Backend-Integration versuchen sich Anbieter zu differenzieren; und sie setzen auf EAI, um wettbewerbsfähig zu bleiben.[592]

Die Entwicklungshistorie gibt häufig Aufschluss über die Stärken einzelner Produkte. Entsprechend lassen sich die am Markt befindlichen Produkte hinsichtlich ihrer Herkunft klassifizieren.[593] So sind die Applikations-Server Cold Fusion von Macromedia (vormals: Allaire) oder der iPlanet Application Server von Sun/Netscape Beispiele für Applikations-Server, die sich aus Web-Servern entwickelt haben. Eine zweite Gruppe sind Daten-Server mit zusätzlichen Funktionen für den Applikationsteil. Als Beispiel ist hier der Oracle Application Server zu nennen. Und schließlich wurden einige Applikations-Server speziell für die Realisierung von Client/Server-Anwendungen entwickelt, wie etwa der Sybase EA Server.

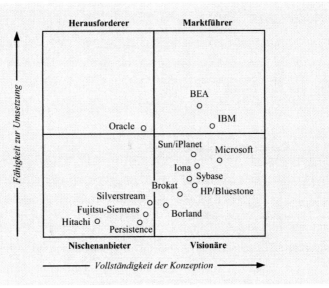

Abbildung 5-5: Marktpositionierung der führenden Anbieter von Applikations-Servern [594]

Auch die Anbieter von Applikations-Servern werden durch die Analysten der Gartner Group regelmäßig entsprechend der auch für die Integrations-Broker angewendeten Systematik bezüglich der Vollständigkeit der Konzeption ihrer Produkte sowie ihrer

---

592 Vgl. Prehl 01 / Application-Server-Markt/ S. 28.

593 Vgl. Sinz u.a. 00 / Web-Application-Server/ S. 552; vgl. Angel 00 / Application Servers/ S. 71; vgl. Hoffman 99 / In the Middle/ S. 72 ff.

594 Gartner Group in Fritsch 01 / Zum Dienst bereit/ S. 49.

Fähigkeit zur Umsetzung dieser Konzeption am Markt[595] positioniert (Abbildung 5-5).[596] Bei den deutlich in dem Marktsegment führenden Produkten handelt es sich um den WebLogic-Server von BeaSystems und IBMs WebSphere.[597]

Aufgrund der beschriebenen charakteristischen Eigenschaften von Applikations-Servern eignen sich diese besonders für Integrationsszenarien, in denen es gilt, Informationen aus verschiedenen Quellsystemen zusammenzubringen, diese durch neu zu entwickelnde Anwendungslogik zu verarbeiten und schließlich über das Web zu präsentieren.[598] Applikations-Server unterstützen auf diese Weise insbesondere die Programmintegration. Bei der Implementierung von Applikations-Servern müssen dafür jedoch i.d.R. die zu integrierenden Anwendungen modifiziert werden.[599] Auch unterstützen die meisten Applikations-Server ohne intensive Programmierung weder die Transformation noch das regelbasierte Routing von Nachrichten. Daher sind in EAI-Szenarien, bei denen primär existierende Anwendungssysteme auf verschiedenen technischen Plattformen integriert werden sollen, oft Message bzw. Integration Broker vorzuziehen. Applikations-Server und Message bzw. Integration Broker sind daher komplementäre Technologien, die gemeinsam Bestandteile der Integrations-Infrastruktur von Unternehmen sein können.

5.1.3 Traditionelle Middleware-Produkte

Diese Gruppe von Integrationsprodukten umfasst die kommerziellen Software-Produkte, die auf den oben beschriebenen Middleware-Technologien basieren.[600] Dazu zählen insbesondere TP-Monitore und Object Request Broker (ORBs), Messaging-Produkte und datenzugriffsorientierte Middleware-Produkte.[601]

---

[595] Siehe Abschnitt 5.1.1 Message bzw. Integration Broker.

[596] Vgl. Fritsch 01 /Zum Dienst bereit/ S. 48 f.

[597] Vgl. Fritsch 01 /Zum Dienst bereit/ S. 48. Laut Analysten des Marktforschungsinstituts IDC besaß BEA im Jahr 2000 einen Marktanteil von 18% gegenüber einem IBM-Marktanteil von 15%. Die Giga Information Group weist für beide Anbieter für den gleichen Zeitraum jeweils einen Marktanteil von 24% aus [vgl. Gilpin, Zetie 00 /EJB Application Server Market/ S. 4; vgl. o.V. 01 /Java-Server-Markt/ S. 10].

[598] Vgl. Zahavi 99 /EAI/ S. 16; vgl. Schulte, Altman 01 /Integration Middleware Vendors/ S. 1; vgl. Marshall 99 /Web Application Servers (WWW)/ o.S.

[599] Vgl. Linthicum 00 /Application Servers (WWW)/ o.S.

[600] Siehe Abschnitt 4.3.2 Middleware.

[601] Die oben ebenfalls beschriebenen Remote Procedure Calls (RPCs) stellen im Wesentlichen eine Basistechnologie dar, die in Netzwerk-Betriebssystemen wie dem „Network File System" (NFS) von Sun oder DCE der Open Software Foundation bzw. Komponententechnologie wie COM und CORBA zugrunde liegt, nicht aber als eigenständiges Integrationsprodukt angeboten wird.

Auch wenn TP-Monitore und ORBs traditionell primär zur Entwicklung verteilter Anwendungssysteme gebraucht werden, sind sie wie Messaging oder datenzugriffsorientierte Produkte in EAI-Lösungen anwendbar und spielen eine wesentliche Rolle bei der Herstellung der Integration zwischen Anwendungskomponenten auf technologischer Ebene.[602]

TP-Monitore stellen wie Applikations-Server eine zentrale Laufzeitumgebung für Anwendungslogik dar.[603] Sie verwalten, koordinieren und überwachen die Transaktionen von Clients über mehrere Server.[604] Dabei sind sie in der Lage, Informationen von verschiedenen Quellsystemen (Applikationen und Datenbanken) zu verarbeiten und Daten zwischen Anwendungskomponenten auszutauschen. TP-Monitore, traditionell für transaktionsintensive Online-Applikationen (Online Transaction Processing – OLTP) gedacht, haben die Aufgabe, die ACID-Eigenschaften zu gewährleisten und gleichzeitig den Transaktionsdurchsatz zu optimieren. Die seit Jahren führenden Produkte sind CICS (Customer Information Control System) und Encina von IBM, Tuxedo von BEA Systems und Component Transaction Server von Sybase.

ORBs sind der zentrale Mechanismus komponentenorientierter Middleware, der es Objekten erlaubt, über Netzwerk- und Betriebssystemgrenzen hinweg miteinander zu kommunizieren. Die zugrundeliegenden Standards sind dabei jedoch relativ frei von Implementierungsvorgaben. Kommerzielle ORBs können demzufolge eine Menge von Routinen von Laufzeit-Bibliotheken (DLLs), ein dedizierter Server oder aber ein Teil des Betriebssystems sein.[605] DCOM etwa ist Bestandteil des Microsoft Windows Betriebssystems.[606] Beispiele kommerzieller ORBs sind der Visibroker von Inprise, Orbix von Iona oder der ObjectBroker von BEA Systems.

Die in EAI-Lösungen bedeutendste Gruppe traditioneller Middleware-Produkte sind die Message-oriented Middleware-(MOM)-Produkte. Sie unterstützen insbesondere die asynchrone, Mailbox-ähnliche Kommunikation zwischen Anwendungskomponenten durch Warteschlangen, sog. Message Queues. Neben der grundlegenden Kommunikationsunterstützung bieten entsprechende Produkte Zusatzdienste wie die Sicherheit der Übertragung oder die Optimierung der Puffergrößen.[607] Zudem sind sie in der Lage,

---

[602] Vgl. Wilkes, Sprott 99 / Application Integration/ S. 32.
[603] Vgl. Linthicum 00 /EAI/ S. 146.
[604] Vgl. Tresch 96 /Middleware/ S. 255.
[605] Vgl. Tresch 96 /Middleware/ S. 252.
[606] Vgl. Linthicum 99 /From Ground Up/ S. 31.
[607] Vgl. Ruber 98 /Will the Message/ S. 66.

durch die persistente Zwischenspeicherung mit transaktionellen Recovery-Mechanismen die Übermittlung von Nachrichten zu garantieren.[608] Der größte Vorteil dieser Middleware liegt vielleicht jedoch in der Flexibilität der Anwendung. Da die zu übermittelnden Daten in Nachrichten gefasst werden, und diese vergleichbar zur E-Mail einen sehr einfachen Mechanismus darstellen, lassen sich fast alle Datenbanken und Anwendungskomponenten einheitlich behandeln und anbinden.[609]

Die populärsten MOM-Produkte sind Microsoft Message Queue (MSMQ) von Microsoft, MQSeries von IBM (zukünftig: WebSphere MQ) und Rendezvous von Tibco.[610] Mit dem Java Messaging Service (JMS) von JavaSoft gibt es auch einen Standard für Java-basierte MOM-Varianten, vor allem für die Anwendung in reinen Java-Umgebungen.[611]

Auf datenzugriffsorientierter Middleware basierende Produkte unterstützen die Integration auf der Datenbankebene, indem Informationen direkt aus Quelldatenbanken gelesen und in Zieldatenbanken geschrieben werden.[612] Bei der Übertragung kann eine Anpassung der Datenformate an das Schema der Zieldatenbank vorgenommen werden. Man spricht in diesem Zusammenhang auch von Extract-, Transform-, Load-(ETL)-Programmen. Zudem können oft einzelne Daten auch direkt an Anwendungen statt an weitere Datenbanken übergeben werden.

Hierzu zählen zunächst spezifische Softwarewerkzeuge für die Entwicklung von Punkt-zu-Punkt-Verbindungen. Sog. Code-Generatoren unterstützen die Entwicklung von anwendungsspezifischen ETL-Programmen.[613] Während das Tool selbst unabhängig von Quell- und Zielsystem ist, trifft dies auf das generierte Programm nicht zu. Eine ähnliche Funktion nehmen Datawarehouse- bzw. Datamart-Loaders wahr. Hier liegt der Fokus auf der Transformation und Aggregation von operationalen Daten zur Bereitstellung für Analysezwecke im Datawarehouse.

Darüber hinaus bieten komfortable Datenbank-Gateways die Middleware gebündelt mit Standardadaptern für gängige Datenbanken sowie mit Konvertierungswerkzeugen an.[614]

---

[608] Vgl. Söffky 97 /Middleware/ S. 266 f.; vgl. Tresch 96 /Middleware/ S. 250.

[609] Vgl. Linthicum 99 /From Ground Up/ S. 29; vgl. Söffky 97 /Middleware/ S. 267.

[610] Vgl. Linthicum 00 /EAI/ S. 168 ff.

[611] Vgl. Linthicum 00 /EAI/ S. 211 ff.; vgl. Barrett 99 /Java Messaging (WWW)/ o.S.

[612] Vgl. Nußdorfer 00 /EAI (WWW)/ S. 116 f.

[613] Vgl. Donelly 99 /EAI Infrastructure/ S. 82 f.

[614] Vgl. Ließmann 00 /Schnittstellenorientierung/ S. 75.

Diese Produkte unterstützen auch den regelbasierten Austausch von Daten zwischen mehreren integrierten Systemen. Ähnlich wie einfache Code-Generatoren nutzen Datenbank-Gateways Metadaten, die in einem zentralen Verzeichnis abgelegt werden, zur Erzeugung von ETL-Programmen.[615] Jedoch wird in diesem Fall das Programm an zentraler Stelle, unabhängig von Quell- und Zielsystem zur Ausführung gebracht. Die Quelldaten werden dabei eingelesen, im Gateway (auch als Transformation Engine/Hub bezeichnet) bearbeitet und an die Zielanwendung übergeben. Zur Umsetzung des Datenaustausches können Geschäftsregeln festgelegt werden, und der Ablauf wird über entsprechende Workflow-Komponenten gesteuert. Häufig sind Gateways noch stark Batch-orientiert.[616]

Beispiele für solche datenzugriffsorientierte Produkte sind ETI Extract von Evolutionary Technologies Int. (ETI)[617] oder Constellar Hub von DataMirror (früher Constellar).[618]

5.1.4 Prozessmanagement-Produkte

Ein charakteristischer funktionaler Bestandteil von EAI-Lösungen ist das Prozessmanagement. Die wesentlichen Funktionalitäten liegen hier in der Prozessmodellierung sowie der Prozesssteuerung und -kontrolle.[619] Das Prozessmanagement soll die zentrale Koordination der Transaktionen übernehmen. Dazu wird die Prozesslogik getrennt von der Anwendungslogik der unterstützenden Anwendungssysteme betrachtet. Auf dieser Ebene kommen entsprechende Prozessmanagement-Produkte zum Einsatz.

Zu den wesentlichen Einsatzfeldern von Prozessmanagement-Werkzeugen zählen allgemein die Darstellung, Optimierung, Simulation, Automatisierung und informationstechnische Realisierung (Programmentwicklung) von Prozessen.[620] Konstituierend für das den Werkzeugen zugrundeliegende Prozessmodell ist die Abbildung des Kontrollflusses als sequentielle Abfolge der Prozessschritte, ggf. mit Nebenläufigkeiten, bedingten Verzweigungen oder Schleifen.[621] Daneben werden i.d.R. unterschiedliche

---

[615] Vgl. Donelly 99 /EAI Infrastructure/ S. 83.

[616] Vgl. Allen 01 /EAI Tool Kit (WWW)/ o.S.

[617] Vgl. Nußdorfer 00 /EAI (WWW)/ S. 117, 157 ff.

[618] Vgl. Constellar Corp. 98 /EAI – A Technical Primer/ S. 15.

[619] Siehe Abschnitt 4.3.4 Prozessmanagement.

[620] Vgl. Ottomeier 01 /ARIS hat die Nase vorn/ S. 18.

[621] Vgl. Rosemann 97 /Prozeßmodell/ S. 334; vgl. Stahlknecht, Hasenkamp 99 /Wirtschaftsinformatik/ S. 439.

Sichten auf die Prozesse unterstützt.[622] So lassen sich etwa Informationen über die Aufbauorganisation, die Aktivitäten, Ressourcen, Daten und Wissen aus der Gesamtbeschreibung herausfiltern.

Spezielle Modellierungswerkzeuge unterstützen die grafische Abbildung von Prozessen zur Beschreibung des typisierten Verhaltens eines Systems.[623] Im Sinne eines Metamodells liegen den unterschiedlichen Prozessmodellierungswerkzeugen bestimmte Modellierungsmethoden unterschiedlichen Formalitätsgrads zugrunde. Zu den wissenschaftlich fundierten und in der Praxis bewährten Methoden zählen etwa das in Deutschland vor allem durch ARIS weitverbreitete Prinzip der ereignisgesteuerten Prozessketten[624], das in den USA oft genutzte IDEF (Integrated Definition) zur Beschreibung der Abfolge von Aktivitäten[625] und das auf gerichteten Graphen basierende Petri-Netz.[626] Beispielhafte Modellierungswerkzeuge sind ARIS der IDS Scheer, Bonapart von Intraware, Provision Workbench von Proforma, Mega Suite von Mega International und Income von Promatis.

Daneben unterstützen zahlreiche Produkte sehr spezifische Einsatzbereiche von Prozessmanagement-Werkzeugen.[627] Im Allgemeinen reichen deren Funktionalitäten jedoch nicht an die der Modellierungswerkzeuge heran. Visualisierungs-Tools dienen der Darstellung von Prozessabläufen. Es lassen sich mit ihnen die Prozesse im Unternehmen erfassen und etwa in einem Qualitätshandbuch ablegen – z.B. als Vorbereitung auf eine Zertifizierung nach ISO 9000. Analyse- und Simulationswerkzeuge unterstützen die Schwachstellenanalyse und die Optimierung von Geschäftsprozessen. Case-Werkzeuge schließlich bieten einen durchgängigen methodischen Ansatz von der Modellierung der Prozesse bis zur softwaretechnischen Realisierung.

Aufgaben der Prozesssteuerung und -kontrolle nehmen traditionell sog. Workflow-Managementsysteme (WMS) wahr. Das WMS übernimmt hierbei die proaktive Steuerung der Ausführung, indem es die im Rahmen der Modellierung definierten Sichten auf das Prozessmodell interpretiert.[628] Dabei wird sowohl die automatische als auch die personenunterstützte Durchführung der Gesamtheit aller Prozessschritte unterstützt.[629]

---

[622] Vgl. Ottomeier 01 / ARIS hat die Nase vorn/ S. 18; vgl. Jablonski 97 /Workflow-Management/ S. 444.

[623] Vgl. Rosemann 97 /Prozeßmodell/ S. 334.

[624] Vgl. Scheer 98 / ARIS – Modellierungsmethoden/ S. 16.

[625] Vgl. Bosilj-Vuksic, Hlupic 01 /Petri nets and IDEF diagrams/ S. 123 ff.

[626] Vgl. Stahlknecht, Hasenkamp 99 /Wirtschaftsinformatik/ S. 282 ff.

[627] Vgl. Ottomeier 01 / ARIS hat die Nase vorn/ S. 18.

[628] Vgl. Jablonski 97 /Workflow-Management/ S. 444.

[629] Vgl. Kloppmann u.a. 00 /EAI mit Workflow Management/ S. 23.

Traditionell lassen sich WMS den Bürosystemen und -werkzeugen zuordnen.[630] Arbeitsabläufe werden durch Software-gestützte Verteilmechanismen von Dokumenten gesteuert. Im Rahmen eines Geschäftsprozesses zu bearbeitende Dokumente, die damit auszuführenden Tätigkeiten und anschließenden Maßnahmen sowie alle weiteren zur Bearbeitung notwendigen Unterlagen werden direkt am Bildschirm angezeigt. Dazu sind WMS häufig mit Dokumentenmanagementsystemen (DMS) integriert. Auch WMS sind zunehmend web-basiert.[631] Klassische Nutzeffekte von WMS liegen in der Beschleunigung der Bearbeitungsvorgänge, der Verkürzung der Transportzeiten zwischen den Arbeitsplätzen, in den Wiedervorlage- und Erinnerungsfunktionen und der Transparenz des Bearbeitungsstatus einzelner Vorgänge.[632] Zu den Anbietern eigenständiger WMS gehören etwa IBM mit MQSeries Workflow und Lotus Workflow, Ley mit COSA Workflow und Staffware mit Staffware Process Engine.

Wesentlich für die Anwendbarkeit von Prozessmanagement-Werkzeugen in EAI-Szenarien ist deren Integration in vorhandene Systeme und in EAI-Komponenten zur Herstellung der Konnektivität und des Nachrichtenmanagements. Hier besteht noch weitgehender Entwicklungsbedarf.[633] So unterstützen etwa Integration Broker häufig nur Prozessmanagement-Werkzeuge mit eingeschränkter Funktionalität, die als Produktbündel mit dem Broker geliefert werden, während die Anwendung hochentwickelter, spezialisierter Prozessmanagementprodukte aufwendige Eigenentwicklungen zur Integration in die EAI-Lösung erfordern.[634] Der Trend geht hier jedoch in Richtung einer weitgehenden Integration der Prozessmanagementfunktionalitäten in die anderen Integrationsprodukte. Entsprechend lässt sich die Entwicklung der Prozessmanagement-werkzeuge zur Basistechnologie und deren Verschwinden als eigenständige Produkte prognostizieren.[635]

5.1.5 Entwicklungsumgebungen und Software-Tools

Software-Werkzeuge, die primär für die individuelle Entwicklung von Punkt-zu-Punkt-Verbindungen zwischen Anwendungen oder Anwendungskomponenten genutzt werden können, zielen nicht unmittelbar auf den Aufbau einer umfassenden Integrations-

---

[630] Vgl. Stahlknecht, Hasenkamp 99 /Wirtschaftsinformatik/ S. 429.

[631] Vgl. Beuthner, Hase 00 /Elektronische Vorgangsbearbeitung/ S. 34.

[632] Vgl. Stahlknecht, Hasenkamp 99 /Wirtschaftsinformatik/ S. 437; vgl. Beuthner, Hase 00 /Elektronische Vorgangsbearbeitung/ S. 32 ff.

[633] Vgl. Hase 00 /Workflow-Managementsysteme/ S. 36 ff.

[634] Vgl. Linthicum 00 /EAI/ S. 329.

[635] Vgl. Hase 00 /Workflow-Managementsysteme/ S. 39.

infrastruktur im Sinne von EAI. Ihr Einsatz kann jedoch wie der von traditionellen Middleware-Produkten als komplementärer Bestandteil einer EAI-Lösung erforderlich sein. Zu dieser Gruppe von Integrationsprodukten zählen insbesondere Entwicklungs- werkzeuge, „Screen-Scraping"-Tools und Adapter.

Entwicklungswerkzeuge sollen allgemein die Software-Entwicklung und -Integration vereinfachen und beschleunigen sowie gleichzeitig die Qualität der Lösung erhöhen.[636] Dazu unterstützen sie die Kommunikation der Entwicklerteams von der Erfassung der Anforderungen über den Entwurf und die Codierung bis hin zum Test und zur Wartung der Software.[637] Hierzu zählen Werkzeuge für das Software-Konfigurations-Manage- ment, Analyse- und Design-Werkzeuge, sowie Werkzeuge für die Automatisierte Software-Qualität (ASQ). Letztere werden eingesetzt, um die Funktionalität und Per- formanz von Anwendungen zu testen. Sie helfen, Programmierfehler aufzuspüren und die Ablaufgeschwindigkeit von Anwendungen unter realitätsnahen Bedingungen zu testen. Entwicklungsumgebungen (engl. Software Development Kits – SDK) stellen eine integrierte Sammlung verschiedener Werkzeuge zur Unterstützung des gesamten Entwicklungsprozesses dar.[638]

Die meisten Entwicklungsumgebungen für nicht-prozedurale Sprachen der 4. Genera- tion beinhalten Klassen-Bibliotheken und sog. „Wrapper", die speziell auf die Integration von Anwendungskomponenten und Technologien ausgerichtet sind.[639] Durch Wrapper können die Funktionalitäten an sich proprietärer Systeme im Rahmen von Komponenten-Technologien wie COM oder CORBA zugänglich gemacht wer- den.[640] Dabei werden existierende Altanwendungen so verändert, dass sie gegenüber anderen Anwendungskomponenten als ein verteiltes Objekt erscheinen und innerhalb der Komponenteninfrastruktur durch verschiedene integrierte Anwendungen verwendet werden können.[641] Das Wrapping setzt jedoch einen aufwendigen Software-Re- engineering-Prozess voraus. Daher ist es weniger geeignet, um taktischen Integra- tionsbedarf zu befriedigen, sondern verlängert vielmehr den Lebenszyklus einer Alt- anwendung durch die Anpassung der jeweiligen Anwendungsarchitektur.

---

[636] Vgl. Stahlknecht, Hasenkamp 99 / Wirtschaftsinformatik/ S. 299.
[637] Vgl. Scharf, Fritsch 99 / Bessere Qualität trotz kürzerer Entwicklungszeiten/ S. 28 ff.
[638] Vgl. Stahlknecht, Hasenkamp 99 / Wirtschaftsinformatik/ S. 299.
[639] Vgl. Wilkes, Sprott 99 / Application Integration/ S. 31.
[640] Siehe Abschnitt 2.3 Ex-ante- und Ex-post-Integration.
[641] Vgl. Linthicum 00 / EAI/ S. 57 ff.

Methodenseitig gewann in den letzten Jahren die Unified Modeling Language (UML) als integrierender Standard an Bedeutung. Die UML ist eine Sprache zur Spezifikation, Entwicklung, Visualisierung und Dokumentation von Modellen für Softwaresysteme.[642] Sie basiert auf dem objektorientierten Paradigma und definiert Notation, Semantik und ein Metamodell für den Programmentwurf. Methoden wie die Object Modeling Technique (OMT), die Booch-Methode oder Object Oriented Software Engineering (OOSE) haben in die UML Eingang gefunden. 1997 wurde sie durch die OMG als Standard übernommen, die seitdem ihre Weiterentwicklung vorantreibt.[643] Die UML ist jedoch nur eine gemeinsame Sprache für Modelle. Sie ist bewusst keine Methode. Wie aus einem UML-basierten Modell letztlich Software zu entwickeln ist, geht daraus nicht hervor.

„Screen Scraping"-Tools sind auf die Integration von Altanwendungen gerichtet. Sie ermöglichen deren Integration über die Präsentationsebene.[644] Dazu greifen sie auf zeichenorientierte Bildschirme, wie z.b. den Datenstrom eines IBM 3270 Terminals zu. Meist werden entsprechende Produkte gebündelt mit der Terminal Emulations-Software angeboten.[645]

Ein Mechanismus, der PC-Anwendungen den Zugriff auf Mainframe-Anwendungen über die 3270 Emulation ermöglicht, ist High Level Language Application Programming Interface (HLLAPI). Dabei handelt es sich um eine IBM-Schnittstelle, die Lese- und Schreibzugriffe über zeichenorientierte Terminals erlaubt. Durch entsprechende ASCII-Schnittstellen oder Object Linking and Embedding (OLE)-Automation ist auch ein Screen-Scraping von Unix- bzw. Windows-Anwendungen möglich. Einige Produkte erlauben auch die Kapselung der über Screen Scraping verfügbaren Informationen und der entsprechenden, auf den Daten operierenden Methoden in CORBA-, COM, C++ oder Java-Objekte.[646] Ein solches „Screen Wrapping" erlaubt die Integration von Altanwendungen in Form „echter" Objekte und nicht nur als bloße Datenströme.

Anbieter wie Hob, Netmanage oder Seagull bieten entsprechende Tool-Sets für die Integration und das Re-engineering von Altanwendungen auf Basis von Wrappern und

[642] Vgl. Oestereich 01 /Unified Modeling Language (UML) (WWW)/ o.S.
[643] Vgl. Scharf, Fritsch 99 /Bessere Qualität trotz kürzerer Entwicklungszeiten/ S. 30.
[644] Siehe Abschnitt 3.2.1 Präsentationsintegration.
[645] Vgl. Linthicum 00 /EAI/ S. 87 ff.
[646] Vgl. Wilkes, Sprott 99 / Application Integration/ S. 32; vgl. Linthicum 00 /EAI/ S. 88 f.

Screen-Scraping-Werkzeugen an.[647] In diesem Zusammenhang wird vereinzelt auch von „Legacyware" gesprochen.[648]

Adapter schließlich unterstützen die technische Kopplung von Anwendungssystemen, indem sie als zwischengeschaltete „Softwarestecker" ohne zusätzliche Programmierung die Kommunikation ermöglichen.[649] Integrationsprodukte beinhalten meist eine Reihe von Standardadaptern für führende Standardapplikationen, Datenbanken und Middleware-Technologien. Zudem unterstützen viele die Entwicklung zusätzlicher Adapter für weitere, vom Anbieter nicht „unterstützte" Systemkomponenten.[650] Darüber hinaus werden aber auch spezifische Adapter oder Software-Werkzeuge für die Entwicklung von Adaptern angeboten. Ein Beispiel hierfür ist die Open Source-Initiative Openadaptor.org, welche sowohl Standardadapter als auch ein Entwicklungs-Toolkit bereitstellt.[651] Die Adapter lassen sich wiederum sowohl für die Herstellung von Punkt-zu-Punkt-Verbindungen als auch in EAI-Lösungen anwenden.

5.2 Evolution der Integrationsprodukte

Der Markt für Integrationsprodukte ist geprägt durch eine zunehmende Konsolidierung.[652] Zahlreiche Anbieter werden von anderen Firmen übernommen, und ihre Produkte gehen in gemeinsamen Integrationslösungen auf. Vor allem große Anbieter wollen sicherstellen, dass sie durch die vollständige Abdeckung aller funktionalen Bestandteile von EAI-Lösungen ihren Kunden umfassende Integrationslösungen im Sinne eines „One-Stop-Shops" bereitstellen können.[653] In dieser Weise führen Unternehmenszusammenschlüsse und -partnerschaften, aber auch die interne Produktweiterentwicklung, zu immer umfassenderen Integrationsprodukten.

Insbesondere die Kombination der Funktionalitäten von Integration Brokern und Applikations-Servern könnte zur Schaffung eines hybriden EAI-Produkts führen, das als

---

[647] Vgl. Biskamp 99 /Legacy-Anwendungen/ S. 35.

[648] Vgl. Cherry Tree & Co. 00 /Extended Enterprise Applications (WWW)/ S. 11.

[649] Siehe Abschnitt 4.3.1 Adapter.

[650] Vgl. Allen 01 /EAI Tool Kit (WWW)/ o.S.

[651] Vgl. Openadaptor.org 01 /openadaptor (WWW)/ S. 2 ff. sowie im Internet unter http://www.openadaptor.org.

[652] Vgl. Buyens 01 /Integration: More is Better? (WWW)/ o.S.

[653] Vgl. Wilkes, Sprott 99 /Application Integration/ S. 35.

Applikations- und Integrations-Server bezeichnet werden könnte.[654] Ein solches Produkt bietet sowohl die Laufzeitumgebung für gemeinsame Anwendungslogik und die Möglichkeit der komponenten-basierten Anwendungsentwicklung als auch die erforderliche Unterstützung für den synchronen oder asynchronen Zugriff auf verschiedenste Anwendungssysteme.[655] Es kann als Betriebsplattform für Web-Services dienen.[656] Und zudem ist es in der Lage, Unterschiede in der Semantik und den Datenschemata und -inhalten auszugleichen und besitzt die notwendige Robustheit und Flexibilität, um den unterschiedlichsten Integrationsanforderungen zu genügen.

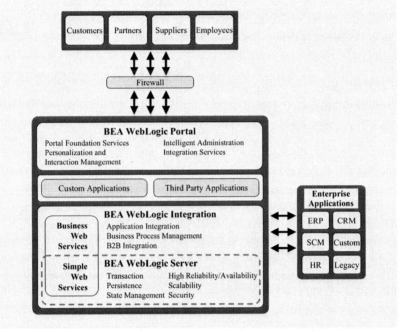

Abbildung 5-6: Die BEA WebLogic E-Business Plattform [657]

Als beispielhafte Entwicklungen in dieser Richtung lassen sich die Anwendungs- und Integrationsplattformen, WebLogic E-Business Plattform von BEA Systems und Web-Sphere Plattform von IBM anführen. Auch SAP hat mit mySAP Technology eine entsprechende Integrationsplattform angekündigt. Die Lösungen basieren auf den

---

[654] Vgl. Linthicum 00 /B2B Application Integration/ S. 340 f.; vgl. Correia 01 /Global Economic Impact on AIM Market/ S. 5; vgl. Fritsch 00 /Integration ist Chefsache/ S. 32.

[655] Vgl. Yee, Apte 01 /Integrating Your e-Business Enterprise/ S. 72 ff.

[656] Siehe zu Web-Services Abschnitt 4.3.2.5 Komponentenorientierte Middleware.

[657] In Anlehnung an BEA 01 / Application Integration (WWW)/ S. 13.

zentralen Applikations-Servern der Anbieter und bieten darüber hinaus Mechanismen zur synchronen und asynchronen Anwendungsintegration, zur Prozesssteuerung und zur B2B-Integration.

Zentrales Element der BEA-Plattform (Abbildung 5-6) sind die dem J2EE-Standard konformen BEA WebLogic Applikations-Server.[658] Sie ermöglichen die Entwicklung, Implementierung und Verwaltung von E-Business-Anwendungen und -Transaktionen. Die für die Bereitstellung von Funktionen über das Internet in Form von Webservices relevanten Standards SOAP, UDDI und WSDL werden unterstützt. BEA unterscheidet zwischen einfachen Webservices wie dem Zugriff auf Wechselkurse und komplexen Business-Webservices wie Materialbestellungen, Flug- oder Hotelreservierungen.

Die Integrationsinfrastruktur BEA WebLogic Integration setzt ebenfalls auf dem J2EE-Standard und der J2EE Connector Architecture (JCA) auf,[659] einer Standardarchitektur für die Kopplung von Backend-Systemen und Java-basierten Web-Anwendungen, und sie besteht aus den beiden zentralen Komponenten Integration Framework und Adapter Development Kit (ADK).[660] Das Integrations-Framework stellt eine Umgebung zur Definition der unterschiedlichen Quell- und Zielsysteme sowie der Kommunikations-beziehungen dar. Sog. Application Views stellen einheitliche, selbst-beschreibende Schnittstellen zu den integrierten Anwendungen bereit und ermöglichen dem Analysten die Definition der Integrationsbeziehungen. Basierend auf diesen Integrationsbe-ziehungen ermöglicht die Plattform den bidirektionalen, XML-basierten Austausch von Nachrichten nach dem Publish/Subscribe- und dem Request/Response- Kommuni-kationsmodell. Dabei finden die notwendigen Anpassungen der unterschiedlichen Datenformate statt. Speziell für den zwischenbetrieblichen Datenaustausch werden B2B-Standards wie RosettaNet, cXML oder auch EDI-Lösungen unterstützt. Das ADK umfasst Mechanismen für die Entwicklung von JCA-Adaptern, die auf jedem J2EE-konformen Applikations-Server eingesetzt werden können.

Die Prozessmanagement-Funktionalität der Plattform umfasst ein grafisches Tool zur Prozessmodellierung, die Laufzeitumgebung zur unternehmensweiten Ausführung von Geschäftsprozessen oder Workflows sowie Berichte und Informationen für die Opti-mierung laufender Prozesse.

---

[658] Vgl. BEA 01 /Building A Fully Integrated, Extended Enterprise (WWW)/ S. 8 ff.

[659] Vgl. June, Upton 01 /The BEA WebLogic Experience/ S. 297 ff. Für weitere Informationen zur JCA siehe Sharma u.a. 01 /Java Connector Architecture/ S. 25 ff. sowie im Internet unter http://www.java.sun.com/j2ee/connector.

[660] Vgl. BEA 01 /BEA WebLogic Integration (WWW)/ S. 17 f. sowie im Internet unter http://www.bea.com/products/weblogic/integration/index.shtml.

Das BEA WebLogic Portal schließlich ermöglicht die Entwicklung von Unternehmens-portalen für Mitarbeiter, Kunden, Geschäftspartner und Lieferanten. Konfigurations-werkzeuge, eine regelbasierte Zugangssoftware, Administrationswerkzeuge und eine wiederverwendbare Präsentationssoftware unterstützen den personalisierten Zugriff auf verteilte Unternehmensinformationen.

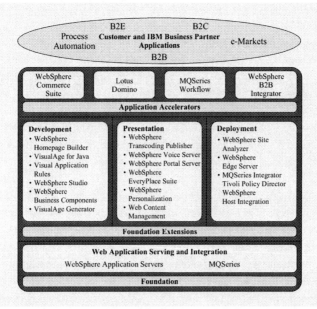

Abbildung 5-7: Die IBM WebSphere E-Business Software Plattform [661]

Das IBM-Pendant zur BEA-Plattform ist die WebSphere E-Business Software Plattform (Abbildung 5-7). Sie stellt die grundlegende IBM-Internet-Middleware für Web-Anwendungen wie SCM, elektronische Marktplätze oder Online-Shops für Unter-nehmen jeder Branche und Größe dar und unterstützt neben der Entwicklung auch die Integration der Anwendungen.[662] Die Plattform gliedert sich in drei Ebenen, die WebSphere Foundation, die WebSphere Foundation Extensions und die WebSphere Application Accelerators.[663] Auf der Plattform selbst können weitere spezifische Anwendungen von IBM-Partnern und -Kunden, wie B2B-, B2C-, B2E (Business to Employee)-, Prozessautomations- oder Marktplatz-Anwendungen aufsetzen.

---

[661] In Anlehnung an IBM 00 /IBM WebSphere software platform (WWW)/ S. 8 und im Internet unter http://www.ibm.com/websphere.

[662] Vgl. o.V. 00 /Web-Infrastruktur Software/ S. 16.

[663] Vgl. IBM 01 /Integrating data and transactions for agile e-business (WWW)/ S. 2 ff.

Die IBM-Plattform basiert auf dem WebSphere Java-Applikations-Server und der Messaging-Software MQSeries (zukünftig WebSphere MQ).*664* Entsprechend stellt die Foundation die Entwicklungs- und Laufzeitumgebung sowie Dienste für die Steuerung und Verwaltung von Transaktionen bereit und bildet die Schnittstelle zu Backend-Systemen sowie anderen Servern und Anwendungen. CORBA und J2EE werden genauso unterstützt wie die Web-Service-Standards SOAP, UDDI und WSDL. Bei den Foundation Extensions handelt es sich um eine Sammlung von Technologien, Anwendungsbausteinen und Software-Werkzeugen für die Entwicklung und den Betrieb von Web-Applikationen. Hierzu zählen etwa verschiedene Entwicklungstools,*665* Software für den Aufbau personalisierter Portale aber auch Integrationsprodukte, wie beispielsweise der Message Broker MQSeries Integrator oder die WebSphere Host Integration zur Anbindung von Altanwendungen. Die Application Accelerators stellen modulare Anwendungsdienste in den Bereichen Kollaboration, E-Commerce und B2B-Integration zur Verfügung. Hierzu zählt auch die Prozessmanagementkomponente MQSeries Workflow zur Modellierung und Automatisierung von Geschäftsprozessen.

Einen sehr unterschiedlichen Hintergrund besitzt die angekündigte Integrationsplattform von SAP. Während BEA Systems und IBM Anbieter technologischer Infrastruktur sind, handelt es sich bei SAP traditionell um einen Hersteller betriebswirtschaftlicher Standardsoftware. Während SAP maßgeblich daran beteiligt war, ERP zum „Backbone" für unternehmensinterne Geschäftsprozessautomation zu machen, versucht SAP nun, den veränderten Kundenanforderungen im Hinblick auf die Integration mit Frontend-Anwendungen wie CRM und die verstärkte zwischenbetriebliche Kooperation gerecht zu werden.*666*

SAP hat mit mySAP Technology, die die Technologiebasis für den R/3-Nachfolger mySAP.com darstellt, das Ende seiner geschlossenen, monolithischen Softwarelösung angekündigt.*667* Auf dieser Basis lassen sich unternehmensinterne und -externe Anwendungen sowie ERP-Software dritter Anbieter zusammenführen. Damit betont SAP die Unterstützung von „Best-of-breed"-Lösungen sowie die informationstechnisch einheitliche Abbildung von „virtuellen" Unternehmen und vermarktet mySAP Technology,

---

664 Für ausführliche Informationen zum WebSphere-Server 4.0 siehe IBM 01 /Delivering new business value (WWW)/ S. 1 ff.

665 Vgl. Schmitz 01 /Websphere Entwicklungs-Tools/ S. 9.

666 Vgl. Niemann 01 /SAP als Integrator/ S. 22.

667 Vgl. Nairn 01 /SAP and PeopleSoft/ S. II sowie Funk 01 /SAP predigt Offenheit/ S. 10.

wie BEA Systems und IBM es mit ihren Produkten tun, als umfassende Integrations-infrastruktur für Unternehmen.[668]

Die drei wesentlichen Bausteine von mySAP Technology sind die Portal Infrastructure, der zentrale Web-Applikations-Server und die Exchange Infrastructure (Abbildung 5-8). Zudem umfasst die Plattform Infrastrukturdienste für die IV-Sicherheit, für die Unter-stützung internationaler Aspekte, wie beispielsweise unterschiedliche Zeitzonen, Währungen oder Zeichensätze (Globalization), und für das Systemmanagement (IT-Landscape Management).[669]

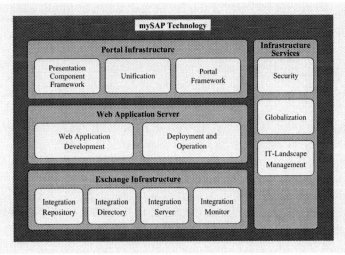

Abbildung 5-8: mySAP Technology for Open E-Business Integration [670]

Die Portal Infrastructure unterstützt die Entwicklung von Unternehmensportalen, die es ermöglicht, den Benutzern basierend auf definierten Benutzerrollen die relevanten Funktionalitäten und Inhalte integriert und in personalisierter Form zu präsentieren.[671] Das Presentation Component Framework basiert auf sog. iViews. Dies sind eigen-ständige, XML-basierte Präsentationselemente, deren Inhalt über einen Web-Browser als Teil einer Portal-Seite dargestellt wird. Unification beschreibt die benutzer-gesteuerte, inhaltsbasierte Navigation durch verschiedene Anwendungen. Die iViews verbergen dabei die unterschiedlichen Quellen der dargestellten Daten. Das Enterprise

---

[668] Vgl. o.V. 01 / Auch SAP setzt auf Web-Services/ S. 4.

[669] Vgl. SAP 01 / mySAP Technology Overview (WWW)/ S. 5.

[670] SAP 01 / mySAP Technology Overview (WWW)/ S. 15.

[671] Vgl. SAP 01 / mySAP Technology Overview (WWW)/ S. 16 ff.

Portal Framework schließlich umfasst verschiedene Dienste wie Caching-Mechanismen, Benutzermanagement mit Single-Sign-On-Funktionalitäten und die Verwaltung der verschiedenen Benutzerrollen.

Zentrales Element von mySAP Technology ist der SAP-eigene Web-Applikations-Server.[672] Dabei handelt es sich um einen J2EE-konformen Server, der zusätzlich mit einer ABAP-Programmierumgebung ausgestattet ist. Mit Hilfe dieses Applikations-Servers sollen die Entwicklung, die Verteilung und die Integration betriebswirtschaftlicher Anwendungskomponenten in Form von Web-Services ermöglicht werden. Dabei werden ebenfalls die offenen Web-Service-Standards SOAP, UDDI und WSDL unterstützt.

Die Exchange Infrastructure nimmt die Aufgaben eines zentralen Integration Brokers wahr. Sie stellt die gemeinsame, nachrichtenbasierte und geschäftsprozessorientierte Infrastruktur für die Integration heterogener, unternehmensinterner sowie zwischenbetrieblicher Anwendungen dar.[673] In dem Integration Repository sind die wesentlichen Informationen über die verteilten Anwendungen enthalten. Zudem lassen sich hier Geschäftsprozesse modellieren. In einem Integration Directory sind die konfigurationsspezifischen Eigenschaften der im Integration Repository gespeicherten Verknüpfungen sowie die Routing-Regeln enthalten, die beim Ablauf der Geschäftsprozesse erforderlich sind. Der Integration Server beinhaltet die Integration Engine, die die Laufzeitumgebung für den regelbasierten Austausch von Nachrichten sowie die Steuerung und Kontrolle des Geschäftsprozessflusses darstellt.

5.3 Kriterien zur Bewertung von Integrationsprodukten

Die Auswahl und Bewertung von Integrationsprodukten für EAI-Lösungen muss auf die spezifischen, zu lösenden Integrationsprobleme im jeweiligen Unternehmen ausgerichtet sein.[674] Entsprechend lassen sich die verschiedenen Integrationsprodukte in keine allgemeingültige Rangfolge bezüglich ihrer Eignung für EAI-Szenarien einordnen.

Häufig können aber bereits auf Basis des erstellten Soll-Konzeptes der EAI-Lösung einige der oben beschriebenen Integrationsproduktklassen, etwa die komponentenorientierten Middleware-Produkte oder auch der Applikations-Server, direkt von der

---

[672] Vgl. SAP 01 /mySAP Technology Overview (WWW)/ S. 22 ff.
[673] Vgl. SAP 01 /mySAP Technology Overview (WWW)/ S. 18 ff.
[674] Vgl. Buhl u.a. 01 /Softwaresysteme für EAI/ S. 23 ff.

weiteren Produktauswahl ausgeschlossen werden. Oft stehen Unternehmen aber auch dann noch vor einer unüberschaubaren Auswahl meist sehr verschiedener Integrationsprodukte.

Im Rahmen eines EAI-Projekts sind daher individuelle Evaluationen alternativer Software vorzunehmen. Dazu sind verschiedene Kriterien zu identifizieren, die im Zuge dieser individuellen Evaluierung für eine relative Bewertung alternativer Produkte herangezogen werden können. Im Allgemeinen kommen strategische Kriterien, technisch-funktionale Kriterien, Service-Kriterien, Preis-Argumente, Unterschiede in den Administrations- und Betreiberkonzepten sowie Sicherheitsargumente zum Einsatz.[675] Praktische Systemtests vorausgewählter Produkte anhand einer Test-Implementierung können wesentliche, ergänzende Informationen über die Systemeigenschaften, die tatsächliche Funktionalität der Software sowie die Qualität der Dienstleistungen durch den Anbieter liefern.[676]

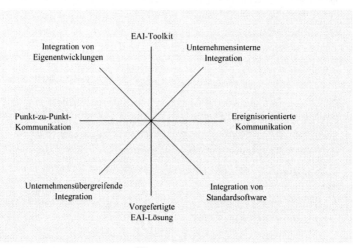

Abbildung 5-9: Ovum EAI-Produktmodell [677]

Das IV-Marktforschungsunternehmen Ovum Ltd. unterscheidet in seinen Studien vier Dimensionen zur Beschreibung von EAI-Softwareprodukten (Abbildung 5-9).[678]

---

675 Vgl. Pape 01 / EAI-Tools (WWW) / S. 23.
676 Vgl. Hildreth 01 / Buying e-Business Software 1 (WWW) / o.S.
677 Ring 99 / Right Connections / S. 70.
678 Vgl. Ring 99 / Right Connections / S. 69 ff.

Dadurch soll eine den spezifischen Anforderungen entsprechende Produktauswahl
unterstützt werden:

- *EAI-Toolkit versus vorgefertigte EAI-Lösung*
  EAI-Toolkits bieten eine maximale Flexibilität bei der Entwicklung von EAI-
  Lösungen, während vorgefertigte EAI-Lösungen auf eine maximale Implemen-
  tierungsgeschwindigkeit abzielen. Die meisten Integrationsprobleme sind jedoch so
  komplex, dass die ausschließliche Anwendung einer vorgefertigten Lösung nicht
  praktikabel ist. EAI-Produkte, die Unternehmen dabei unterstützen sollen, technologischen und organisatorischen Wandel abzubilden, müssen entsprechende
  Entwicklungswerkzeuge anbieten.

- *Unternehmensinterne versus unternehmensübergreifende Integration*
  Während die technischen Anforderungen an die unternehmensinterne und die unternehmensübergreifende Integration weitgehend identisch sind, stellt letztere jedoch
  einige zusätzliche Anforderungen an die Integrationslösung. IV-Sicherheit, Verfügbarkeit und Zuverlässigkeit der Systeme sind u.U. in unternehmensübergreifenden
  EAI-Szenarien von vergleichsweise höherer Bedeutung.

- *Punkt-zu-Punkt-Kommunikation versus ereignisorientierte Kommunikation*
  Sind die Integrationsanforderungen klar strukturiert und umfassen sie nur wenige,
  langfristig stabile Anwendungen, kann eine enge Anwendungskopplung in Form
  von Punkt-zu-Punkt-Verbindungen die bevorzugte Lösung sein. Eine lose Kopplung
  der Anwendungen mit entsprechend höherer Flexibilität lässt sich durch eine
  ereignisgesteuerte Kommunikation auf Basis von Nachrichten erzielen.

- *Integration von Eigenentwicklungen versus Integration von Standardsoftware*
  Ob ein Produkt stärker die Integration von eigenentwickelten Anwendungen oder
  von Standardsoftware unterstützt, hängt im Wesentlichen von den verfügbaren
  Adaptern ab. Wenn es gilt, zahlreiche Altsysteme anzubinden, sind Schnittstellen zu
  den wesentlichen Middleware-Produkten (ORBs, DBMSs, Flat Files und Messaging-Produkte) erforderlich. Entsprechend unterstützen Adapter für Standardsoftware
  deren Integration.

Die Giga Information Group hat ein noch stärker an der Systemfunktionalität orientiertes Bewertungsschema (engl.: scorecard) entwickelt, das sieben allgemeine Kriterien zur relativen Beurteilung von Integrationsprodukten umfasst (Abbildung 5-10) [679]:

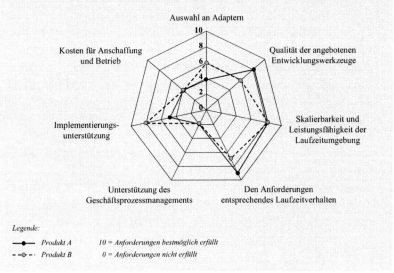

Abbildung 5-10: „Giga Scorecard" zur Beurteilung von Integrationsprodukten [680]

- *Auswahl an Adaptern*
  Dieses Kriterium bezieht sich auf die zur Verfügung stehenden Adapter. Bewertet wird, ob das Produkt Adapter für die zu integrierenden Standardanwendungen und Technologien umfasst. Zudem fließen die Anzahl generell verfügbarer Adapter sowie deren Qualität in die Bewertung mit ein. So wirken sich i.d.R. intelligente Adapter mit Zusatzfunktionen und dynamischem Verhalten positiv auf den zu erwartenden Wartungs- und Administrationsaufwand der EAI-Lösung aus.[681]

- *Qualität der angebotenen Entwicklungswerkzeuge*
  Stehen keine Standardadapter zur Verfügung, müssen die Schnittstellen zwischen den entsprechenden Anwendungen oder Middleware-Produkten selbst entwickelt werden. Die Effizienz dieser Tätigkeit hängt direkt von der Qualität der Entwicklungs-Tools ab, die vom Anbieter für diesen Zweck angeboten werden.

---

[679] Vgl. Gilpin 99 /How to Select/ S. 1 ff.
[680] Gilpin 99 /How to Select/ S. 5.
[681] Siehe Abschnitt 4.3.1 Adapter.

Dieses Kriterium wiegt umso schwerer, je mehr Eigenentwicklung bei der Umsetzung der EAI-Lösung zu leisten ist. Nach Untersuchungen der Meta Group nutzen Unternehmen in EAI-Projekten durchschnittlich 2,3 vorgefertigte Standardadapter, während aber ein Jahr nach der Implementierung der EAI-Infrastruktur bereits 5 oder mehr Anwendungen integriert werden. Dies bedeutet, dass die Mehrzahl der genutzten Adapter selbst entwickelt werden müssen, um Eigen- und Altanwendungen des Applikationsportfolios zu integrieren.[682] Zudem sind bzgl. des Integrationsaufwandes industriespezifische Unterschiede zu beobachten. Während in Finanzdienstleistungsunternehmen beispielsweise im Rahmen der Einführung eines ERP-Systems etwa 50% des Projektaufwands der Integration zuzurechnen sind, liegt der entsprechende Anteil bei einem produzierenden Unternehmen bei nur etwa 15%.[683]

- *Skalierbarkeit und Leistungsfähigkeit der Laufzeitumgebung*
  Bei der Beurteilung dieses Kriteriums steht die technologische Infrastruktur der EAI-Lösung im Mittelpunkt. Bewertet werden die Skalierbarkeit und die Leistungsfähigkeit der Lösung. Die Leistungsfähigkeit umfasst die Zuverlässigkeit und die garantierte Übermittlung von Daten zwischen Komponenten sowie die Transaktionalität.

Zusätzlich können Parameter wie die Latenz, der Durchsatz oder die Effizienz der Datenübertragung in die Bewertung mit einfließen. Eine typische Schwachstelle im Hinblick auf die gesamte Verarbeitungszeit stellt die Datentransformation dar. Die darauf verwendete Zeit ist abhängig von der Menge der zu verarbeitenden Daten sowie von der Komplexität der Transformation und der dabei anzuwendenden Regeln.[684] Aufgrund der mit einer zentralen Integrationsinstanz verbundenen Gefahr, zum Engpass für den Datenaustausch zwischen allen integrierten Anwendungen zu werden, müssen diese Kriterien als „K.o."-Kriterien betrachten werden, d.h. ein Produkt muss den definierten Mindestanforderungen entsprechen, um weiter bei der Auswahl berücksichtigt zu werden.

- *Den Anforderungen entsprechendes Laufzeitverhalten*
  Zu den alternativen Laufzeitverhalten zählen der transaktionsorientierte Austausch von Daten in Echtzeit, Messaging-Modelle mit Warteschleifen, ein Komponentenmodell oder die Batch-orientierte Übertragung von Daten im Sinne einer Daten-

---

[682] Vgl. Sholler 01 /Selecting EAI Tools (WWW)/ o.S.
[683] Vgl. Gilpin 99 /How to Select/ S. 3.
[684] Vgl. Scala 01 /Business-to-Business Integration (WWW)/ S. 9.

bankreplikation. Ein Integrationsprodukt muss diesbezüglich die Anforderungen an die EAI-Lösung erfüllen. Häufig ist eine Kombination der verschiedenen Alternativen nötig.

In diesem Zusammenhang ist auch darauf zu achten, dass das Integrationsprodukt zu der existierenden Infrastruktur passt. Wendet ein Unternehmen etwa bereits standardmäßig das Messaging-Produkt MQSeries von IBM (zukünftig WebSphere MQ) an und erfüllt dieses die Anforderungen bezüglich des erforderlichen Laufzeitverhaltens, so ist es in der Regel empfehlenswert für die EAI-Lösung, Produkte zu wählen, die die vorhandene Technologie und die Erfahrungen der Mitarbeiter nutzen.[685]

- *Unterstützung des Geschäftsprozessmanagements*
  Bei diesem Kriterium wird untersucht, inwieweit ein Produkt die Modellierung und Automatisierung von Geschäftsprozessen durch entsprechende Prozessmanagementmechanismen unterstützt. Einige Produkte bieten zudem vorkonfigurierte Standardprozesse an, die die Abbildung der Abläufe im Unternehmen vereinfachen können.

- *Implementierungsunterstützung*
  Reichen die Personalkapazitäten oder die Kenntnisse und Erfahrungen der Mitarbeiter im Unternehmen nicht aus, ist sicherzustellen, dass der Hersteller bzw. Beratungsunternehmen oder Softwarehäuser entsprechende Hilfestellung leisten können. Zu berücksichtigen sind die Qualität der Ressourcen sowie die den zeitlichen Vorgaben entsprechende Verfügbarkeit.

  Aufgrund des innovativen Charakters einzelner angebotener Lösungen ist eine qualifizierte Unterstützung in Deutschland nicht selbstverständlich.[686] Multinationale Unternehmen müssen, wenn sie eine international standardisierte oder verteilte Integrationsinfrastruktur planen, sicherstellen, dass die Anbieter in den verschiedenen Regionen ihre Produkte verkaufen, implementieren und den Betrieb zuverlässig unterstützen können.

- *Kosten für Anschaffung und Betrieb*
  Der Markt für Integrationsprodukte ist aufgrund ihrer oftmals zentralen Rolle in großen, strategischen Projekten eher hochpreisig. Mit einem steigenden Angebot an vergleichbaren Integrationsprodukten wächst jedoch die Bedeutung der Anschaf-

---

[685] Vgl. Sholler 01 /Selecting EAI Tools (WWW)/ o.S.
[686] Vgl. Schott, Mäurer 01 /EAI/ S. 42.

fungskosten als Beurteilungskriterium. Auch in Integrationsszenarien, die durch verschiedene Integrationsproduktklassen unterstützt werden können, ist die Preissensitivität i.d.R. höher. Neben den Anschaffungskosten sind schließlich auch die Betriebskosten im Rahmen der allgemeinen Wirtschaftlichkeitsanalyse des EAI-Projekts zu berücksichtigen.

Neben diesen von der Giga Information Group aufgelisteten Kriterien lassen sich noch einige zusätzliche Beurteilungsmerkmale beschreiben, die sinnvoll zur Bewertung und Auswahl von Integrationsprodukten herangezogen werden können. Hierzu zählen die Stabilität des Anbieters, die Unterstützung der Sicherheit und des Systemmanagements sowie die Offenheit der Lösung.

- *Stabilität des Anbieters*
  Aufgrund des strategischen Charakters von Investitionen in EAI-Infrastruktur, die eine langfristige Bindung an einen Hersteller erfordern können, und aufgrund der hohen Dynamik der entsprechenden Softwaremärkte sind die mit dem Anbieter verbundenen Risiken hoch. Entsprechend sollten wesentliche Kriterien bezüglich der Hersteller geprüft werden. Hierzu zählen die finanzielle Stabilität, die relative Positionierung im Wettbewerb, die Innovationskraft, die Bereitschaft und die Anstrengungen zur Weiterentwicklung der Integrationsprodukte, existierende Partnerschaften mit anderen Technologiefirmen, aber auch mit Beratungsunternehmen, Systemhäusern oder Standardisierungsgremien, sowie die oben bereits erwähnte Stärke der Kundendienstorganisation.[687]

Häufig haben Unternehmen die Wahl zwischen den großen Anbietern etablierter Infrastrukturkomponenten (wie z.B. IBM, BEA Systems, Microsoft u.a.) einerseits und spezialisierten Unternehmen für die Anwendungsintegration andererseits. Hier muss von den Unternehmen eine bewusste Entscheidung bezüglich des zu tolerierenden institutionellen Risikos getroffen werden. Fällt die Entscheidung zugunsten der u.U. innovativeren Technologie eines Spezialisten, sollten Unternehmen lediglich Partner wählen mit signifikantem Wachstum sowohl bezüglich ihrer Umsätze als auch der jeweiligen Anzahl an Neukunden. Zudem sollte der Anbieter bereits in der Vergangenheit erfolgreich neue Technologien vermarktet haben.[688] Außerdem sollten in diesen Fällen Referenzanwendungen vorliegen und untersucht werden, die den eigenen Anforderungen möglichst weit entsprechen.

687 Vgl. Schott, Mäurer 01 /EAI/ S. 42; vgl. Hildreth 01 /Buying e-Business Software 2 (WWW)/ o.S.
688 Vgl. Sholler 01 /Selecting EAI Tools (WWW)/ o.S.

- *Unterstützung der Sicherheit*

Eine wesentliche Aufgabe des Integrationsprodukts liegt in der softwaretechnischen Unterstützung der festgelegten Sicherheitsmechanismen. Entsprechend ist zu bewerten, inwieweit sich die Rechte der unterschiedlichen Benutzer, Systeme und Dienste, die auf die Integrationsinfrastruktur zugreifen, verwalten und umsetzen lassen.[689] Daneben sollten ein Aktivitäts-Logging sowie die sichere Datenkommunikation gewährleistet werden können.

Spezifische Anforderungen können sich dabei z.b. auf die Unterstützung unterschiedlicher Internet-Sicherheitsmechanismen für den zwischenbetrieblichen Datenaustausch beziehen, wie etwa Secure Socket Layer (SSL) oder S/MIME.[690] Aber auch die Integration bestehender Sicherheitsmechanismen wie z.B. Top Secret, RACF oder Windows NT Security sollte unterstützt werden.[691]

- *Unterstützung eines einheitlichen Systemmanagements*

Kritisch zu überprüfen ist, inwiefern ein einheitliches Systemmanagement für den laufenden Betrieb aller Komponenten unterstützt wird. Zu den wesentlichen Diensten zählen das Konfigurationsmanagement, das Fehlermanagement und das Monitoring der Systemperformanz. Die Integrationslösung muss es ermöglichen, einzelne Komponenten einfach hinzuzufügen, zu verändern oder zu entfernen. Dabei spielen auch eindeutige Ressourcenbezeichnungen sowie die Benutzerfreundlichkeit eine große Rolle.[692]

- *Offenheit der Software-Lösung*

Dieses Kriterium bezieht sich insbesondere auf die Unterstützung offener, nichtproprietärer Kommunikationsstandards wie XML oder EDI. Insbesondere bei der zwischenbetrieblichen Integration muss das Integrationsprodukt in der Lage sein, Unterschiede in den Daten- und Kommunikationsformaten auszugleichen. Der zwischenbetriebliche Datenaustausch darf nicht die Implementierung desselben (proprietären) Integrationsprodukts bei beiden Geschäftspartnern voraussetzen.

---

[689] Vgl. Spiers 01 /Integration Framework (WWW)/ S. 8.

[690] Vgl. Scala 01 /Business-to-Business Integration (WWW)/ S. 9.

[691] Vgl. Linthicum 00 /EAI/ S. 336. RACF ist das IBM-Sicherheitsmanagementprodukt für das IBM-Mainframe-Betriebssystem OS/390 (MVS) sowie das Betriebssystem VM.

[692] Vgl. Spiers 01 /Integration Framework (WWW)/ S. 9; vgl. Linthicum 00 /EAI/ S. 338.

5.4 Betrachtungen zum Markt für Integrationsprodukte

Die verschiedenen Marktforschungsunternehmen bescheinigen dem Markt für Integrationsprodukte und/oder -dienstleistungen einhellig starkes Wachstum (Abbildung 5-11). Auch in den nächsten Jahren werden technologische Innovationen und die steigende Nachfrage bezüglich der Ex-post-Integration von Anwendungen Potential für weiteres Marktwachstum bieten.

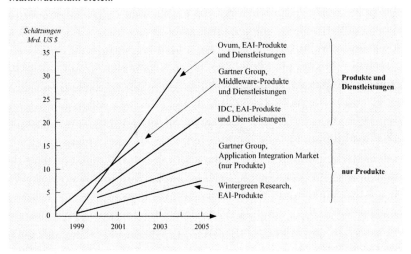

Abbildung 5-11: Wachstumsprognosen diverser Analysten in EAI-relevanten Märkten für Integrationsprodukte und -dienstleistungen [693]

Zum Teil sehen die Analysten in EAI-basierten Dienstleistungen und Produktverkäufen im Mittelfristbereich (bis 2005) den am schnellsten wachsenden IV-Dienstleistungsbereich überhaupt mit einer durchschnittlichen jährlichen Wachstumsrate von über 30%.[694] Besonders deutlich wird diese Entwicklung bei näherer Untersuchung des auf E-Business spezialisierten Segments der IV-Dienstleistungen und Produktverkäufe (Abbildung 5-12). Analysten von Forrester Research erwarten, dass bis 2003 in diesem Bereich die Einführung von E-Business-Standardlösungen und auch die Individualentwicklung von E-Business-Anwendungen hinter den durch die Integration erzielten Umsätzen zurücktreten werden.[695]

---

[693] Vgl. Ovum und Gartner Group (Middleware-Produkte und Dienstleistungen) in Bernotat u.a. 01 /EAI/ S. 22; vgl. o.V. 01 /IDC Predicts (WWW)/ o.S.; vgl. Gartner Group in Correia 01 /Looking Forward to 2005 in the AIM Market/ S. 2; vgl. Wintergreen Research in Gareiss 00 /EAI (WWW)/ o.S.

[694] Vgl. o.V. 01 /IDC Predicts (WWW)/ o.S.; vgl. Friedmann, Prehl 01 /IT-Budgetpläne/ S. 15.

[695] Vgl. Bernotat u.a. 01 /EAI/ S. 22.

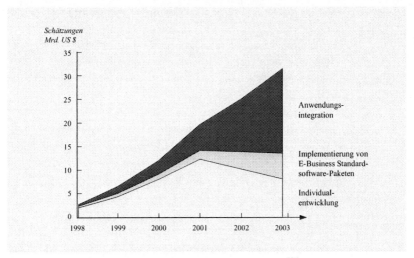

Abbildung 5-12: E-Business-getriebene IV-Dienstleistungsumsätze [696]

Die Gartner Group fasst die wesentlichen, markttreibenden Kräfte für die von ihnen untersuchten Anwendungsintegrations- und Middleware-Märkte (engl.: Application Integration and Middleware Markets – AIM) wie folgt zusammen:[697]

- Der maßgebliche Treiber für Integrationssoftware sind E-Business-Projekte und Einführungen moderner betriebswirtschaftlicher Standardsoftware. CRM, ERP, SCM und andere Initiativen operationaler Verbesserungen erfordern EAI zur Umsetzung der notwendigen zwischenbetrieblichen und unternehmensinternen Verbindungen zwischen den Anwendungskomponenten.

- In Zeiten einer angespannten Wirtschaftssituation steigt der Druck, vorhandene Systeme durch die effektive Integration besser zu nutzen anstatt durch neue Systeme abzulösen. Auch mahnen noch immer die vor dem Hintergrund der Jahr-2000-Problematik geleisteten Ausgaben zum Investitionsschutz.

- Unternehmenszusammenschlüsse und Übernahmen schaffen Bedarf zur Anwendungsintegration.

- In den Geschäftsmodellen verschiedener Industrien wie dem Gesundheitswesen, der Telekommunikation oder dem Energiesektor vollzieht sich ein Wandel von einer starken Produktorientierung hin zu einer Kundenorientierung. Die Schaffung der

---

[696] In Anlehnung an Forrester Research in Bernotat u.a. 01 /EAI/ S. 21.

[697] Vgl. Correia 01 /Global Economic Impact on AIM Market/ S. 2 f.; vgl. Correia 01 /Looking Forward to 2005 in the AIM Market/ S. 2 ff.

notwendigen neuen Kundensicht sowie eines umfassenden Kundendienstes erfordert neue integrierte Systeme.

▪ Die zunehmende Geschwindigkeit des allgemeinen wirtschaftlichen Wandels und steigende Erwartungen bezüglich besseren Kundendienstes erfordern zunehmend durchgehend integrierte STP-Anwendungen, um mit den Geschäftsanforderungen Schritt halten zu können.

▪ Neue Standards wie Web-Services, SOAP oder XML werden zur Entwicklung neuer Geschäftsmodelle führen, die auf der Schaffung neuer Softwarelösungen durch die Integration von neuem Programmcode mit existierenden Anwendungen und Daten basieren.

▪ Weitere technologische Innovationen wie etwa im Bereich des Geschäftsprozess-managements oder dem Message Warehousing führen zur Entwicklung neuartiger Anwendungssysteme und Integrationslösungen.

Diesen Markttreibern stehen auch hemmende Faktoren gegenüber.[698] So wirken sich zurückgehende IV-Budgets letztendlich natürlich auch auf den Markt für Integrations-produkte aus, zumal bei Integrationsprojekten eine positive Wirtschaftlichkeits-beurteilung aufgrund des Infrastrukturcharakters häufig schwer fällt. Zudem ist eine zunehmende Reife der Integrationsproduktsegmente zu beobachten. Entsprechend schwieriger stellt es sich für junge Unternehmen dar, in diese Märkte einzutreten. Schließlich stellt EAI eine komplexe IV-Aufgabe dar; entsprechend rar sind erfahrene IV-Mitarbeiter. Dies bezieht sich auf Erfahrungen und Kenntnisse bezüglich der Integrationsprodukte, aber vor allem auch auf vorhandene Altanwendungen und die Geschäftsprozesse.

Betrachtet man die Marktentwicklung gesondert für die unterschiedlichen Klassen von Integrationsprodukten, so ergibt sich ein differenzierteres Bild (Abbildung 5-13).[699] Fast alle Marktsegmente wachsen schnell. Insbesondere die Integrationsprodukte, die sich als umfassende EAI-Produkte empfehlen, verzeichnen ein überdurchschnittliches Marktwachstum. Dazu zählen vor allem Integration Broker Suites und Applikations-Server. Weltweit erreichten die Lizenzgebühren für Integration Broker Suites alleine in 2000 eine Höhe von 1,3 Milliarden US$.

---

[698] Vgl. Correia 01 /Global Economic Impact on AIM Market/ S. 3.
[699] Vgl. Correia 01 /Global Economic Impact on AIM Market/ S. 4 f.

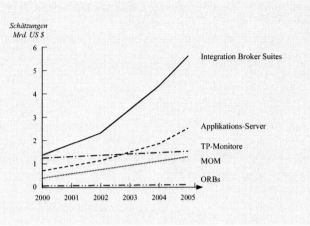

Abbildung 5-13: Weltweite Umsätze pro Integrationsprodukt [700]

Externe IV-Dienstleister profitieren traditionell von dem hohen Programmierbedarf zur Integration von betrieblichen Anwendungssystemen durch die Schaffung von Punkt-zu-Punkt-Verbindungen. Insofern stellt die zunehmende Verwendung von Integrationsprodukten in EAI-Lösungen für diese Dienstleister zunächst eine potentielle Bedrohung dar, da durch den Einsatz von EAI-Lösungen die Integration multipler Anwendungen vereinfacht wird. Gleichzeitig eröffnen EAI-Projekte für externe Dienstleister neue Potentiale für integrationsspezifische Dienstleistungen.[701]

Externe Dienstleister können ganzheitliche Problemlösungen anbieten, die von der Konzeptionsphase über Spezifikation, Auswahl und Implementierung der Lösung bis hin zum Betrieb der entwickelten Systeme und ggf. der darunter liegenden Infrastruktur reichen. Dabei wird der Tatsache Rechnung getragen, dass EAI-Lösungen zwar die technische Implementierung von Integrationsprodukten als ein Kernelement enthalten, insgesamt jedoch einen umfassenderen Problemkontext bearbeiten.[702] Entsprechend weiten sich die Anforderungen an den Dienstleister auch über die direkten technologischen Fähigkeiten hinweg auf ein tiefes Verständnis der geschäftlichen Problemstellung aus.

---

[700] In Anlehnung an Correia 01 /Global Economic Impact on AIM Market/ S. 5. Die Darstellung der Gartner Group umfasst nicht alle beschriebenen Integrationsproduktklassen. Datenzugriffsorientierte Middleware-Produkte, RPCs, Entwicklungsumgebungen und andere Softwaretools sind aufgrund von Abgrenzungsproblemen hier nicht dargestellt.

[701] Vgl. Cherry Tree & Co. 00 /Extended Enterprise Applications (WWW)/ S. 13.

[702] Vgl. Bernotat u.a. 01 /EAI/ S. 22.

Im Vergleich zur unternehmensinternen IV-Abteilung haben externe Dienstleister häufig den Vorteil einer steilen Lernkurve bei der Umsetzung von EAI-Lösungen für verschiedene Kunden sowie einer stärkeren Fähigkeit, im Wettbewerb um knappes IV-Talent zu bestehen.[703]

Einige Anbieter sind gut positioniert, um EAI-Projekte entsprechend zu unterstützen. Dazu gehören zum einen die großen Systemintegratoren (Accenture, IBM, Cap Gemini, KPMG u.a.), die das Marktsegment zur Zeit entdecken und entsprechende Partnerschaften mit Integrationsproduktanbietern eingehen. Zum anderen haben aber auch kleinere EAI-Spezialisten die Chance, sich im Markt zu behaupten.[704]

---

[703] Vgl. Bernotat u.a. 01 /EAI/ S. 22 f.

[704] Vgl. Bernotat u.a. 01 /EAI/ S. 23.

6 Fallbeispiele für die Umsetzung von EAI-Lösungen

Im Folgenden werden in Form von aktuellen Fallbeispielen unternehmensspezifische Implementierungen von EAI-Lösungen in der Praxis vorgestellt. Sie basieren auf den aus Anwendersicht gemachten Erfahrungen bei der Durchführung von EAI-Projekten.

Durch die Fallbeispiele wird aufgezeigt, welche Strategien Unternehmen mit der Durchführung von EAI-Projekten verfolgen und wie konkrete architektonische und technologische Lösungen gestaltet sein können. Auf diese Weise wird ein weiterer Beitrag dazu geleistet, die Anwendbarkeit der bis hierhin vorgestellten Konzepte und Ansätze von EAI in der betrieblichen Praxis zu beurteilen.

Die Darstellung der Fallbeispiele folgt einer einheitlichen Struktur. Nach einer Kurzbeschreibung des jeweiligen Unternehmens wird die spezifische Integrationsproblematik geschildert, aus der sich die Anforderungen an die EAI-Lösungen ableiten lassen. Die gewählte architektonische sowie die technologische Lösung werden detailliert beschrieben. Dabei werden insbesondere die genutzten Integrationsprodukte näher vorgestellt. Die weiter oben definierten funktionalen Bestandteile einer umfassenden EAI-Lösung können hier als Beschreibungsrahmen für die unterschiedlichen Produkteigenschaften herangezogen werden.[705] Schließlich erfolgt vor dem Hintergrund der diskutierten Nutzeffekte der integrierten Informationsverarbeitung[706] sowie der Integrationsziele der Beispielunternehmen eine Darstellung der durch die EAI-Lösung erzielten Resultate. Daneben fließen auch Erfahrungen der Projektverantwortlichen bezüglich der Durchführung von Integrationsprojekten in die Fallbeispiele mit ein.

Bei der Auswahl der Unternehmen wurde versucht, ein möglichst weites Spektrum unterschiedlicher EAI-Szenarien abzubilden. Es werden Unternehmen aus dem deutschsprachigen Raum untersucht, die unterschiedlichen Industrien angehören und sich in Größe sowie ihrer Ausgangssituation zum Zeitpunkt des Integrationsprojekts (vom Start-up bis zur Restrukturierung nach einer Fusion) unterscheiden.

---

[705] Siehe Abschnitt 4.3 Funktionale Bestandteile von EAI-Lösungen.
[706] Siehe Abschnitt 2.4 Integrationsziele und -potentiale.

6.1 Fallbeispiel: Commerzbank Investment Banking

6.1.1 Kurzbeschreibung des Unternehmens

Die Commerzbank AG ist mit einer Bilanzsumme von etwa 460 Mrd. € (2000) die viertgrößte Bank Deutschlands. Organisatorisch werden vier Unternehmensbereiche unterschieden: die Konzernsteuerung, Private Kunden und Asset Management, Firmenkunden und Investment Banking sowie zentrale Servicebereiche. Innerhalb des Commerzbank Investment Banking werden die beiden zentralen Geschäftsfelder Securities und Treasury/Devisen betreut.[707]

Die IV-Dienste innerhalb der Commerzbank sind den zentralen Servicebereichen zugeordnet, wo sie für die Geschäftsbank funktional aufgestellt sind (IT Development, IT Production, IT Support, Transaction Banking). Daneben übernimmt für die Investment Bank die Abteilung IT Investment Banking zentral alle Aufgaben der IV. Die IT Investment Banking umfasst etwa 300 Mitarbeiter zentral in Frankfurt am Main. Hinzu kommen etwa 200 weitere Mitarbeiter in London, New York City und Tokio, die aber vorrangig spezifische Anwendungen in der jeweiligen Region betreiben und unterstützen.

Die Investment Bank der Commerzbank (Cbk IB) verfolgt einen reinen „Best-of-breed"-Ansatz bezüglich Auswahl und Betrieb der genutzten IV-Systeme. Nach eigenen Angaben bestehen die Aufgaben der zentralen IT Investment Banking zu 90% in der Integration neuer Systeme in den Anwendungssystembestand bzw. in der Verbindung der Systeme untereinander. Der Betrieb der Systeme sowie der Benutzer-Support spielen daneben eine vergleichsweise geringe Rolle. Anders als in der Geschäftsbank werden in der Investment-Bank grundsätzlich keine Systeme selbstentwickelt.

6.1.2 Integrationsproblematik

Für Finanzinstitute ist der Druck zur Automatisierung der Transaktionsverarbeitung immens. Steigende Handelsvolumen und die Kosten einer aufgrund technischer Probleme nicht zum Abschluss gekommenen Transaktion haben in der gesamten Branche zu Bemühungen im Hinblick auf die Integration der Anwendungssysteme geführt. Die

---

[707] Vgl. Commerzbank AG 01 /Zahlen, Fakten, Ziele (WWW)/ S. 5.

Verbindung diverser Back-Office-Systeme soll die durchgängige automatisierte Transaktionsverarbeitung (Straight Through Processing) ermöglichen.

Die kontinuierliche Anwendungsintegration führte bei der Cbk IB zu einer zunehmend komplexeren Schnittstellenlandschaft. Die Schnittstellenentwicklung erfolgte weitgehend ohne zentrale Koordination der dabei anzuwendenden Verfahren und Technologien und hing im Wesentlichen vom Ermessen der beauftragten Entwickler ab. Probleme ergaben sich aus der oft unzureichenden und uneinheitlichen Dokumentation der Punkt-zu-Punkt-Schnittstellen sowie der Abhängigkeit von dem Wissen einzelner Mitarbeiter. Insbesondere auch die Abstimmung der Anforderungen an die Schnittstelle zwischen den Mitarbeitern des Fachbereichs und der IV-Abteilung gestaltete sich häufig aufgrund zahlreicher Iterationen sehr komplex. Die Erstellung einer Schnittstelle dauerte entsprechend 4 bis 6 Wochen von der Anforderung bis zur Produktivsetzung.

Vor diesem Hintergrund erwuchs die Initiative für ein grundlegendes Integrationsprojekt aus der IV-Abteilung selbst. Durch eine Middleware-basierte Integrationsplattform sollte die Effizienz bei Entwicklung und Wartung von Schnittstellen erhöht werden. Auf diese Weise sollten die Anforderungen der Fachbereiche in Zukunft schneller und zuverlässiger unterstützt werden. Bereits im Januar 1999 wurde unter dem Namen „Transaction Engine" ein entsprechendes Projekt begonnen. Da Messageoriented Middleware (IBM MQSeries) bereits weitläufig in der Commerzbank angewendet wurde, entschied man sich im Vorfeld des Projekts dafür, ein asynchrones Messaging auf Basis dieser Technologie zur Herstellung der grundlegenden Konnektivität zwischen den Anwendungen zu verwenden und nicht komponenten-orientierte Middleware wie etwa CORBA.

Das grundlegende architektonische Konzept, das verfolgt werden sollte, ist der EAI-Lösungsansatz.[708] Eine zentrale Integrationsinstanz, an die die einzelnen Anwendungen über Adapter angebunden werden, soll die zahlreichen Punkt-zu-Punkt-Verbindungen ersetzen (vgl. Abbildung 6-1). Dabei wurden mehrere Ziele verfolgt:

- ein flexibles Routing von Nachrichten zwischen den Anwendungen (inkl. publish and subscribe);
- die Koexistenz mehrerer logischer Schnittstellen auf einem einzelnen physischen Adapter;

---

[708] Vgl. Assender 01 /Middleware and EAI/ S. 4 ff.

- erhöhte Wiederverwendung von Komponenten durch die Anwendung generischer technischer Adapter (z.b. Sybase, File, MQSeries);
- Trennung von technischer Lösung und Geschäftslogik.

Auf diese Weise sollte die Wartung der Schnittstellenlandschaft vereinfacht sowie Kosten- und Zeitvorteile bei der Entwicklung neuer Schnittstellen erzielt werden.

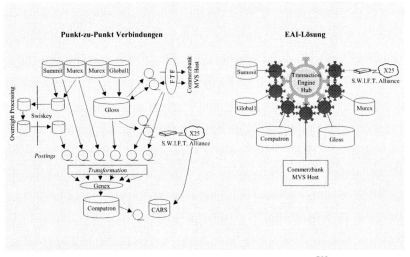

Abbildung 6-1: EAI-Lösungsansatz der Commerzbank Investment Banking [709]

6.1.3 Lösungsansatz

In einer ersten Phase des Transaction Engine-Projekts, der sog. „Proof-of-Concept"-Phase, sollte zunächst die grundsätzliche Anwendbarkeit der EAI-Lösung bestätigt sowie das Nutzenpotential abgeschätzt werden. Entsprechend stand hierbei die Messung des Erfolges im Hinblick auf Entwicklungs- und Wartungskosteneinsparungen sowie auf eine Qualitätssteigerung der Integrationsprozesse und -lösungen im Mittelpunkt.

Im Ergebnis erwies sich das EAI-Konzept als anwendbar, die Erwartungen bezüglich des resultierenden Nutzens wurden jedoch nicht erfüllt. Die Analyse der Vorstudie zeigte, dass sich das Projekt zu stark auf ein spezifisches Integrationsprodukt stützte. Zwar waren eine Reduzierung der Zahl an Schnittstellen und wesentliche Vorteile in der

---

[709] Assender 01 / Middleware and EAI/ S. 5.

Wartung der Verbindungen zwischen den Anwendungen erkennbar, jedoch ließ sich der Entwicklungsaufwand für neue Verbindungen kaum reduzieren, und der Abstimmungsaufwand mit den Fachbereichen blieb unverändert. Man sah die Gefahr, die Komplexität der existierenden Schnittstellenstruktur im Sinne logischer Punkt-zu-Punkt-Verbindungen mehr oder minder auf die zentrale Integrationsinstanz und die dort abgebildeten Geschäftsregeln zu übertragen.

In der Konsequenz wurde das Projekt neu aufgesetzt. Der Fokus lag nun nicht mehr auf dem spezifischen Integrationsprodukt, sondern auf der Bestimmung der grundlegenden Architektur, einer Standardisierung der zwischen den Anwendungen ausgetauschten Nachrichten und organisatorischen Maßnahmen. Die organisatorischen Anpassungen beziehen sich insbesondere auf eine strikte Aufgabentrennung beim Schnittstellendesign zwischen den technischen Integrationstätigkeiten und der geschäftsprozessbestimmten Definition der Anwendungskommunikation.

Erreicht wird die verbesserte Unterstützung des Schnittstellendesigns durch die logische Trennung der Transformationsaufgaben von den Synchronisations-/Routingaufgaben innerhalb der EAI-Lösung. Darüber hinaus wirkt die Definition wiederverwendbarer Nachrichten für den Informationsaustausch zwischen Anwendungen unterstützend (vgl. Abbildung 6-2).

Die Konnektivität zwischen den Anwendungen wird durch Standardadapter und die Message-oriented-Middleware (IBM MQSeries) erreicht. Auf dieser Ebene wird auch die Transaktionalität des Informationsaustauschs über entsprechende Logging- und Recoverymechanismen gewährleistet. Auf der Transformationsebene wird nun allgemein und unabhängig von dem konkreten Integrationsbedarf ein Mapping der proprietären Datenformate gegenüber den Datenformaten der standardisierten Nachrichten vorgenommen. Diese Nachrichten orientieren sich dabei auch unternehmensintern an dem S.W.I.F.T.-Datenaustausch-Standard.[710] Die Standardnachrichtenformate sind in einer Metadatenbank hinterlegt. Das Mapping wird einmalig bei der Anbindung einer weiteren Anwendung an die EAI-Lösung von Mitarbeitern der IV-Abteilung vor-

---

[710] Die S.W.I.F.T.-Organisation in ihrer Funktion als Nachrichten-Hub für eine wachsende Anzahl von Zahlungs- und Settlement-Systemen sieht eines ihrer wesentlichen Ziele in der Förderung automatisierter Kommunikation über alle an der Transaktion beteiligten Unternehmen hinweg. Seit dem Standard-Release 2001 verwendet S.W.I.F.T. Nachrichten nach ISO 15022. Dieser Standard definiert die Syntax der Nachrichten sowie Regeln für die Generierung eines Data Field Dictionary und eines Nachrichtenkatalogs [vgl. o.V. 00 /Dresdner Bank and CSK/ S. 16 f.].
Zur Zeit passt S.W.I.F.T. den Standard an die Arbeit der ISO-Arbeitsgruppe 10 an, die mit ISO 15022 XML einen XML-basierten Standard für den Austausch von Nachrichten zwischen Finanzinstituten entwickelt. Hiervon verspricht man sich eine verbesserte Front-/Back-Office-Integration auf Basis von XML [vgl. S.W.I.F.T. 01 /FIX und S.W.I.F.T. (WWW)/ o.S.].

genommen. Auf der Synchronisations- bzw. Routingebene findet dann die regelbasierte Definition des Austauschs der Standardnachrichten statt. Dies kann auf diese Weise von Business-Analysten durchgeführt werden, die keine weiteren Kenntnisse bezüglich der unterschiedlichen Datenformate oder der Funktionalität der spezifischen Adapter haben müssen.

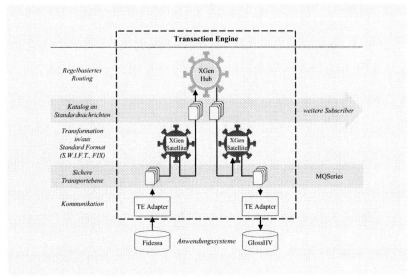

Abbildung 6-2: Commerzbank Transaction Engine [711]

Die Trennung von Transformation und Routing ist jedoch eine rein logische. Physisch werden beide Aufgaben von dem gleichen System unterstützt und in einer einheitlichen Laufzeitumgebung betrieben. Bei der Cbk IB kommt hier das Produkt X-Gen von CSK Software Ltd. zur Anwendung.

CSK Software ist ein Softwareanbieter für Finanzunternehmen. Im Mittelpunkt der Aktivität stehen Produkte für die Präsentation und Integration von Marktinformationen der Anbieter Reuters, Bridge oder Telerate sowie von internen Informationen in Echtzeit. Das EAI-Produkt X-Gen wird von CSK als Straight Through Processing (STP)-Lösung vermarktet und stellt einen klassischen Message Broker dar, der die Integration von diversen Anwendungen, Datenbanken und Kommunikationssystemen unterstützt. Dabei bietet es Funktionalitäten für die Transformation und ein flexibles regelbasiertes Routing von Nachrichten zwischen Systemen. S.W.I.F.T. ist dabei ein grundlegender

---

[711] Ergänzende Darstellung, dem Verfasser zur Verfügung gestellt durch Clive Assender, Commerzbank Investment Banking, Information Technology, Securities, Frankfurt am 2. August 2001.

und umfassend unterstützter Standard. Ein Schwerpunkt von X-Gen liegt auf der Sicherheit der Kommunikation. Dazu bietet X-Gen neben Funktionalitäten zur Korrektur fehlgeschlagener Nachrichtenübermittlung zusätzliche Plausibilitätsüberprüfungen und umfassendes Logging der Systemaktivität (vgl. Abbildungen 6-3 und 6-4). Über das regelbasierte Routing hinaus unterstützt X-Gen bislang noch kein umfassendes Prozessmanagement.

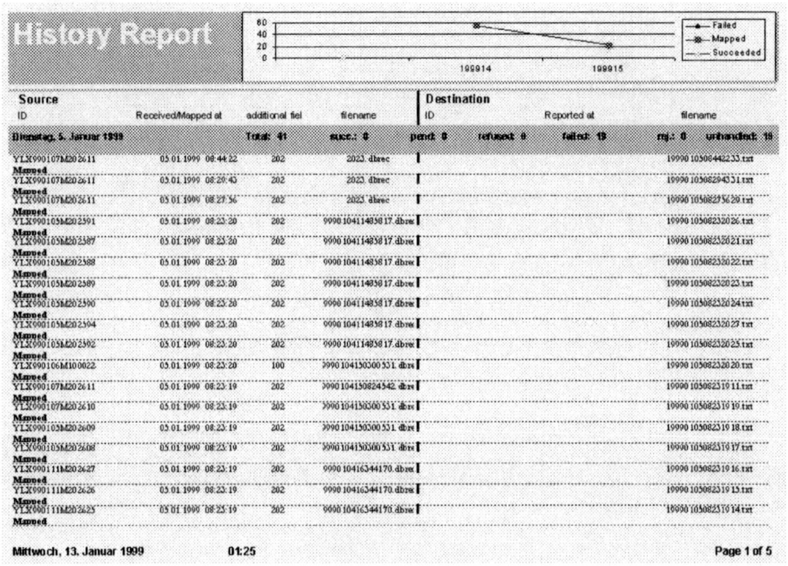

Abbildung 6-3: X-Gen-Aktivitätslogging (Screenshot) [712]

Bei einem Austausch von etwa 10 Nachrichten pro Sekunde bei einer erforderlichen Transformation mittlerer Komplexität ist die notwendige Performanz gegeben. Bei der Deutschen Börse Clearing, einem weiteren X-Gen-Referenzprojekt, werden über die EAI-Lösung 100.000 Nachrichten pro Stunde abgewickelt.[713] Bei der Cbk IB sind die integrierten Systeme bislang über einen einzigen Hub verbunden. Die CSK-Lösung ermöglicht aber durch den Betrieb multipler Hubs die nötige Skalierbarkeit. Diese multiplen Hubs sollen zukünftig eingesetzt werden, um die Komplexität der bei Anbindung eines weiteren Systems notwendigen Regression-Tests zu reduzieren.

---

[712] X-Gen-Funktionsübersicht auf den Internet-Seiten von CSK Software: http//www.csksoftware.com.

[713] Vgl. CSK Software 01 /X-Gen Deutsche Börse Case Study (WWW)/ o.S.

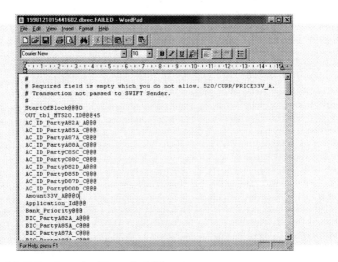

Abbildung 6-4: X-Gen-Reporting (Screenshot) [714]

6.1.4 Resultate

Im August 2001 waren bereits 26 Systeme an die EAI-Lösung angebunden. Auch wenn zu diesem Zeitpunkt das Transaction Engine-Projekt noch nicht abgeschlossen war, waren die Resultate erkennbar.

Es lassen sich durch die EAI-Lösung neue Integrationsvorhaben wesentlich schneller abwickeln. Die Zeit für die Einrichtung einer zusätzlichen Schnittstelle von der Analyse des Integrationsbedarfs bis zur Produktivsetzung konnte von 4 bis 6 Wochen auf nunmehr 5 Tage reduziert werden. Ein spezifisches Integrationsprojekt, für dessen Durchführung das Angebot eines externen Dienstleisters über 1,5 Millionen € vorlag, konnte jetzt intern mit einem Aufwand von etwa 50 Manntagen (~75.000 bis 100.000 €) durchgeführt werden. Kostenvorteile ergeben sich zudem aus dem Sachverhalt, dass bei der Verbindung von Systemen über die EAI-Lösung keine zusätzlichen Lizenzkosten für den Gebrauch der S.W.I.F.T.-Standardnachrichten entstehen, wie es bei dedizierten Punkt-zu-Punkt-Lösungen auf Basis des Standards der Fall wäre.

Weiterhin konnte die Abhängigkeit von dem Spezialwissen der IV-Mitarbeiter reduziert werden. Insbesondere durch die Trennung der technischen Integration von dem fach-

---

[714] X-Gen-Funktionsübersicht auf den Internet-Seiten von CSK Software: http//www.csksoftware.com.

lichen Integrationsproblem kann die Anbindung von Systemen über Adapter auch extern vergeben werden. Auf diese Weise können Ressourcen-Engpässe entschärft werden.

6.2 Fallbeispiel: Deutsche See

6.2.1 Kurzbeschreibung des Unternehmens

Die Deutsche See GmbH & Co. KG mit Firmensitz in Bremerhaven ist der größte Vermarkter von Frischfisch und Meeresfrüchten in Deutschland. Sie ist ein bedeutender Zulieferer der Hotellerie, Gastronomie und Betriebsgastronomie sowie führender Anbieter von Fisch für den Lebensmitteleinzelhandel und für Fischfachgeschäfte.[715]

Über ein Netz von 26 Niederlassungen betreut das Unternehmen etwa 30.000 Kunden und bietet etwa 2000 Artikel an. Die Deutsche See beschäftigt ca. 1400 Mitarbeiter und hat 1999 einem Jahresumsatz von ca. 330 Mio. € erwirtschaftet.

Die Unternehmensbereiche Beschaffung/Produktion, Logistik/Distribution und Marketing/Vertrieb sind zentralisiert in Bremerhaven. Die IV-Organisation sowie die Unterstützung zentraler Anwendungen (Finanzbuchhaltung, Produktionsplanung und -steuerung, Stammdatenverwaltung u.a.) ist ebenfalls dort konzentriert. In den Niederlassungen, die als Verkaufs- und Marketingstandorte sowie Distributions- und Kommissionierungszentren fungieren, beschränken sich die IV-Aktivitäten auf den Betrieb eigener Warenwirtschaftssysteme sowie weitgehend identischer Systeme zur Verkaufsunterstützung.

6.2.2 Integrationsproblematik

Auslöser für das EAI-Projekt im Jahr 2000 war der geplante Neuaufbau der Internetpräsenz der Deutschen See mit entsprechenden E-Commerce-Funktionalitäten (Online-Shop, Verfügbarkeitsprüfungen etc.). Ziel war dabei zunächst die Darstellung des Produktkataloges im Internet. Dazu sind Stamm- und Gruppierungsdaten aus verschiedenen Systemen bereitzustellen. Die Integration dieser Daten sowie die regelmäßige Synchronisierung soll durch die Integrationslösung automatisiert erfolgen. In

---

[715] Vgl. Deutsche See 01 /Unternehmenspräsentation (WWW)/ o.S.

einem zweiten Schritt sollen zukünftig auch Online-Bestellungen mit sofortiger Lieferzusage ermöglicht werden.[716]

Vor dem Hintergrund der geplanten Web-Anwendung war es das Ziel des Projekts, die notwendigen Voraussetzungen für die automatisierte Integration interner und externer Anwendungen zu schaffen, um logistische Prozesse in Warenwirtschaft und Bestellwesen zu steuern, zu koordinieren und abzugleichen. Dazu galt es, diverse Anwendungen, darunter SAP-R/3, zu integrieren, die auf rund 40 Unix-Systemen und 30 Windows NT-Netzen an den 26 Standorten laufen. Auch die Einbindung bestehender Mainframe-Applikationen sowie verschiedener Datenbanktypen war zu berücksichtigen. Die EAI-Lösung sollte die zentrale Definition der entsprechenden Prozesse und deren einheitliche Abwicklung unabhängig von Herkunft und Struktur der benötigten Daten ermöglichen. Darüber hinaus sollte eine weitgehende Plattformunabhängigkeit unterstützt werden.

Jeder Kunde der Deutschen See ist einer bestimmten Niederlassung zugeordnet und wird nur von dieser versorgt. Auf diese Weise ist es möglich, Bestandsveränderungen einmal täglich in der Zentrale zusammenzuführen und die Warenbestände über Nacht wieder aufzufüllen. Ein automatisiertes Bestellwesen ergibt sich aus den in den Niederlassungen vorliegenden Aufträgen. Entsprechende Routinen lassen noch bis kurz vor der Abfahrt der Kühlfahrzeuge Nachbestellungen zu. Direkte Lieferzusagen bei Internetbestellungen lassen sich jedoch nur dann realisieren, wenn die aktuellen Bestände der Niederlassungen und der Zentrallager zur Verfügung stehen.

Durch einen häufigeren Abgleich der Bestellinformationen aus den Niederlassungen mit den Bestandsinformationen in der Zentrale (alle 10-15 Min.) sollen solche direkten Lieferzusagen möglich werden. Zudem soll auf diese Weise eine Flexibilisierung der Produktion erfolgen, da diese nicht mehr den abendlichen Abgleich der Informationen abwarten muss, sondern bereits im Laufe des Tages begonnen werden kann. Zudem können bei Überlastung oder unterbrochener Erreichbarkeit einer Niederlassung andere einspringen. Diese Ziele werden durch flankierende Maßnahmen zur Konsolidierung der dezentralen IV unterstützt.

Weitere Integrationsanforderungen ergeben sich aus der hohen Veränderlichkeit der Stammdaten. Die Aufnahme neuer Artikelstämme aufgrund zahlreicher Sonderbestellungen (wie z.B. spezifische Portionsgrößen), die tagesaktuelle Kalkulation der

---

[716] Vgl. Schröder 01 / Automatisierte Integration von Anwendungen (WWW)/ o.S.; vgl. Seidel 01 /EAI/ S. 50.

Produktpreise auf Basis der bei den Frischfischauktionen realisierten Einkaufspreise und schließlich ein schnell wechselndes Sortiment (ca. 50% pro Jahr) sind die Gründe hierfür. Durch die Integrationslösung sollen diese Stammdatenveränderungen zeitnah an alle relevanten Anwendungen übergeben werden. Von besonderer Bedeutung ist dabei die Integration der Stammdatenverwaltung mit dem Warenwirtschaftssystem. Dieses beinhaltet Produktionsplanung, Lagerverwaltung mit Scannersoftware und Staplerleitsystem und teilweise die kundenindividuelle Kennzeichnung der Ware.

Neben der Unterstützung der fachlichen Anforderungen erhoffte man sich von der EAI-Lösung zudem eine Entlastung der betrieblichen IV-Organisation. So sollte das EAI-Projekt den mit einer ständig steigenden Anzahl von Schnittstellen in diversen Programmier- und Interpretersprachen innerhalb der historisch gewachsenen IV-Struktur verbundenen Wartungsaufwand reduzieren. Bis zur Durchführung des EAI-Projekts waren allein rund 20 der insgesamt 40 IV-Mitarbeiter mit der Pflege dieser Schnittstellen beschäftigt. Von etwa 2500 Programmen, die von der betrieblichen IV betrieben werden, betrafen etwa 1500 den Austausch von Daten zwischen Anwendungen. Auch Umstellungen der Hard- und Softwareumgebungen wie etwa Releasewechsel sollten flexibel durchgeführt werden können, ohne Anpassungen der verbindenden Programme erforderlich zu machen.

6.2.3 Lösungsansatz

Als zentrales Produkt für die EAI-Lösung hat sich die Deutsche See für die Warehouse Workbench (WWB) der Hamburger Systemfabrik GmbH entschieden.[717] Dabei handelt es sich um ein umfassendes Integrationsprodukt, das neben der Integration unterschiedlicher Anwendungen über eine zentrale EAI-Instanz zusätzlich auch eine Workflow-Steuerung und die Gestaltung von Geschäftsprozessen unterstützt.

Das Produkt realisiert einen Informationsbus, so dass Punkt-zu-Punkt-Verbindungen entfallen, und die Anzahl der Schnittstellen der Anzahl der integrierten Anwendungen entspricht. Dies erleichtert den Betrieb und die Wartung sowie Veränderungen der Integrationsumgebung und unterstützt die Produktivität der Lösung.[718]

---

[717] Vgl. Schröder 01 /Automatisierte Integration von Anwendungen (WWW)/ o.S.; vgl. Seidel 01 /EAI/S. 50.

[718] Vgl. Von Stengel 01 /EAI (WWW)/ o.S.; vgl. Nußdorfer 00 /EAI (WWW)/ S. 173 ff.

Repositories enthalten Workflow-spezifisch das dokumentierte Wissen über die Daten-
quellen und -senken, Business Rules, Nutzer, Abarbeitungsintervalle u.a. Zentraler
Metadatenspeicher ist jedoch der Global Object Store (GOS). Dabei handelt es sich um
einen zentralen, architekturweiten Wissensspeicher, der Informationen über Anzahl und
Eigenschaften der Anwendungssysteme, Zugriffsmethoden, Abbildungsvorschriften,
Ausführungsregeln sowie Zugriffsberechtigungen beinhaltet. Im GOS wird auch der
Inhalt der einzelnen Repositories abgelegt. Funktionalitäten wie Status-, Versions-
kontrolle und Projektverwaltung machen es zu einem unternehmensweiten Informa-
tionsleitstand. Der sog. Project Manager regelt den Zugriff auf den GOS und unterstützt
getrennte Entwicklungs-, Test- und Produktionsumgebungen.

Die Universal Transformation Language stellt eine Beschreibungssprache dar, mit der
sowohl Adapter für proprietäre Systeme erstellt als auch spezifische Transformationsregeln definiert werden können. Es stehen diverse Standardadapter zur Verfügung: für
SAP-R/2, R/3, SAP-IDOC und SAP-Business-Warehouse, Adapter für Lösungen
weiterer ERP-Anbieter, XML, IBM DB2, Lotus Notes u.a.

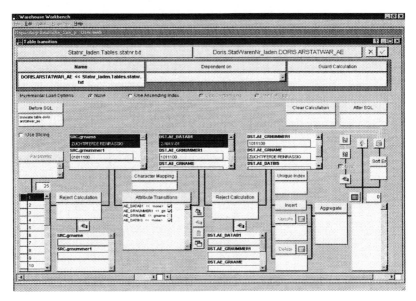

Abbildung 6-5: Datentransformationsregel in der WWB (Screenshot) [719]

---

[719] Schröder 01 / Automatisierte Integration von Anwendungen (WWW)/ o.S.

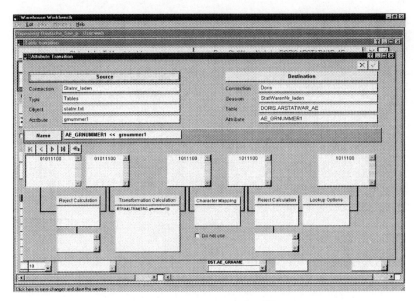

Abbildung 6-6: Transformation eines Attributs (Screenshot) [720]

Der Process Designer ist innerhalb der WWB die zentrale Designkomponente. Er unterstützt die Definition einzelner Transformationen, die Zusammenfassung verschiedener Transformationen zu Workflows (sog. Sessions) sowie das Prozessdesign. Die Definitionen erfolgen über eine grafische Benutzeroberfläche. Bei der Definition der Prozesse helfen Filter- und Aggregatfunktionen. Die Daten werden in jeder Stufe der Verarbeitung mit den Ergebnissen durchgeführter Modifikationen angezeigt. Zudem besteht die Möglichkeit, Daten temporär für Testzwecke zu ändern. Auf diese Weise sind die Erstellung und das Testen von Transformationsregeln in derselben Sitzung möglich.

Abbildung 6-5 zeigt die grafische Darstellung einer Transformation, wie sie im System abgelegt ist. Diese beschreibt die regelbasierten Veränderungen in Struktur und Inhalt der Daten beim Übergang vom Quell- zum Zielsystem. In einer nächsten Stufe können Transformationsregeln auch für einzelne Attribute festgelegt werden. Abbildung 6-6 stellt eine solche Attribut-Transformation dar. In diesem Fall wird lediglich die führende Ziffer abgeschnitten.

---

[720] Schröder 01 / Automatisierte Integration von Anwendungen (WWW)/ o.S.

Zusammenfassungen logisch zusammengehörender Vorgänge zu sog. Sessions bilden die Grundlage für die automatische zeit- oder ereignisgesteuerte Abarbeitung durch eine im Windows NT-Netz oder als Unix-Prozess installierte Laufzeitumgebung. Dabei setzt der Runtime-Manager das Regelwerk in ein zeitliches Ausführungsraster und überwacht Abhängigkeiten im Normal- und Fehlerfall.

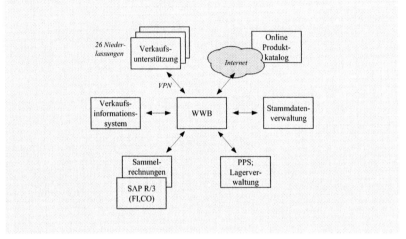

Abbildung 6-7: EAI-Lösung der Deutschen See

Die WWB nimmt bei der Deutschen See die Rolle der zentralen EAI-Instanz ein, über die die Integration der verschiedenen Anwendungen realisiert wird (vgl. Abbildung 6-7). Dabei steht bei der Deutschen See zur Zeit noch die Datenintegration im Mittelpunkt. Hauptanwendungsbereich ist zunächst die automatisierte Transformation und der Austausch von Daten zwischen Systemen unter Anwendung von definierten Geschäftsregeln und zeitlichen Ausführungsplänen. Die zukünftigen Vorhaben (z.B. Online Bestellungen) erfordern verstärkt die durchgängige Unterstützung von Geschäftsprozessen.

6.2.4 Resultate

Das EAI-Konzept und das gewählte Integrationsprodukt haben die Anforderungen der Deutschen See erfüllt. Durch den Einsatz der WWB war man in der Lage, alle Stamm- und Gruppierungsdaten, die für die Präsentation des Produktkatalogs im Internet erforderlich sind, bereitzustellen. Die Synchronisation erfolgt automatisch. Auch Stammdatenveränderungen werden automatisch an die entsprechenden Systeme weitergeleitet.

Die Kosten für die Schnittstellenprogrammierung und -wartung konnten um etwa 50% gesenkt werden. Hinzu kommt eine reduzierte Fehleranfälligkeit. Hierzu trägt auch der automatische, ständige Abgleich der Datenstrukturen mit den Metadaten bei, wodurch Veränderungen an Quell- oder Zielsystemen deutlich werden und dynamisch Anpassungen vorgenommen werden können. Zur Zeit werden sukzessive Schnittstellenprogramme durch die Abbildung über die EAI-Lösung abgelöst.

Der Schulungsaufwand innerhalb der IV konnte insbesondere durch Anwendung der einheitlichen Beschreibungssprache deutlich reduziert werden. Zum einen ersetzt eine Sprache diverse Programmier- und Interpretersprachen, zum anderen ist die Sprache selbst sehr leicht zu erlernen, so dass ein zweitägiger Kurs für die Programmierer der Deutschen See ausreichte.

Weitere organisatorische Nutzeffekte ergeben sich aus der Rolle der EAI-Lösung als Informationsdrehscheibe. So lässt sich eine verbesserte Kommunikation zwischen den verschiedenen IV-Projekten beobachten, die zunehmend über die Integrationslösung auf eine einheitliche Informationsbasis zugreifen wollen. Auch lassen sich durch die zentrale Verfügbarkeit von Informationen vormals komplexe Datenabfragen für die Fachbereiche unterstützen. Die Entwicklungs- und Testumgebung der EAI-Lösung übernimmt hier Aufgaben eines nicht vorhandenen Datawarehouses.

Um den Projekterfolg zu sichern, hat das Projektmanagement von Beginn an darauf geachtet, dass die Geschäftsführung sowie IV- und Fachbereiche das Projekt mitgetragen haben. Wesentlich war der unmittelbare Integrationsbedarf für die Web-Anwendung. Obwohl diese konkrete Anwendung nur einen Teil der Funktionalität der Integrationslösung nutzt und der weitaus höhere Nutzen in der weitergehenden Integration der betrieblichen Anwendungen und in einer verbesserten Abstimmung der Prozesse des Bestellwesens und der Warenwirtschaft liegen wird, wäre ohne den konkreten Anwendungsfall die Rechtfertigung der Investition schwer gefallen.

6.3 Fallbeispiel: Loyalty Partner

6.3.1 Kurzbeschreibung des Unternehmens

Die Loyalty Partner GmbH (LP) ist ein im April 1998 gegründetes Dienstleistungs-unternehmen, dessen zentrales Produkt das Kundenbindungsprogramm Payback ist.[721] Die Payback-Karte ermöglicht es den registrierten Kunden, kostenfrei und unterneh-mensübergreifend bei allen Partnerunternehmen Rabattpunkte zu sammeln, um diese später gegen Bargeld oder ausgewählte Prämienangebote einzulösen.

Das Kundenbonusprogramm umfasst Unternehmen des klassischen Handels sowie „reine" Online-Unternehmen. Zur Durchführung des Programms sind die Partnerunter-nehmen innerhalb eines eingetragenen Rabattsparvereins zusammengeschlossen. LP leistet die notwendige Integration der Partnerunternehmen, übernimmt die zentrale Ko-ordination und Transaktionsabwicklung des Programms und betreibt die entsprechenden Systeme und die zentrale Kunden- und Transaktionsdatenbank.

Am Unternehmen beteiligt sind die Lufthansa Commercial Holding GmbH (50,6%), die Metro AG (25,1%), der Firmengründer und CEO Alexander Rittweger (16,8%) sowie Roland Berger (7,5%). Seit der Markteinführung des Payback-Programms im März 2000 sind bei LP über 11 Millionen Karten registriert worden. Damit hat sich Payback zum führenden Bonusprogramm Deutschlands entwickelt. Das Unternehmen plant, seine Aktivitäten neben dem Payback-Programm auf Dienstleistungen für weitere unternehmensinterne oder -übergreifende Kundenbindungsprogramme sowie auf die im Rahmen geltender Datenschutzvorschriften mögliche Vermarktung der umfassenden Datenbasis auszuweiten.

Das Unternehmen beschäftigt gegenwärtig etwa 120 Mitarbeiter, davon etwa 40 in der IV-Abteilung (LP Solutions), aufgeteilt in die Bereiche Entwicklung und Betrieb.

6.3.2 Integrationsproblematik

Als Start-up Unternehmen sieht sich LP nicht mit Integrationsproblemen aufgrund historisch gewachsener IV-Strukturen konfrontiert. Gleichwohl stellen insbesondere zwischenbetriebliche Schnittstellen eine Herausforderung für LP dar. Dies ergibt sich

---

[721] Vgl. Unternehmensinformationen im WWW unter http://www.loyaltypartner.de.

aus dem Geschäftsmodell des Unternehmens, das sich konsequent auf die Koordination und Durchführung des Kundenbindungsprogramms Payback fokussiert. Dies setzt eine enge systemtechnische Kooperation mit den unterschiedlichen Geschäftspartnern voraus (Abbildung 6-8).

Zunächst wurden nur die Transaktionen der Payback-Kunden bei den Partnerunternehmen durch LP zusammengeführt, und es waren ausschließlich Barerstattungen möglich. Heute besteht zudem die Möglichkeit, die erworbenen Rabattpunkte in einem Prämienshop online gegen Waren und Dienstleistungen einzulösen. Hierzu arbeitet LP mit externen Prämienabwicklern zusammen, die die Bestellungen übernehmen und die Lagerhaltung und Auslieferung der Prämien an den Kunden koordinieren.

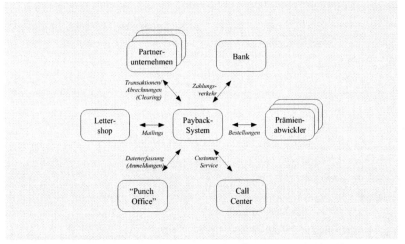

Abbildung 6-8: Zwischenbetrieblicher Integrationsbedarf bei der Payback-Karte [722]

Die beiden aus Sicht des Unternehmens wesentlichen Integrationsziele liegen in der schnellen und zuverlässigen Integration von Partnerunternehmen zur Übermittlung und zentralen Verarbeitung der Transaktionsinformationen sowie in der Unterstützung von Verfügbarkeitsprüfungen und der zügigen Abwicklung von Prämienbestellungen durch eine enge Integration mit den verschiedenen Prämienabwicklern.

Während zur Zeit die Transaktionsdaten durch die Partner in einem weitgehend standardisierten Format für die Übermittlung an LP bereitgestellt werden, strebt LP in Zukunft eine engere Integration mit den Partnerunternehmen an. Die direkte Anbindung

---

[722] In Anlehnung an Bonnet 01 /B2B/EAI im PAYBACK Umfeld (WWW)/ S. 6.

an deren ERP- und CRM-Systeme sollte dann die durchgängige, zeitnahe Unterstützung gemeinsamer Geschäftsprozesse ermöglichen. Zudem soll die zunächst auf den B2B-Bereich ausgerichtete Integrationslösung auch zur internen Integrationsinstanz ausgebaut werden.

6.3.3 Lösungsansatz

Die geschilderten Integrationsanforderungen konnten bei LP im Rahmen des geschäftszielorientierten Neuaufbaus der IV-Infrastruktur berücksichtigt werden. Insbesondere aufgrund der hohen Anzahl von Partnerunternehmen sollte eine standardisierte Integrationslösung angewendet werden, die die schnelle, zuverlässige und sichere Anbindung von Partnerunternehmen ermöglichte. Der Schwerpunkt lag damit zunächst auf dem zwischenbetrieblichen Datenaustausch mit den Partnerunternehmen im Sinne einer B2B-Lösung.

Zum Aufbau der B2B-Integrationsplattform wurden entsprechende Kriterien berücksichtigt: [723]

- Unterstützung unterschiedlicher Protokolle (XML, RosettaNet, EDI und Internet-Standards) und verschiedener Basistechnologien (MQSeries, EJB, RDBMS) zum Datenaustausch;
- Bereitstellung einer Entwicklungsumgebung für weitere Adapter zur flexiblen Anbindung von Partnerunternehmen;
- Skalierbarkeit, Ausfallsicherheit und Datensicherheit gemäß der Geschäftsanforderungen;
- schnelle Implementierbarkeit, einfaches Datenmapping.

Auch die mögliche Erweiterbarkeit der Integrationslösung im Sinne einer stärkeren Prozessintegration und Anbindung der Partnerunternehmen wurde mitberücksichtigt. Hierzu wurde bei der Softwareauswahl auf die Fähigkeit zur Integration von ERP- und CRM-Systemen der Partner geachtet. Zudem unterstützt LP seine Handelspartner bei der Implementierung und Einrichtung der partnerseitig erforderlichen Software.

---

[723] Vgl. Bonnet 01 /B2B/EAI im PAYBACK Umfeld (WWW)/ S. 8; vgl. Lindemann 01 /Business-to-Business Integration (WWW)/ o.S.

Das wesentliche EAI-Produkt, auf dem die EAI-Infrastruktur bei LP aufbaut, ist der B2B-Server von webMethods.[724] Der Transaktionsdatentransfer findet zwischen dem beim Partnerunternehmen installierten Transaction Broking Client (TBC) und dem Transaction Broking Server (TBS) auf LP-Seite über das Internet statt.[725] Beim TBC handelt es sich dabei um einen B2B-Server mit eingeschränkter Funktionalität, der die bidirektionale Kommunikation mit dem B2B-Server (TBS) auf LP-Seite ermöglicht. Die Partnerunternehmen stellen hierzu i.d.R. die Daten in einem definierten Datenformat mit festgelegten Feldlängen dem TBC zur Verfügung. Dort werden die Daten für die Übermittlung an den Server in ein spezifisches XML-Format umgewandelt, um LP-seitig wiederum nach entsprechender Validierung in die zentrale Transaktionsdatenbank eingestellt zu werden. Für die Datenübermittlung kommen partnerabhängig alternative Ansätze zur Anwendung:

1. Die Transaktionen werden direkt dem TBC über eine entsprechende Schnittstelle, etwa zu einem partnerseitigen Applikationsserver, mitgeteilt und von dort direkt oder in festgelegten Intervallen weiterverarbeitet.

2. Der TBC kann direkt auf eine Partnerdatenbank zugreifen, um relevante Veränderungen zu identifizieren und die Transaktionen zu übertragen.

3. Die Payback-Transaktionsdaten können partnerseitig regelmäßig in Form einer Datei für den Upload bereitgestellt werden. Der TBC greift diese Datei regelmäßig ab und übermittelt sie an den TBS.

4. Alternativ wählen einige Partner schließlich die Möglichkeit einer Batch-Datei-verarbeitung über einen ISDN/FTP-Upload. Dabei werden die Transaktionsdaten direkt an den TBS übertragen. Die Implementierung des Clients ist dazu nicht erforderlich.

Abbildung 6-9 stellt die alternativen Datenübertragungswege am Beispiel der Transaktionsverarbeitung zusammenfassend in einer Grafik dar. Zudem wird die LP-seitige IV-Infrastruktur beschrieben. Der B2B-Server (TBS) ist physisch als Server-Cluster realisiert und arbeitet unter dem Betriebssystem Sun Solaris. Durch diese Multihub-Lösung können bei Serverausfällen oder -überlastungen Transaktionen transparent an andere Server zur Verarbeitung umgeleitet werden. Zudem unterstützt die Middleware die garantierte Übertragung von Transaktionsdaten durch persistente Zwischenspeicher (guaranteed delivery). Der TBS nimmt zudem auch intern zentrale Funktionen beim

---

[724] Vgl. Harnischmacher 01 /Loyalty Partner/ S. 23.

[725] Eine vergleichbare architektonische Lösung hat auch Dell Computers mit seinen Handelspartnern unter Verwendung der webMethods-Lösung realisiert [vgl. webMethods 00 /Dell Computers Success Story (WWW)/ o.S.].

Zugriff auf die Payback-Transaktionsdaten wahr, die auf einer Oracle-8I-Datenbank im Backend abgelegt sind. So können etwa bei Kundenanfragen über das Internet durch den Webserver auf dem LP-Applikations-Server (BEA Weblogic) entsprechende Routinen ausgelöst werden, die über die webMethods-Komponente auf die Transaktionsdaten zugreifen. Ein Applikations-Server koordiniert die auf Basis von Enterprise Java Beans (EJBs) programmierte Geschäftslogik des Payback-Systems und die gewünschten Transaktionen.[726]

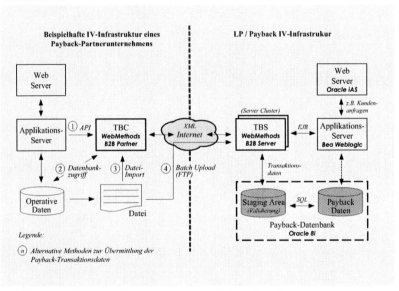

Abbildung 6-9: LP Partneranbindung und interne IV-Infrastruktur [727]

Zur Prämienabwicklung erfolgt der Datenaustausch zwischen dem TBS und den TBC-Komponenten, die über Adapter mit den Warenwirtschaftssystemen der Prämienabwickler verbunden sind (Abbildung 6-10). Es werden hier regelmäßig Verfügbarkeits-informationen ausgetauscht und in der Shop-Datenbank von LP hinterlegt. Kundenanfragen werden zur Zeit noch stündlich nach erfolgter Kredit- und Verfügbarkeitsprüfung an die Prämienabwickler zur Weiterverarbeitung übergeben. Diese Datenübertragung soll in einem nächsten Entwicklungsschritt ohne Zeitverzögerung direkt stattfinden.

---

[726] Vgl. Fritsch 00 /Integration ist Chefsache/ S. 31.
[727] In Anlehnung an Bonnet 01 /B2B/EAI im PAYBACK-Umfeld (WWW)/ S. 13.

webMethods unterstützt die Überwachung der Transaktionsverarbeitung im Partnernetzwerk durch die grafische Darstellung des sog. Trading-Networks. Eigentlich für die Abstimmung und Koordination von Informationen verschiedener elektronischer Märkte entworfen, wird das Trading-Network bei LP für die Überwachung der regelbasierten Transaktionsverarbeitung bei den verschiedenen Partnerunternehmen und für Analysen der Transaktionshistorien genutzt.

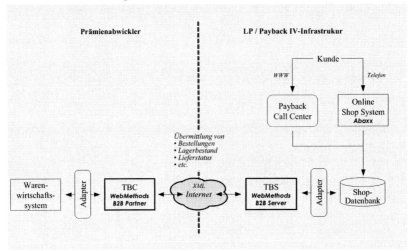

Abbildung 6-10: EAI-Ansatz bei der PrämienShop-Anbindung [728]

Das webMethods-Produkt erlaubt die Festlegung von Verarbeitungsregeln in Abhängigkeit von den Eigenschaften der verschiedenen Quellen und Senken des zwischenbetrieblichen Datenaustauschs. Dabei kann Java-basiert Verarbeitungslogik in einer spezifischen Entwicklungsumgebung entwickelt und an beliebiger Stelle im Workflow eingebunden werden.

6.3.4 Resultate

Die dargestellte IV-Infrastruktur wird den Anforderungen an die von LP benötigte B2B-Integrationsplattform gerecht. Die standardisierte Lösung ermöglicht die einfache, flexible und schnelle Anbindung der Partnerunternehmen an die zentralen Systeme von LP. In einem Zeitraum von nur 8 Wochen konnten die anfänglich 8 Partnerunternehmen angebunden werden. Im Mai 2001 konnte man bereits bei 27 Partnerunternehmen

---

[728] In Anlehnung an Bonnet 01 /B2B/EAI im PAYBACK-Umfeld (WWW)/ S. 24.

Payback-Punkte sammeln. Dabei wurden die Entwickler beim Datenmapping insbesondere auch durch die automatische Code-Generierungsfunktionalität des Entwicklungswerkzeuges unterstützt.

Die Middleware ist in der Lage, sehr große XML-Dateien von bis zu 80 MB zu übertragen, die in aggregierter Form bis zu 10.000 Transaktionen beinhalten können. Mit der ebenfalls von LP evaluierten JMS-Technologie von Sun war diese Nachrichtengröße nicht realisierbar. Auch Sicherheit, Transaktionalität und Performanz entsprechen den Erwartungen.

Die Berücksichtigung von stabilen, international agierenden Unternehmen bei der Software-Auswahl, die auch eng an der Entwicklung relevanter Standards beteiligt sind, führte zu einer hohen Stabilität und flexiblen Erweiterbarkeit der Integrationslösung von LP. Zudem ist im Rahmen der EAI-Lösung auch beim Einsatz zukunftsweisender Technologien die Unterstützung „alter" Verfahren gewährleistet.

Mit der architektonischen Lösung wurden neben der B2B-Lösung gleichzeitig auch die Grundlagen für die spätere Anbindung weiterer interner und externer Systeme, insbesondere der ERP-Systeme, geschaffen. Die primär für den zwischenbetrieblichen Datenaustausch ausgewählte Integrationslösung bildet somit die Basis für eine umfassende EAI-Instanz bei LP. Intern soll die Integrationslösung zum Datenaustausch der Transaktionssysteme mit dem zu implementierenden Finanzsystem ausgebaut werden. Extern ist eine engere Integration der Partnerunternehmen durch die direkte Anbindung an deren ERP-Systeme bislang trotz technischer Realisierbarkeit nicht zustande gekommen. Der Hauptgrund liegt dabei in den Bedenken der Partnerunternehmen, die eigenen Systeme Dritten zu öffnen, sei es auch zum Preis zusätzlichen Verarbeitungsaufwandes und zeitlicher Verzögerungen bei der Verarbeitung. Auf diese EAI-Anbindung zielen jedoch die Anstrengungen von LP, etwa um die Abrechnung ihrer Leistungen mit den Partnern zu automatisieren.

6.4 Fallbeispiel: Union Investment Gruppe

6.4.1 Kurzbeschreibung des Unternehmens

Union Investment ist die Fondsgesellschaft der genossenschaftlichen Bankengruppe. Sie ist die drittgrößte deutsche Investmentgesellschaft. Mit einem verwalteten Publikums-fondsvermögen von 63,6 Milliarden € besitzt sie einen Marktanteil von 16,2% (Stand: August 2001). Union Investment beschäftigt weltweit etwa 2.000 Mitarbeiter.[729]

1999 wurden die IV-Aktivitäten im Konzern grundlegend neu geordnet. Die einzelnen IV-Abteilungen der Konzerngesellschaften wurden zusammengeführt, und man ent-schied sich für das Outsourcing des operativen Betriebs der IV-Infrastruktur und der Systeme an einen externen Dienstleister. Innerhalb der Gruppe wurde mit der Union IT-Services GmbH (UIT) eine neue Servicegesellschaft geschaffen, die seit Anfang 2000 zentral die administrativen Aufgaben der IV, das IV-Controlling sowie die Koordination der IV-Projekte wahrnimmt. Die UIT beschäftigt zentral in Frankfurt etwa 120 Mit-arbeiter.

Die UIT ist verantwortlich für etwa 140 Systeme auf unterschiedlichen Betriebs-systemplattformen, darunter Applikationen für Grenzwertberechnungen, Wertpapier-Management und Fondsbuchhaltungssysteme. Die Systemlandschaft ist geprägt durch gewachsene Strukturen und klassische Schnittstellenintegration in Form von Punkt-zu-Punkt-Verbindungen in den verschiedenen, IV-technisch ehemals unabhängigen Konzernunternehmen. Und auch wenn heute Union Investment keine eigene System-entwicklung mehr betreibt, so beinhaltet das Systemportfolio dennoch eine hohe Zahl proprietärer Host-Anwendungen, die Daten mit anderen Anwendungen austauschen.

6.4.2 Integrationsproblematik

Das hier beschriebene EAI-Projekt ist eingebettet in die mit der Konsolidierung der IV-Aktivitäten verbundenen Maßnahmen zur Reorganisation und Integration innerhalb der Union Investment Gruppe. Neben einer umfassenden Abbildung der IV-Prozesse, des Anwendungsportfolios und der Schnittstellen sowie der Gestaltung der Outsourcing-Beziehung stellt die Implementierung der EAI-Plattform ein weiteres Projekt zur Um-

---

[729] Vgl. Erhardt, Buhl 01 /Erfahrungen eines Evaluierungsprozesses (WWW)/ o.S.; zu den Unter-nehmenszahlen vgl. http://www.unioninvestment.de/university/union_investment/unternehmens-profil/index.html.

setzung der neuen Strukturen dar. Eine entsprechend gewichtige Rolle spielen hier die organisatorischen Aspekte des EAI-Konzeptes.

Die spezifischen Ziele, die man mit der Umsetzung der EAI-Lösung verfolgt, sind:

- die Komplexitätsreduktion der existierenden Systemlandschaft durch eine verringerte Anzahl von Schnittstellen;
- die beschleunigte Entwicklung von Schnittstellen zwischen Anwendungen durch die Anbindung von produktiven Systemen an die EAI-Lösung über standardisierte Schnittstellen und den Gebrauch von Standardadaptern;
- die erhöhte Anpassungsfähigkeit an veränderte Geschäftsprozesse durch gesteigerte Wiederverwendung von Anwendungskomponenten;
- die Schaffung eines zentralen Kontrollpunkts, u.a. für eine verbesserte Protokollierung der Datenflüsse und Erhöhung der Transaktionssicherheit.

Die Durchführung des EAI-Projekts wird vom Konzernvorstand getragen und durch die UIT koordiniert. Von Oktober 2000 bis Januar 2001 fanden die Evaluierung des EAI-Konzeptes sowie die Auswahl des EAI-Produkts statt. Ab Februar erfolgte die Einführung. Im Dezember 2001 war die Implementierung und Konfiguration der zentralen EAI-Instanz abgeschlossen; die ersten Anwendungen über die EAI-Lösung waren integriert.

6.4.3 Lösungsansatz

UIT führte einen umfassenden Softwareauswahlprozess zur Bestimmung des geeigneten EAI-Produkts durch. Basierend auf den Projektzielen und den Rahmenbedingungen in der Union Investment Gruppe wurde ein Kriterienkatalog zur einheitlichen Beurteilung der verschiedenen Integrationsprodukte entwickelt (Abbildung 6-11). Insgesamt umfasste der Katalog etwa 250 Kriterien. Zur Beschaffung der notwendigen Informationen wurden dabei allgemein verfügbare Informationen (Internet, Marktstudien, allgemeine Vertriebsinformationen der Anbieter), die Antworten auf einen dem Kriterienkatalog entsprechenden RFI (Request for Information) und verschiedene Produktpräsentationen der Hersteller bei UIT herangezogen.

Zur Bewertung der Produkte fand mit der UFAB II-Methode, einem Behördenstandard für die Ausschreibung und Bewertung von IV-Leistungen, ein weitgehend standardisiertes Verfahren Anwendung.[730] Es wurden Einzelkriterien, Kriteriengruppen und Kriterienhauptgruppen mit verschiedenen Gewichtungen unterschieden und die Produkte entsprechend bewertet. Auf jeder Ebene wurden „K.o."-Kriterien bestimmt, deren Erfüllung Voraussetzung für die weitere Betrachtung einer Software war.

Im Ergebnis führte dieses Verfahren zu einer Vorauswahl zweier Produkte, die einer Detailuntersuchung kritischer Komponenten im Rahmen einer Test-Implementierung bei UIT unterzogen wurden. Dabei war durch die Anbieter ein vorgegebenes Szenario zur Überprüfung des EAI-Konzeptes bei Union abzubilden. Durch die Test-Implementierung sollten insbesondere Performanzanforderungen, Mapping- und Routingfunktionalitäten sowie resultierende Hardwareanforderungen überprüft werden. Aber auch die Beratungs- und Umsetzungsleistungen der Anbieter flossen in die Bewertung mit ein.

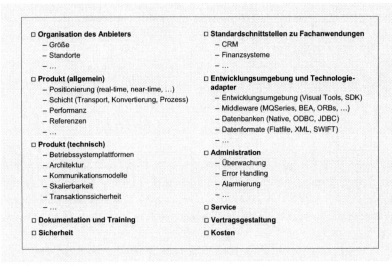

Abbildung 6-11: UIT-spezifischer Kriterienkatalog zur EAI-Softwareauswahl (Auszug) [731]

Das Testszenario erforderte es, Datenveränderungen aus einer Oracle-Datenbank (dem Wertpapierstammdatensystem) auszulesen und entsprechende Nachrichten nach erfolgter Transformation der Daten an ein ERP-System sowie ein CRM-System zu senden.

---

[730] UFAB II steht für „Unterlagen für Ausschreibung und Bewertung von IT-Leistungen, Version 2", herausgegeben vom Bundesminister des Innern als Band 11 der Schriftenreihe der Koordinierungs- und Beratungsstelle der Bundesregierung für Informationstechnik in der Bundesverwaltung (KBSt).

[731] Vgl. Erhardt, Buhl 01 / Erfahrungen eines Evaluierungsprozesses (WWW)/ o.S. Dem Kriterienkatalog liegt ein standardisierter Kriterienkatalog der Entory AG zugrunde, die die EAI-Softwareauswahl bei UIT begleitet hat.

Zudem sollte der Datenaustausch entsprechende Einträge in Logfiles sowie die automatische Versendung von E-Mails auslösen (Abbildung 6-12). Als Vorgaben bezüglich der Systemeigenschaften musste insbesondere die Transaktionalität durch die persistente Zwischenspeicherung der Daten nachgewiesen werden. Entsprechend der Performanzanforderungen sollte die Verarbeitung von 2 Millionen Transaktionen pro Stunde mit einer durchschnittlichen Nachrichtengröße von etwa 1 kByte möglich sein.

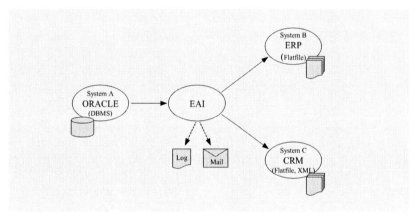

Abbildung 6-12: Testszenario für EAI „Proof-of-Concept" [732]

Die unterschiedlichen Ansätze der verschiedenen Produktanbieter ließen sich im Test sehr gut beobachten. Mit beiden Produkten konnte das Test-Szenario umgesetzt werden. Jedoch stellte die Performanzanforderung eine Herausforderung dar. Während generell die Performanz der gewählten Sun-Plattform ausreichend war, ergaben sich aus dem komplexen Mapping und Routing hohe Hardwareanforderungen. In der nun implementierten EAI-Lösung entschied sich UIT für zwei Hochverfügbarkeits-Server-Cluster auf Basis von Sun E10000-Servern (Einsatz- und Ersatzsystem), die jeweils mit 40 CPUs und 40 GByte Hauptspeicher auszustatten waren.

Letztendlich entschied sich UIT für das EAI-Produkt BusinessWare von Vitria Technology, Inc. Vitria stellt mit BusinessWare eine einheitliche Entwicklungs- und Laufzeitumgebung zur Verfügung, um den Informationsfluss zwischen wesentlichen betrieblichen Anwendungssystemen im Unternehmen sowie über Unternehmensgrenzen hinweg mit Partnern, Zulieferern und Kunden zu unterstützen (Abbildung 6-13). [733]

---

[732] Erhardt, Buhl 01 /Erfahrungen eines Evaluierungsprozesses (WWW)/ o.S.

[733] Zur Beschreibung der einzelnen BusinessWare-Komponenten vgl. Vitria 01 /BusinessWare 3.1 (WWW)/ S. 5 ff.

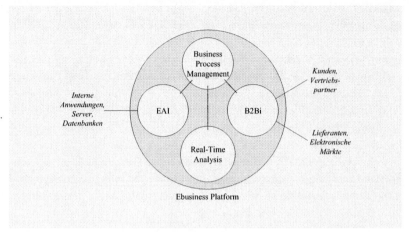

Abbildung 6-13: BusinessWare-Komponenten [734]

Die Business Process Management (BPM)-Schicht dient der Modellierung und Automatisierung der Geschäftsprozesse innerhalb und zwischen den Unternehmen. Mit dem sog. Automator lassen sich Geschäftsprozesse grafisch abbilden, durch den Nutzer anpassen und die Informationsflüsse zwischen den Systemen und Mitarbeitern steuern. Die Modellierung erfolgt nach dem UML-(Unified Modeling Language)-Standard und den Maßgaben der WfMC (Workflow Management Coalition).[735]

Im Zuge der Reorganisation der IV-Prozesse bei Union Investment nutzte UIT das Prozessmodellierungs-Tool ARIS von IDS Scheer. In ARIS wurden alle Systeme und Schnittstellen bis auf Attributebene erfasst. Eine Anforderung bei der EAI-Produktauswahl war es, auf diese Modelle über einen Standardadapter zugreifen zu können. Auch in Zukunft wird bei Union Investment für die Prozessgestaltung ARIS genutzt. Die Prozesse werden dann automatisch der EAI-Komponente für die technische Modellierung der erforderlichen Anwendungsintegration zur Verfügung gestellt.

Vitria sieht in der Trennung von Geschäftsprozessdefinition und technischer Integration eine wesentliche Eigenschaft von BusinessWare, die eine zielgerichtete Aufgabentrennung zwischen den Analysten der Geschäftsbereiche und den IV-Entwicklern unterstützt.

---

[734] In Anlehnung an Vitria 01 / BusinessWare 3.1 (WWW)/ S. 3.
[735] Siehe Abschnitt 4.3.4 Prozessmanagement.

Unter der EAI-Schicht fasst Vitria die Herstellung der Konnektivität und die Datentransformation zwischen den unternehmensinternen Systemen zusammen. Wesentliche Komponenten hierfür sind der sog. Communicator, die Connectors und der Transformer. Der BusinessWare Communicator stellt eine robuste und skalierbare Messaging-Middleware dar, die den ereignisgetriebenen Nachrichtenaustausch in Form einer Publish/Subscribe-Kommunikation unterstützt und die Transaktionalität gewährleistet. Bei den Konnektoren handelt es sich um intelligente Standardadapter, die automatisch Veränderungen in den Anwendungen erkennen (Geschäftsereignisse) und die Daten aus den Systemen heraus der EAI-Instanz zur Verfügung stellen oder wieder an die Anwendung übergeben. Der Transformer erlaubt die grafische Festlegung der Transformations- und Mappingregeln zwischen unterschiedlichen Datenschemata. Er unterstützt grafisches „Drag-and-Drop"-Mapping, die Festlegung von Transformationsregeln sowie Online-Tests der Transformationen in Echtzeit.

Die Unterscheidung zwischen den beiden Elementen EAI und B2B-Integration (B2Bi) ist primär durch die unterschiedliche Integrationsreichweite bestimmt. Auch bei der zwischenbetrieblichen Integration kommen die oben dargestellten EAI-Komponenten (Communicator, Connectors, Transformer) zum Einsatz. Zusätzlich werden Dienste für das Hinzufügen, Entfernen und Verändern festgelegter Partner sowie die sichere Durchführung öffentlicher Geschäftsprozesse (engl.: public process) mit externen Partnern unterstützt. Vitria selbst ist Mitglied von Microsofts BizTalk-Initiative und unterstützt die UDDI- und RosettaNet-Standards für den zwischenbetrieblichen Datenaustausch.

Die Real-Time Analysis-Komponente dient der Überwachung und Analyse von Prozessinformationen und definierten Kennzahlen (z.B. rechtzeitige Lieferungen oder noch nicht bearbeitete Aufträge) in Echtzeit. Basierend auf den überwachten Größen werden automatische Benachrichtigungen erzeugt. Die im sog. Process Analyzer generierten Informationen stehen zur Prozessoptimierung auch in der BPM-Komponente zur Verfügung.

Die gemeinsame BusinessWare-Plattform (Ebusiness Platform) schließlich umfasst die den anderen Komponenten gemeinsame BusinessWare Console, eine grafische Bedienoberfläche für Entwickler und Administratoren, sowie den BusinessWare Server, der die Laufzeitumgebung für die BusinessWare-Komponenten darstellt und gemeinsame Dienste unterstützt. Zu diesen „Common" Services gehören eine verteilte Architektur, Dienste zur Datensicherheit, Systemmanagement, Persistenz, Metadatenmanagement, Transaktionsmanagement sowie Load Balancing, die Hochverfügbarkeitsoption, Routing und Aktivitätslogging.

6.4.4 Resultate

Aufgrund des strukturierten Auswahlprozesses ist man sich innerhalb von UIT sicher, eine den spezifischen Anforderungen auch langfristig gerechtwerdende EAI-Lösung erarbeitet zu haben. Mit BusinessWare von Vitria hat sich UIT für ein sehr umfassendes EAI-Produkt entschieden, das die identifizierten Integrationsgegenstände und -ziele unterstützt.

Insbesondere der ganzheitliche Ansatz des Produktes, das von Anfang an als Tool zur Abdeckung aller Integrationsebenen (Daten, Programme und Prozesse) realisiert worden ist, stellte in den Augen der UIT ein Differenzierungsmerkmal dar. Bei Produkten von Anbietern, die nach dem Zukauf von Unternehmen ebenfalls umfassende EAI-Lösungen anboten, waren oft Probleme beim internen Zusammenspiel der Produktkomponenten von ehemals unabhängigen Herstellern zu bemängeln.

Bei amerikanischen Produkten (wie auch Vitria) stellte die UIT Anpassungsbedarf bezüglich der in Europa bestehenden gesetzlichen Sicherheits- und Revisionsanforderungen fest.

Konkrete Nutzeffekte der EAI-Lösung zeichnen sich zunächst im IV-Bereich ab. Der Programmieraufwand für die Erstellung von Schnittstellen konnte wesentlich reduziert werden. Releasewechsel wurden vereinfacht. Durch die Struktur der intelligenten Adapter, die Veränderungen in Datenbankschemata automatisch erkennen und entsprechende Notifikationen oder Anpassungen auslösen, treten praktisch keine Datenlesefehler mehr auf, die auf eine inkorrekte Definition einer zwischenzeitlich veränderten Datenstruktur zurückzuführen sind.

Organisatorisch ist das EAI-Konzept fest in die IV-Prozesse verankert worden. Insbesondere die zentrale Verwaltung der EAI-Lösung und die damit verbundene Transparenzerhöhung unterstützen ganz wesentlich die allgemeine Konsolidierung der IV-Aktivitäten bei Union Investment. Spezifische Gruppen innerhalb der UIT koordinieren zentral die Entwicklung jeglicher Schnittstellen zwischen Anwendungen sowie die Einhaltung von Standards. Auf diese Weise wird die architekturgerechte Nutzung der EAI-Lösung gewährleistet. Die Verantwortlichen besitzen die Kompetenz, Projekte zu stoppen, die unabgestimmt individuelle Schnittstellen zwischen Systemen erzeugen.

6.5 Fallbeispiel: Tesion Communikationsnetze Südwest

6.5.1 Kurzbeschreibung des Unternehmens

Tesion Communikationsnetze Südwest GmbH & Co. KG ist einer der führenden An-bieter von Telekommunikationsdienstleistungen in Baden-Württemberg. Tesion ist ein Tochterunternehmen der Energie Baden-Württemberg (EnBW) AG. Das Unternehmen bietet eine breite Palette von Sprach-, Daten- und Internetdiensten an, die sich an Privat- und Geschäftskunden richtet. Ihr Zielgruppenfokus liegt aber auf den kleinen und mittleren Unternehmen (KMU). Mit einem modernen, hochleistungsfähigen Glasfaser-netz von 8.000 km Länge besitzt Tesion die viertgrößte Glasfaser-Infrastruktur Deutsch-lands mit Verbindungen zu den wichtigsten Zugangspunkten der Deutschen Telekom AG (DTAG).[736]

Neben dem Hauptsitz in Stuttgart verfügt Tesion über Niederlassungen in Frankfurt, Freiburg, Karlsruhe, Mannheim, Ravensburg und Ulm. Das Unternehmen beschäftigt insgesamt etwa 400 Mitarbeiter und bedient rund 85.000 Kunden. Tesion ist ein junges Unternehmen. Den ersten kommerziellen Sprachdienst startete Tesion im Januar 1998. Zu diesem Zeitpunkt war die Swisscom AG noch 50%-iger Gesellschafter des Unter-nehmens.

In der Abteilung Informationstechnologie & Billing sind etwa 30 Mitarbeiter in drei organisatorischen Einheiten beschäftigt. Zwei dieser Gruppen sind für den Betrieb und die Unterstützung der Kernanwendungen verantwortlich. Dabei handelt es sich zum einen um das Billing und Order Entry System, eine durch ein externes Systemhaus nach Tesion-Spezifikationen entwickelte Anwendung, sowie zum anderen um ein CRM-Standardsystem im Kundenservice- und Absatzbereich. Die verbleibenden Mitarbeiter sind der Einheit Rechenzentrum zugeordnet und betreiben die technische Infrastruktur, die aus einer Sun-Solaris- und einer Microsoft-Windows-NT-Umgebung besteht.

6.5.2 Integrationsproblematik

Es lassen sich zwei wesentliche Treiber für die Integrationsproblematik in einem Tele-kommunikationsunternehmen identifizieren:

---

[736] Vgl. zu den allgemeinen Unternehmensinformationen http://www.Tesion.de/unternehmen/ ueberuns.html.

Zum einen besteht der Bedarf für den Datenaustausch zwischen den betriebswirtschaftlichen Kernanwendungen und den technischen Systemen für die einzelnen Telekommunikationsdienste. So führt etwa die Bearbeitung eines eingegangenen Auftrags automatisch zur Freischaltung des entsprechenden Dienstes für den Kunden (Provisioning), bzw. die Nutzung eines Dienstes liefert die Basisinformationen für die Rechnungsstellung (Mediation). Dabei sind zudem operative Daten mit zahlreichen externen Partnern auszutauschen, wie etwa der DTAG oder anderen Carriern bzgl. der Nutzung ihrer Netze (Abbildung 6-14).

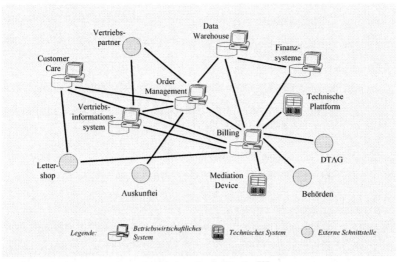

Abbildung 6-14: Interne und externe Schnittstellen bei Tesion[737]

Zum zweiten bedarf es für einen guten Kundenservice sowie für die schnelle und flexible IV-technische Unterstützung neuer oder veränderter Produkte der einheitlichen Sicht auf den Telefonkunden. So ist es z.B. für die Priorisierung im Kundendienst erforderlich, die Gesamt-Profitabilität eines Kunden über alle genutzten Dienste hinweg zu kennen. Bei Marketingmaßnahmen für neue Produkte sollte zwischen Bestands- und Neukunden differenziert werden. Dies erfordert die durchgängige Unterstützung entsprechender Geschäftsprozesse oder Workflows, insbesondere durch den automatisierten Austausch von Kundendaten. Abbildung 6-15 stellt die bei Tesion beteiligten Systeme sowie die resultierenden Schnittstellen eines durchgängigen Prozesses zur Gewinnung von Neukunden dar.

---

[737] In Anlehnung an Freyer, Gstir 01 /EAI in einer Telko (WWW)/ S. 12.

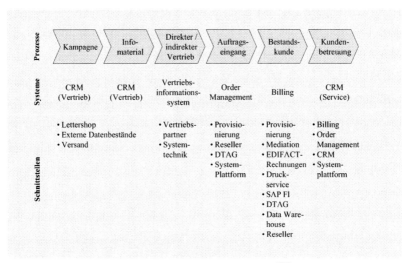

Abbildung 6-15: Vom potentiellen Kunden zum Bestandskunden [738]

In diesem Kontext stehen auch die Integrationsbemühungen von Tesion. Insgesamt unterstützt Tesion etwa 140 interne und externe Datenschnittstellen. Auch aufgrund der geringen Unternehmensgröße erkannte man früh die Notwendigkeit für eine standardbasierte Kommunikationssoftware zur ereignisgesteuerten, automatischen Übertragung von Daten zwischen Teilsystemen bei minimalem Administrationsaufwand und automatisierter Überwachung der Datenübertragung. Auch ohne jemals ein dediziertes EAI-Projekt durchgeführt zu haben, entwickelte man im Unternehmen das Integrationskonzept und die technologische Umsetzung seit 1998 stets weiter, so dass die Integrationslösung hier als Fallstudie herangezogen werden kann.

6.5.3 Lösungsansatz

Tesion hat eine Systemarchitektur realisiert, in deren Zentrum eine umfassende Integrationskomponente steht. Diese Instanz regelt den Datenaustausch zwischen den betriebswirtschaftlichen und technischen Anwendungen sowie die Kommunikation mit externen Geschäftspartnern (Abbildung 6-16). Das Hauptaugenmerk liegt dabei auf dem automatisierten, regelmäßigen Austausch relevanter Daten zwischen den Anwendungen.

---

[738] Vgl. Freyer, Gstir 01 /EAI in einer Telko (WWW)/ S. 13 ff.

Dazu überwacht die Integrationskomponente die Anwendungen und verschickt bei erkannten Veränderungen in den Datenbanken regelbasiert Nachrichten an die erforderlichen Systeme. Erforderliche Transformationen werden automatisch durchgeführt, und der Versand wird verzögert wiederholt, falls eine Komponente nicht verfügbar ist.

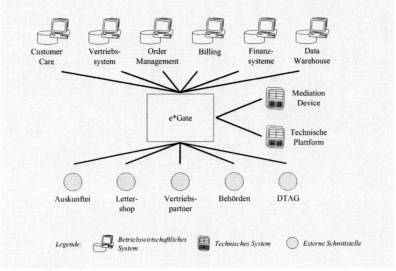

Abbildung 6-16: Systemarchitektur bei Tesion [739]

Damit geht es für Tesion weitgehend nicht um eine unmittelbare Abstimmung der integrierten Systeme im Sinne eines Straight Through Processing, sondern stärker um die bloße Automatisierung des Datenaustausches. Gleichwohl sieht man die zukünftige Entwicklung der IV-Architektur bei Tesion stärker in die Richtung eines „Informationsbusses" gehen (Abbildung 6-17). Dieser soll durch eine stärkere Modularisierung der Systeme geprägt sein, bei der spezifische Anwendungskomponenten (insbesondere Daten) aus den Systemen herausgelöst und zentral vorgehalten werden. Eine wesentliche Rolle soll insbesondere ein sog. Address Broker einnehmen, der alle Kundendaten (Stammdaten der Bestandskunden, Marktforschungsdaten, Bonitätsinformationen etc.) über den Informationsbus allen Systemen gleichzeitig zur Verfügung stellt.[740] Entsprechend höher werden in diesem Fall die Anforderungen bezüglich Verfügbarkeit und zeitnaher Verarbeitung sein.

---

[739] In Anlehnung an Freyer, Gstir 01 /EAI in einer Telko (WWW)/ S. 17.

[740] Vgl. Freyer, Gstir 01 /EAI in einer Telko (WWW)/ S. 21 ff.

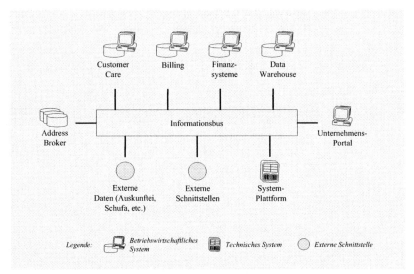

Abbildung 6-17: Zukünftige IV-Architektur [741]

Als zentrale Integrationskomponente nutzt Tesion das Produkt e*Gate Integrator von SeeBeyond Technology Corp.[742] Damit nutzt Tesion nur eine Komponente der eBusiness Integration Suite von SeeBeyond. Diese stellt in vollem Umfang einen Software-Stack zur unternehmensinternen Anwendungsintegration, der B2B-Anbindung von Unternehmen sowie zum Geschäftsprozessmanagement dar.[743]

Der e*Gate Integrator ist innerhalb der Anwendungssuite die zentrale Komponente zur Herstellung der Konnektivität zwischen den heterogenen inner- und zwischenbetrieblichen IV-Systemen. SeeBeyond unterstützt die verteilte Implementierung der Komponente. Dadurch sind skalierbare und hoch verfügbare Systeme implementierbar, die auf unterschiedlichen Hardware- und Betriebssystem-Plattformen installiert sein können.[744] Über die Definition sog. Collaborations werden die Regeln für den Datenaustausch und die -transformation, Workflow-Aktivitäten und Notifikationen, das Routing der Nachrichten sowie Regeln für Benachrichtigungen bei Problemen festgelegt.[745] Hierzu steht eine grafische Entwicklungsumgebung zur Verfügung, die die Regeldefinition entweder

[741] In Anlehnung an Freyer, Gstir 01 /EAI in einer Telko (WWW)/ S. 23.

[742] Vormals Software Technologies Corp. (STC), 1989 gegründet.

[743] Vgl. SeeBeyond 01 /eBusiness Integration Suite (WWW)/ o.S.

[744] Vgl. Nußdorfer 00 /EAI (WWW)/ S. 155; vgl. Schulte, Altman 00 /Application Integration Middleware Market/ S. 18.

[745] Vgl. SeeBeyond 01 /e*Gate Integrator (WWW)/ o.S.

über „Drag-and-Drop"-Visualisierungen oder eine Modifikation des Java-Codes ermöglicht. Ergänzt wird der Message Broker durch intelligente Standardadapter (e*Way Intelligent Adapters) für verschiedene Systeme und Kommunikationsprotokolle, die selbständig Datenvalidierungen vornehmen können und über eingebaute Messaging-Funktionalität verfügen.

Folglich nutzt Tesion zur Zeit kein Prozessmanagement-Tool zur Modellierung der Geschäftsprozesse, sondern definiert direkt auf der Anwendungsebene Regeln für den Datenaustausch. Im Vordergrund der Integrationsbemühungen steht der interventionslose Datenaustausch zwischen den Systemen und die flexible Umsetzung zusätzlicher Schnittstellen.

6.5.4 Resultate

Da Tesion direkt den Weg über eine zentrale Integrationsinstanz gegangen ist, sind keine Einsparungen im Bereich der Schnittstellenentwicklung und -wartung im Vergleich zu einer auf Individuallösungen basierenden Schnittstellenlandschaft beobachtbar. Dennoch geht man bei Tesion davon aus, dass die internen Betriebskosten für Schnittstellenbetrieb und -wartung durch die zentrale Integrationsinstanz mindestens 50% niedriger seien als dies bei einer herkömmlichen Anwendungsintegration mit Punkt-zu-Punkt-Verbindungen der Fall wäre.[746] So wird zur Zeit bei Tesion die gesamte Wartung der Schnittstellen von nur einem Mitarbeiter wahrgenommen, der zudem noch die Entwicklung aller neuen Schnittstellen koordiniert. Insbesondere den Entwicklungsaufwand neuer Datenaustauschbeziehungen über Standardadapter der SeeBeyond-Lösung schätzt man bei Tesion auf etwa 15% der Kosten einer Individuallösung. Entsprechend einfach und schnell lassen sich neue Kunden und Partner anbinden. Zum Beispiel sind bei der Einrichtung einer neuen Call-by-Call-Nummer etwa 10 neue Schnittstellen einzurichten.

Auch bei Tesion zeigen die Erfahrungen, dass Performanz-, Skalierbarkeits- und Sicherheitsanforderungen bei Auswahl und Betrieb berücksichtigt werden müssen. Die EAI-Lösung muss eher als Betriebssystem denn als Anwendung betrachtet werden. Entsprechend solide müssen auch die Eigenschaften der technologischen Lösung bezüglich der Transaktionsüberwachung und des Loggings sowie des Systemmanagements sein. Zudem sollten sich Unternehmen im Klaren sein, nie ausschließlich ein einziges Inte-

---

[746] Vgl. Freyer, Gstir 01 /EAI in einer Telko (WWW)/ S. 19.

grationsprodukt einsetzen zu können. Gründe hierfür sind parallele Integrationsprojekte in verschiedenen Unternehmensbereichen, die Übernahme weiterer Produkte im Zuge von Unternehmensakquisitionen sowie die verstärkte Einbettung von Integrations-produkten in Standardanwendungen oder Entwicklungswerkzeugen.[747] So kommen bei Tesion neben e*Gate zum Beispiel auch BEA Weblogic und Oracle Application Server sowie die SAP-interne Integrations-Komponente von webMethods (Business Connector) zum Einsatz. Hierbei kann das Zusammenspiel der verschiedenen Integrations-produkte zu Problemen führen.

6.6 Zusammenfassung

Tabelle 6-1 stellt die betrachteten EAI-Implementierungen nochmals vergleichend gegenüber. Zusammenfassend kann man feststellen, dass der EAI-Lösungsansatz für Unternehmen unterschiedlicher Industrien und Unternehmensgrößen Potentiale bietet. Die eindeutigsten Nutzeffekte treten in der Praxis in Form reduzierten Aufwands für Wartung und Betrieb der Schnittstellen und der beschleunigten Entwicklung zusätz-licher Schnittstellen auf.

Bei den betrachteten Fällen liegt ein Schwerpunkt auf Unternehmen der Finanzdienst-leistungsbranche, zu der man im weiteren Sinne auch Loyalty Partner als Abwickler eines Rabattprogramms zählen kann. Auch wenn die ausgewählten Beispiele keinen statistisch repräsentativen Querschnitt aller durchgeführten EAI-Projekte darstellen, lässt sich dieses scheinbare Ungleichgewicht insofern rechtfertigen, als es sich bei Finanzdienstleistungsunternehmen um informationsintensive Unternehmen mit im Industrievergleich großen IV-Budgets handelt; diese Unternehmen sind auch in der Ver-gangenheit oft als Technologieführer aufgetreten. Insofern ist es wenig verwunderlich, wenn hier EAI-Konzepte frühzeitig umgesetzt werden.

---

[747] Vgl. Schulte 01 /Juggling Multiple Integration Brokers/ S. 1 f.; vgl. Schulte, Altman 01 / Application Integration: Success Amid Turmoil/ S. 3

Tabelle 6-1: Besprochene EAI-Fallbeispiele im Überblick [748]

	Commerzbank Investment Banking (6.1)	Deutsche See (6.2)	Loyalty Partner (6.3)	Union Investment Gruppe (6.4)	Tesion (6.5)
Industrie	Finanzdienst-leistungen	Handel	Finanzdienst-leistungen/ Marketing	Finanzdienst-leistungen	Telekom-munikation
Unter-nehmens-größe [749]	groß	mittelgroß	klein	groß	mittelgroß
Integrations-ziel	• STP • Reduktion Integrations-aufwand und -dauer	• Internetauftritt • Interne Daten-integration • Reduktion Wartungsauf-wand	• B2B-Integration	• STP • Reduktion Integrations-aufwand und -dauer • Reorganisa-tion des IV-Bereichs	• Interne Daten-integration • B2B-Integration • Einheitliche Kundensicht
Projekt-initiator	IV-Abteilung	IV-Abteilung / Geschäftsbereich	Geschäftsbereich	IV-Abteilung	IV-Abteilung
EAI-Technologie	Message Broker	Integration Broker	✳ Web-Integration-Server	Integration Broker	Integration Broker
Resultate	• Beschleuni-gung der Schnittstellen-entwicklung • Reduzierter Wartungsauf-wand • Effizientere Ressourcen-nutzung (Lizenz-kostenvor-teile)	• Backend-Integration der Internet-anwendung • Reduzierter Programmier-und War-tungsaufwand • Reduzierter Schulungsauf-wand • Verbesserte interne Kom-munikation	• Schnelle und flexible Anbindung von Partner-unternehmen • Basis für die Weiterent-wicklung interner An-wendungs-integration	• Reduzierter Programmier-und War-tungsaufwand • Vereinfachte Releasewech-sel einzelner Komponenten • Zentraler Kontrollpunkt für den Daten-austausch	• Reduzierter Programmier-und War-tungsaufwand • Schneller und flexibler ex-terner Daten-austausch • Einheitliche Kundensicht

✳ erfordert die gleiche Komponente beim Businesspartner.
einfacher: einfache Standardkomponenten nutzen, wie
Flatfile und ftp. Den EAI Ansatz auf Prozessebene
verwirklichen indem die Geschäftsvorfälle unter dem Aspekt

---

[748] Die angegebenen Ziffern verweisen auf den Abschnitt dieses Kapitels, in dem das jeweilige Fall-beispiel besprochen wird.

[749] Die Größeneinteilung der Unternehmen basiert auf einer relativen Beurteilung des Verfassers. Gemäß der Größenklassen nach § 267 Abs. 1-3 HGB, die sich an Bilanzsumme, Umsatzerlösen und Anzahl der Arbeitnehmer orientieren, handelt es sich bei allen Unternehmen bis auf Loyalty Partner (mittelgroß) um große Unternehmen.

des größtmöglichen Wiederverwendungsgrads den Anwendungen bzw.
Partnern zugeordnet werden. [EAI als Methode]

Es zeigen sich drei wesentliche Anwendungsmuster, die den Lösungsansatz und die EAI-Softwareauswahl stark beeinflussen. Dabei handelt es sich um die Prozessautomatisierung im Sinne eines Straight Through Processing, die unternehmensinterne Datenintegration sowie die zwischenbetriebliche B2B-Integration.

Im ersten Fall steht die durchgängige Unterstützung von Geschäftsprozessen durch verschiedene Anwendungen in Echtzeit im Mittelpunkt der Integrationsbemühungen. Eine Geschäftstransaktion soll unmittelbar entsprechende Verarbeitungsschritte in verschiedenen Anwendungssystemen auslösen. Entsprechend hoch sind die Anforderungen an die EAI-Lösung bezüglich der Synchronisation der Verarbeitung, Performanz und Transaktionalität. Ist die innerbetriebliche Datenintegration vorrangiges Ziel, kommen Lösungen zum Einsatz, die den regelmäßigen Datenaustausch zwischen Anwendungen über Scheduler steuern. Den größten Beitrag leistet EAI hier in der vereinfachten Anbindung unterschiedlichster Systeme an die Integrationsinstanz. Im Wesentlichen wird der Betrieb existierender Schnittstellen automatisiert. Steht die zwischenbetriebliche Integration im Sinne von B2B-Transaktionen im Vordergrund, muss die EAI-Lösung zusätzlich die unterschiedlichen Kommunikationsprotokolle der Geschäftspartner und den sicheren Datentransport unterstützen.

In allen betrachteten Fallbeispielen steht die Konnektivität sowie das Nachrichtenmanagement im Vordergrund. Bis auf das Union Investment-Beispiel wurde die Prozessmodellierung im Rahmen des EAI-Projekts zunächst zurückgestellt. Vorrangig galt es, bestehende Datenaustauschbeziehungen abzubilden und zu vereinfachen. In den betrachteten Fällen haben die Unternehmen damit eher einen „Bottom-up"-Ansatz zur Integration gewählt. Dies steht zwar im Widerspruch zu den Vorgehensmodellen externer IV-Berater, die eine vorangehende Modellierung der Prozesse fordern, entspricht aber dem Infrastrukturcharakter der EAI-Lösungen. Tatsächlich erscheint ein solches Vorgehen als sehr effizient, wenn ein gutes Verständnis der Informationsflüsse bereits vorliegt.[750] Entsprechend werden EAI-Projekte i.d.R. auch durch die IV-Abteilungen initiiert. Konkrete Anwendungsfälle, wie beispielsweise die Anbindung externer Partner oder die Backend-Integration von E-Business-Anwendungen, helfen bei der Durchsetzung und Budgetsicherung.

Performanz, Skalierbarkeit und Ausfallsicherheit waren in allen Fällen wesentliche Qualitätskriterien bei der Softwareauswahl. Damit wird der zentralen Stellung der EAI-Instanz in der betrieblichen Anwendungslandschaft Rechnung getragen. Den jeweiligen

---

[750] Vgl. Yee 00 /Business Process Integration (WWW)/ o.S.

Anforderungen entsprechende Systemtests können hier im Zuge einer „Proof-of-Concept"-Phase des Projekts Sicherheit über die Eignung möglicher Produkte liefern. Gleichwohl war jedes der betrachteten Unternehmen in der Lage, ein den Anforderungen entsprechendes Integrationsprodukt zu identifizieren. Die technologischen Lösungen der dargestellten Fallbeispiele basieren allesamt auf Message- bzw. Integration Brokern. Im LP-Fallbeispiel, bei dem der Fokus auf der zwischenbetrieblichen Integration von Partnerunternehmen liegt, kommt entsprechend mit dem B2B-Server von webMethods ein Web-Integration-Server zum Einsatz. Bei der Cbk IB wurde ein reiner Message Broker ausgewählt, da hier der Schwerpunkt auf die Datenintegration gelegt wurde. Der gleiche Fokus bestand auch für die Tesion-Lösung. Die Funktionalität des Integration Brokers e*Gate von SeeBeyond wird entsprechend nicht voll ausgenutzt.

7 Zusammenfassung und Ausblick

In der vorliegenden Arbeit wurde EAI als umfassender Ansatz zur Integration heterogener betrieblicher Anwendungssysteme untersucht.

Ziele dieser Arbeit waren es, den EAI-Lösungsansatz strukturiert zu beschreiben, von anderen Integrationsansätzen abzugrenzen und die Potentiale von EAI beim Einsatz in der Unternehmenspraxis aufzuzeigen. Dazu wurden auch Formen der technologischen Realisierung von EAI durch entsprechende Integrationsprodukte beschrieben und Fallstudien zu EAI-Lösungen in der Praxis dargestellt.

Da eine einheitliche Definition von EAI bislang nicht existiert, ging diese Arbeit zunächst auf die allgemeinen Grundlagen der Anwendungsintegration ein, um eine Einordnung von EAI in dieses Themengebiet zu erreichen. Dabei ist als charakteristisches Merkmal von EAI hervorzuheben, dass hier integrierte Informationssysteme durch die nachträgliche (ex-post) Integration vorhandener Anwendungssysteme und -komponenten geschaffen werden. Damit hebt sich der Ansatz von der vollständigen Neuentwicklung umfassender Anwendungssysteme sowie der Entwicklung integrationsfähiger Einzelkomponenten (Komponententechnik, Web-Services) ab.

Während EAI häufig nur im Zusammenhang mit der unternehmensinternen Anwendungsintegration diskutiert und von der zwischenbetrieblichen oder B2B-Integration abgegrenzt wird, ist der allgemeine Lösungsansatz auf beide Szenarien anwendbar. Auch unterstützen entsprechende Integrationsprodukte zunehmend sowohl die unternehmensinterne als auch die zwischenbetriebliche Integration von Anwendungssystemen. Entsprechend wurde in dieser Arbeit EAI als Ansatz zur Anwendungsintegration innerhalb eines Unternehmens und über Unternehmensgrenzen hinweg beschrieben.

Mit der Realisierung von EAI-Lösungen sind die Potentiale der integrierten Informationsverarbeitung verknüpft. Es wurden in dieser Arbeit die operativen Nutzeffekte in den Fachbereichen, die operativen Effekte innerhalb der betrieblichen IV-Abteilung sowie die strategischen Nutzeffekte von EAI dargestellt. Hervorzuheben ist die Erhöhung der Flexibilität im Unternehmen, auf veränderte Geschäftsprozesse, insbesondere im Rahmen des E-Commerce, durch eine rasche Anpassung des betrieblichen Informationssystems zu reagieren. Zudem leistet EAI einen wesentlichen Beitrag zur Komplexitätsreduzierung in der Anwendungs- und Schnittstellenlandschaft durch die Einrichtung einer zentralen „Informationsdrehscheibe" im Unternehmen. Die resultierenden Einsparungen durch den reduzierten Schnittstellenentwicklungs- und -wartungsaufwand leisten häufig einen wesentlichen Beitrag zur Wirtschaftlichkeit einer EAI-Lösung.

Nach der Erläuterung der allgemeinen Grundlagen der Anwendungsintegration und der mit ihr verbundenen Integrationsziele und -potentiale wurden Wege betrachtet, um die Integration heterogener betrieblicher Anwendungssysteme zu ermöglichen. Nach einem historischen Überblick über die unternehmensinterne und die zwischenbetriebliche Anwendungsintegration wurden verschiedene Integrationskonzepte und -ansätze aufgezeigt.

Integrationskonzepte beschreiben grundlegende Methoden zur Durchführung der Integrationsaufgabe. Hier wurden die Präsentations-, Daten- und Funktionsintegration unterschieden. Die Funktionsintegration wurde als das weitgehendste Konzept identifiziert, das ein weites Spektrum zu lösender Integrationsaufgaben unterstützt, inklusive der typischen Anwendungen der Präsentations- und der Datenintegration. Als Integrationsansätze wurden die Einrichtung von Punkt-zu-Punkt-Verbindungen zwischen Anwendungspaaren, der ERP-basierte Integrationsansatz mit zentraler Kernanwendung sowie der Middleware-basierte Integrationsansatz diskutiert. Alle drei Ansätze haben gemeinsame Nachteile, die EAI bestrebt ist zu überwinden. Zu diesen Nachteilen gehören fixierte und damit unflexible syntaktische Definitionen, die Notwendigkeit der Entwicklung individueller Schnittstellen, die mangelnde semantische Tiefe, die insbesondere eine Prozesssteuerung nur in begrenztem Umfang zulässt, sowie der enorme Zuwachs an Schnittstellen, wenn in komplexen Umgebungen ein umfassender Datenaustausch unterstützt werden soll.

Auf der Basis dieser Ergebnisse erfolgte die eigentliche Beschreibung von EAI als umfassender Integrationsansatz. Es wurde dargestellt, inwiefern EAI auf den beschriebenen traditionellen Integrationsansätzen aufsetzt und darüber hinausgeht. EAI dient der Integration von Geschäftsprozessen durch die kontrollierte, flexible und rasch ausbaubare Integration multipler Anwendungen. Der EAI-spezifische Lösungsansatz unterstützt dazu die semantische Integration über Daten-, Programm- *und* Prozessebene hinweg. Alternative Topologien von EAI-Lösungen, relevante Standards für den Datenaustausch sowie aufbauorganisatorische Auswirkungen von EAI wurden beschrieben.

Ein zentrales Ziel dieser Arbeit war es zudem, die wesentlichen funktionalen Bestandteile einer EAI-Lösung zu beschreiben. Als solche wurden fünf „Bausteine" identifiziert und beschrieben: Adapter und Middleware gewährleisten zusammen mit dem physischen Netzwerk die Konnektivität der verteilten Anwendungen. Das Nachrichtenmanagement leistet innerhalb der EAI-Lösung Transformations- und Synchronisationsdienste und stellt die Transaktionalität der Gesamtlösung sicher. Eine Prozessmanagement-Komponente unterstützt die Modellierung, Steuerung und die Kontrolle der Abwicklung anwendungssystemübergreifender Geschäftsprozesse. Eine zentrale Metadatenbank sowie verschiedene Zusatzdienste, darunter Systemmanagementdienste, Sicherheits- und Entwicklungsunterstützung, ergänzen die EAI-Lösung und unterstützen deren Konfiguration und Verwaltung. Ein Schwerpunkt wurde bei der Darstellung auf die zentralen Middleware-Dienste gelegt, deren Funktionsweise und spezifische Relevanz in EAI-Lösungen beschrieben wurden.

Ergänzend wurden ausgewählte Aspekte bzgl. der Realisierung von EAI-Projekten untersucht. Damit wurde der zentralen Bedeutung der fachlichen und technischen Realisierung für das erfolgreiche Umsetzen des EAI-Lösungskonzeptes Rechnung getragen. Es wurden dazu spezifische Problembereiche, Erfolgsfaktoren und Aspekte der Wirtschaftlichkeitsbetrachtung von EAI-Projekten beleuchtet. Dabei zeigten sich einerseits eine Reihe von Ähnlichkeiten zu großen betrieblichen IV-Infrastrukturprojekten. Andererseits ähneln entsprechende Projekte aufgrund der Unterstützung der Prozessintegration durch EAI aber auch primär fachlich getriebenen BPR-Vorhaben. Damit zählen EAI-Projekte zu der Gruppe von strategischen IV-Vorhaben, die ein gemeinsames Verständnis und eine enge Zusammenarbeit von Fach- und IV-Seite im Unternehmen erfordern.

Nachdem so in dieser Arbeit ein grundlegendes Verständnis im Hinblick auf EAI und die entsprechenden funktionalen Bestandteile geschaffen wurde, wurden im Anschluss daran verschiedene Integrationsprodukte als technologische Basis für die Realisierung analysiert. Insbesondere Message- bzw. Integration Broker sowie Applikations-Server ließen sich als die bedeutsamsten Integrationsprodukte identifizieren. Sie unterstützen die im Rahmen von EAI-Projekten geforderten Funktionalitäten und Systemeigenschaften am weitgehendsten. Zudem lässt sich eine Konvergenz dieser beiden Produktklassen beobachten, die mittelfristig zur Entwicklung eines umfassenden EAI-Produkts führen könnte. Es wurden im Zusammenhang mit dieser Beschreibung der Evolution von Integrationsprodukten ausgewählte Integrationsplattformen vorgestellt. Daneben wurden traditionelle Middleware-Produkte, Prozessmanagement-Produkte sowie Entwicklungsumgebungen und Software-Tools auf ihre Anwendbarkeit in EAI-Szenarien hin untersucht. Zudem wurden Kriterien für die unternehmensspezifische Auswahl von Integrationsprodukten vorgestellt und allgemeine Betrachtungen zur Entwicklung der relevanten Softwaremärkte vorgenommen. Die zunehmende Bedeutung von EAI findet ihren Niederschlag in den Wachstumserwartungen der Softwaremärkte.

Abschließend wurden unternehmensspezifische EAI-Lösungen in der Praxis anhand ausgewählter Fallstudien vorgestellt. Drei wesentliche Anwendungsmuster, die sich bei deren Analyse erkennen ließen, waren die durchgängige, anwendungsübergreifende Verarbeitung von Informationen im Sinne eines Straight Through Processing, die unternehmensinterne Datenintegration sowie die zwischenbetriebliche B2B-Integration. Die Ergebnisse der einzelnen Fallstudien wurden schließlich vergleichend gegenübergestellt.

Zusammenfassend kann festgestellt werden, dass EAI einen wesentlichen Beitrag dazu leisten kann, die Komplexität der betrieblichen IV-Landschaft zu reduzieren und – wichtiger noch – die flexible Anpassung von Geschäftsprozessen an veränderte Rahmenbedingungen sowie neue Formen zwischenbetrieblicher Zusammenarbeit zu unterstützen. Entsprechend versuchen immer mehr Unternehmen, die Potentiale von EAI für sich zu nutzen, und entwickeln ihre eigene EAI-Strategie. Dabei ist in den meisten Unternehmen ein schrittweises Vorgehen bei der Umsetzung zu beobachten. Gleichzeitig stehen mittlerweile Integrationsprodukte zur Verfügung, die in der Lage sind, das EAI-Konzept als umfassenden Integrationsansatz auf Daten-, Programm- und Prozessebene zu unterstützen. Entsprechend lassen sich die Realisierungszeiten verkürzen, und die Wirtschaftlichkeit der Anwendung wächst. Hier ist noch nicht das Ende der Entwicklung erreicht.

Im Rahmen dieser Arbeit konnten nur Teilaspekte des zur Diskussion stehenden Themenspektrums detailliert betrachtet werden. Explizites Ziel dieser Arbeit war es, durch die Förderung eines gemeinsamen Verständnisses von EAI, dem zentralen Lösungsansatz und den damit verbunden Potentialen die Grundlage für weiterführende Untersuchungsschwerpunkte basierend auf den Ergebnisse dieser Arbeit zu schaffen. Entsprechend war eine Fokussierung auf bestimmte Betrachtungsfelder erforderlich. Es sind eine Reihe von weiterführenden Betrachtungen im Rahmen zusätzlicher wissenschaftlicher Arbeiten denkbar, die eine hilfreiche Ergänzung dieser Arbeit darstellen könnten:

- Der Erfolg der Umsetzung von EAI im Unternehmen wird maßgeblich durch das Vorgehen bei der Realisierung mitbestimmt. Entsprechend bedeutsam sind adäquate Vorgehensweisen und flankierende organisatorische Maßnahmen. In dieser Arbeit wurden entsprechende Aspekte nur überblickartig beleuchtet. Eine nähere Untersuchung geeigneter Methoden und Vorgehensmodelle zur umfassenden Umsetzung von EAI-Lösungen wäre hier denkbar und hilfreich.

- In dieser Arbeit musste die Einbeziehung von Fallstudien quantitativ und thematisch begrenzt werden. Eine weitere Betrachtung unternehmensspezifischer Anwendungsfälle kann die Resultate dieser Arbeit ergänzen. So können die in dieser Arbeit identifizierten Anwendungsszenarien weiter detailliert und deren Unterstützung durch spezifische Integrationsprodukte näher untersucht werden.

- In dieser Arbeit wurde eine klare Abgrenzung zwischen der Ex-ante- und der Ex-post-Integration von Anwendungssystemen vorgenommen, um dem Schwerpunkt des Untersuchungsgegenstands gerecht zu werden. Tatsächlich bestehen hier jedoch Wechselbeziehungen. So kommen etwa in EAI-Lösungen auch Elemente der Komponententechnik zur Anwendung. Auch eine nähere Untersuchung der Auswirkungen einer verbreiteten Anwendung von Web-Services auf die Integrationsproblematik in Unternehmen kann eine sinnvolle Ergänzung dieser Arbeit darstellen.

Die Integrationsproblematik in den Unternehmen ist real. Die Entwicklungen im Bereich des E-Commerce haben den Bedarf der flexiblen Integration von Anwendungssystemen zur Unterstützung dynamischer Geschäftsprozesse nochmals verstärkt. Gleichzeitig eröffnen erweiterte Integrationsprodukte neue Möglichkeiten zur Adressierung des Integrationsbedarfs. Aus der vorliegenden Arbeit ist deutlich geworden, dass sich mit EAI ein Konzept anbietet, das vor diesem Hintergrund zu einer grundlegenden Veränderung der Informationssystemlandschaft in den Unternehmen und zur Erschließung neuer Potentiale der betrieblichen Informationsverarbeitung beitragen kann.

Anhang

Übersicht über ausgewählte Integrationsprodukte

Die folgenden Tabellen erlauben eine Übersicht über das bestehende Angebot von Integrationsprodukten am Markt, die zur systemtechnischen Unterstützung von EAI-Lösungen in Frage kommen. Die hier aufgeführten Anbieter und ihre Software stellen lediglich eine Auswahl beispielhafter Produkte dar. Einen Anspruch auf Vollständigkeit erheben die Listen nicht.

Eine detailliertere Beschreibung der einzelnen Produkte und weitere Informationen zu dem jeweiligen Anbieter finden sich unter den angegebenen Internetadressen.

Zudem finden sich im Internet auch weitere, regelmäßig aktualisierte Anbieterlisten. Die Klassifikation der Produkte weicht dort jedoch teilweise von der hier dargestellten ab. Anbieterlisten finden sich etwa unter:

- ebizQ: The Portal for e-Business Integration (e-Business Integration Roadmap)
  http://analystQ.ebizQ.net/roadmap.html

- EAI-Forum der Computerwoche.online
  http://www1.computerwoche.de

- EAI-Forum der CSA Consulting GmbH
  http://www.eaiforum.de

- Anbieterdatenbank der Nomina GmbH Informations- und Marketing-Services
  (ISIS Datenbank)
  http://www.isis-eai.de

- Middleware Resource Center
  http://www.middleware.org

Tabelle A-1: **Message bzw. Integration Broker**

Anbieter	Produkt	Weitere Informationen
BEA	eLink Information Integrator	http://www.bea.com
Candle	CandleNet eBusiness Platform	http://www.candle.com
CSK Software	X-Gen	http://www.csksoftware.com
eXcelon	B2B Integration Server	http://www.exceloncorp.com
GE Global eXchange Services	Enterprise System	http://www.gegxs.com
IBM	WebSphere MQ Integrator	http://www-3.ibm.com/software/ts/mqseries
Iona	iPortal Integration Server	http://www.iona.com/products/ip_ipi_home.htm
iPlanet (Sun/Netscape Alliance)	iPlanet Integration Server	http://www.iplanet.com
Jacada (früher Propelis)	Jacada Integrator	http://www.jacada.com
Level8	Geneva Enterprise Integrator	http://www.level8.com/gei/
Mercator (früher TSI)	Integration Broker	http://www.mercator.com
Netik	Interchange	http://www.netik.com
Quovadx (früher Healthcare.com)	QDX Engine	http://www.quovadx.com
SeeBeyond	e*Gate Integrator	http://www.seebeyond.com
Software AG	EntireX Orchestrator	http://www.softwareag.com
Sterling Commerce	Sterling Integrator	http://www.sterlingcommerce.com
SunGard Business Integration	MINT Knowledge Family	http://www.sungard.com
Sybase	Enterprise Event Broker	http://www.sybase.com
Systemfabrik GmbH	Information-Integration, Warehouse Workbench	http://www.systemfabrik.com
Tibco	Tibco Integration Manager; Tibco Message Broker	http://www.tibco.com
Vitria	BusinessWare	http://www.vitria.com
Viewlocity	AMTrix Integration Broker	http://www.viewlocity.com
Vertex Interactive	Evolve	http://www.vertexinteractive.com
webMethods	Enterprise Server	http://www.webmethods.com
WRQ	VeraStream Integration Broker	http://www.wrq.com

Tabelle A-2: Applikations-Server

Anbieter	Produkt	Weitere Informationen
Apple	WebObjects	http://www.apple.com/ webobjects/
ATG	Dynamo	http://www.atg.com
BEA Systems	Weblogic	http://www.beasys.com
Borland	Enterprise Server	http://www.borland.com
Fujitsu	Interstage	http://www.interstage.com
HP	HP-AS	http://www.bluestone.com
IBM	WebSphere	http://www.software.ibm.com/ webservers/appserv/
iPlanet (Sun/Netscape Alliance)	iPlanet	http://www.iplanet.com
Iona	Orbix E2A	http://www.iona.com
Oracle	9i Application Server	http://www.oracle.com
Sybase	EA Server	http://www.sybase.com/products/ applicationservers/easerver
Lutris	Lutris EAS	http://www.lutris.com
Macromedia (früher Allaire)	ColdFusion	http://www.macromedia.com
Persistence	PowerTier	http://www.persistence.com
Progress	Progress AppServer	http://www.progress.com
SAP	Web Application Server	http://www.sap-ag.de
Unify	Unify eWave Engine	http://www.unifyewave.com

Tabelle A-3: **Traditionelle Middleware-Produkte**

Middleware	Anbieter	Produkt	Weitere Informationen
RPC	NC Laboratories	JaRPC	http://www.nc-labs.com
	Netbula	Power RPC	http://www.netbula.com
Datenzugriffs-orientierte Middleware	Attunity	ISG Navigator	http://www.isgsoft.com
	Cross Access	Exadas	http://www.crossaccess.com
	Data Mirror (früher Constellar)	Transformation Server; Constellar Hub	http://www.datamirror.com
	Sybase	EnterpriseConnect Data Access	http://www.sybase.com/products/middleware
MOM	IBM	MQSeries (zukünftig WebSphere MQ)	http://www-3.ibm.com/software/ts/mqseries/
	Microsoft	MS Message Queue (MSMQ)	http://www.microsoft.com/msmq/
	Tibco	Tibco Rendezvous	http://www.tibco.com/products/rv
	iPlanet (Sun/Netscape Alliance)	iPlanet Message Queue for Java (früher: Java Message Queue JMS)	http://www.iplanet.com/products/iplanet_message_queue/
	BEA Systems	BEA MessageQ	http://www.bea.com/products/messageq/index.shtml
	Candle	Roma Technology	http://www.candle.com
TP-Monitore	BEA Systems	Tuxedo	http://www.beasys.com/products/tuxedo/index.shtml
	Fujitsu-Siemens	openUTM	http://www.fujitsu-siemens.com/servers/outm/outm_de.htm
	IBM	CICS	http://www-3.ibm.com/software/ts
	Microsoft	Microsoft Transaction Server (MTS)	http://www.microsoft.com/com/
	Sybase	Jaguar CTS	http://www.sybase.com
ORBs	*Eine umfassende Übersicht zu Herstellern von CORBA-basierten Produkten findet sich unter http://www.corba.org/vendors*		
	BEA Systems	ObjectBroker	http://www.bea.com
	Inprise	Visibroker	http://www.inprise.com/bes/visibroker
	Iona	Orbix, ORBacus	http://www.iona.com
	Microsoft	Microsoft Transaction Server (MTS)	http://www.microsoft.com/com/
	Software AG	EntireX Manager	http://www.softwareag.com/entirex/

Tabelle A-4: Prozessmanagement-Produkte

Einsatzbereich	Anbieter	Produkt	Weitere Informationen
Prozess-modellierung, -visualisierung und -simulation	ATOSS Software	Aeneis	http://www.atoss.com
	IDS Scheer	ARIS Toolset	http://www.ids-scheer.com
	Intraware	Bonapart	http://www.intraware.de
	Knowledge Based Systems (KBSI)	ProSim	http://www.kbsi.com
	magna solutions	Silverrun-BPM (Business Process Modeler)	http://www.silverrun.com/bpm.html
	Mega International	Mega Suite	http://www.mega.com
	Microsoft	Visio	http://www.microsoft.com/office/visio
	Powersim	Powersim Studio	http://www.powersim.com
	Proforma	Provision Workbench	http://www.proformacorp.com
	Promatis AG	Income	http://www.promatis.com
	RFF Electronics	RFFlow	http://www.rff.com
Workflow-Management	Accelio (früher: Jetform)	Accelio Integrate	http://www.accelio.com
	Banctec	Floware	http://www.banctec.com/wf
	COI GmbH	COI-BusinessFlow	http://www.coi.de
	Dialogika	multiDESK	http://www.multidesk.com
	IBM	Lotus Workflow	http://www.lotus.com
	IBM	MQSeries Workflow	http://www-3.ibm.com/software/ts/mqseries/workflow
	Intraware	IW-Workflow	http://www.intraware.de
	Ley	COSA Workflow	http://www.ley.de
	Staffware	Staffware Process Engine	http://www.staffware.com
	Versata	Versata Logic Suite	http://www.versata.com

Tabelle A-5: Software-Tools

Anwendung	Anbieter	Produkt	Weitere Informationen
Punkt-zu-Punkt-Integration (ETL-Tools, Adapter)	Acta Technology	ActaWorks	http://www.acta.com
	Data Junction	Data Junction	http://www.datajunction.com
	Dresdner Kleinwort Wasserstein	Openadaptor	http://www.openadaptor.org
	ETI (Evolutionary Technologies Int.)	ETI Extract	http://www.eti.com
	Information Builders	WebFOCUS ETL	http://www.informationbuilders.com
	Taviz Technology	eIntegration Suite	http://www.taviz.com
	Thought	Cocobase	http://www.thoughtinc.com
Anbindung von Altsystemen (Legacyware)	ClientSoft	ClientBuilder	http://www.clientsoft.com
	Hob	HobLink	http://www.hob.de
	Netmanage	Rumba	http://www.netmanage.com
	Open Connect	WebConnect, AutoVista	http://www.openconnect.com
	Seagull	WinJa, JWalk	http://www.seagullsw.com/extend.html
	SofTouch	CrossPlex	http://www.softouch.com
	Wraptor Laboratories	Apilink	http://www.apilink.com
Allgemeine Entwicklungs-werkzeuge	IBM	Visual Age	http://www-3.ibm.com/software/ad/vaes
	Merant	PVCS	http://www.merant.com
	Microsoft	Visual Studio.net	http://www.msdn.microsoft.com/vstudio
	MID	Innovator	http://www.mid.de
	Popkin Software	SystemArchitect	http://www.popkin.com
	Rational	Rational Suite	http://www.rational.com
	Visible Systems	Visible Analyst	http://www.visible.com
System Management	BMC Software	Patrol Mainview	http://www.bmc.com
	Computer Associates	Unicenter	http://www3.ca.com
	Hewlett-Packard	OpenView	http://www.openview.hp.com
	MQSoftware	QPasa!	http://www.mqsoftware.com
	IBM (früher: Tivoli)	Tivoli	http://www.tivoli.com

Literaturverzeichnis

Active Software 00 /B2B Integration (WWW)/
Active Software (Hrsg.): Business-to-Business Integration for the New Network Economy, Active Software White Paper, o.O. 2000.
http://ebizq.net/shared/white_papers.jsp?ID=active_1.pdf, Abruf am 22.7.2001.

Adams 00 /Differentiating by Integration/
Adams, Mark: Differentiating by Integration, in: Manufacturing Engineer, Nr. 3, 2000, Bd. 79, S. 119-121.

Alexander 01 /EJB-Server/
Alexander, Sascha: Praxis und Trends bei EJB-Servern, in: Computerwoche, Nr. 16, 2001, Bd. 28, S. 20-21.

Alexander 01 /OMG/
Alexander, Sascha: OMG-Konsortium vereint seine Standards, in: Computerwoche, Nr. 12, 2001, Bd. 28, S. 36.

Alexander 01 /WebLogic-Server/
Alexander, Sascha: BEA Systems liefert nächste Generation des Weblogic-Servers, in: Computerwoche, Nr. 2, 2001, Bd. 28, S. 19.

Alexander 00 /Hoffnungsträger/
Alexander, Sascha: EAI – Hoffnungsträger mit noch unklarer Zukunft, in: Computerwoche, Nr. 30, 2000, Bd. 27, S. 9-10.

Allen 01 /EAI Tools (WWW)/
Allan, Douglas W.: Don't Let EAI Tools Get in the Way of Good Design, in: ebizQ: The Portal for e-Business Integration, 2001.
http://eai.ebizq.net/str/allen_2.html, Abruf am 12.6.2001.

Allen 01 /EAI Tool Kit (WWW)/
Allen, Douglas W.: Assembling Your EAI Tool Kit, in: ebizQ: The Portal for e-Business Integration, 2001.
http://eai.ebizq.net/str/allen_1.html, Abruf am 23.3.2001.

Angel 00 /Application Servers/
Angel, Jonathan: Application Servers on Parade, in: Network Magazine, Nr. 1, 2000, Bd. 15, S. 71-74.

Assender 01 /Middleware and EAI/
Assender, Clive: The "Real" benefits of Middleware and EAI, Vortrag zu den
Adept-Solution-Days, Frankfurt, März 2001.

Barrett 99 /Java Messaging (WWW)/
Barrett, Alexandra: Java Messaging Ensures Data Delivery, in: Information-
week.com (Online Ausgabe), 29. November 1999.
http://www.informationweek.com/763/prmess.htm, Abruf am 24.2.2001.

Bauer 01 /Rosetta Net/
Bauer, Oliver: Rosetta Net: Standard mit globalen Aussichten, in: Computerwoche, Nr. 12, 2001, Bd. 28, S. 174-175.

Bauer u.a. 94 /Distributed System Architecture/
Bauer, Michael A.; Coburn, Neil; Erickson, Doreen L.; Finnigan, Patrick J.;
Hong, James W.; Larson, Per-Åke; Pachl, Jan; Slonim, Jacob; Taylor, David J.;
Teorey, Toby J.: A distributed system architecture for a distributed application
environment, in: IBM Systems Journal, Nr. 3, 1994, 33. Jg.; S. 399-425.

BEA 01 /Building A Fully Integrated, Extended Enterprise (WWW)/
BEA Systems, Inc. (Hrsg.): Building A Fully Integrated, Extended Enterprise –
A Closer Look at BEA WebLogic Integration, BEA White Paper, o.O.
12. November 2001.
http://www.bea.com/products/weblogic/integration/wli_wprev.pdf, Abruf am
20.11.2001.

BEA 01 /Application Integration (WWW)/
BEA Systems, Inc. (Hrsg.): Application Integration – Using the J2EE Connector
Architecture and BEA WebLogic Integration, BEA White Paper, o.O. 27.
August 2001.
http://www.bea.com/products/weblogic/integration/wli_app_intg_wp.pdf, Abruf
am 20.11.2001.

BEA 01 /BEA WebLogic Integration (WWW)/
BEA Systems, Inc. (Hrsg.): BEA WebLogic Integration – Simplifying and
standardizing application development, deployment, and business integration for
the enterprise, BEA White Paper, o.O. 13. Juni 2001.
http://www.bea.com/products/weblogic/integration/wli_wp.pdf, Abruf am
20.11.2001.

Becker 91 /CIM-Integrationsmodell/
Becker, Jörg: CIM-Integrationsmodell – Die EDV-gestützte Verbindung
betrieblicher Bereiche, Berlin u.a. 1991.

Bereszewski u.a. 02 /Fusion, Konfusion, Kapitulation/

Bereszewski, Markus; Kloss, Kerstin; Keßler, Fred: Fusion, Konfusion, Kapitulation, in: Informationweek, Nr. 2, 2002, 6. Jg., S. 20-24.

Bernotat u.a. 01 /EAI/

Bernotat, Jens; Hoch, Detlef J.; Laartz, Jürgen; Scherdin, Alexander: EAI-Elementarer Treiber der zukünftigen Wettbewerbsposition, in: Information Management & Consulting, Nr. 1, 2001, 16. Jg., S. 17-23.

Bernstein 96 /Middleware/

Bernstein, Philip A.: Middleware: A Model for Distributed System Services, in: Communications of the ACM, Nr. 2, 1996, 39. Jg., S. 86-98.

Beuthner, Hase 00 /Elektronische Vorgangsbearbeitung/

Beuthner, Andreas; Hase, Michael: Elektronische Vorgangsbearbeitung – Das Missing Link im E-Business, in: Informationweek, Nr. 15, 2000, 4. Jg., S. 32-34.

Biethahn u.a. 00 /Ganzheitliches Informationsmanagement/

Biethahn, Jörg; Mucksch, Harry; Ruf, Walter: Ganzheitliches Informationsmanagement, Band I: Grundlagen, 5., unwesentlich veränderte Auflage, München, Wien 2000.

Biskamp 99 /Legacy-Anwendungen/

Biskamp, Stefan: Legacy Anwendungen – Kosmetik für ältere Software-Semester, in: Informationweek, Nr. 16, 1999, 3. Jg., S. 35.

Bisson 00 /Soap/

Bisson, Simon: Soap without froth, in: Application Development Advisor, Nr. 5, 2000, Bd. 3, S. 50-53.

Bonnet 01 /B2B/EAI im PAYBACK Umfeld (WWW)/

Bonnet, Thomas: B2B/EAI im PAYBACK Umfeld, Vortrag auf dem EAI-Forum, Mainz, 8. Mai 2001.
http://www.competence-site.de/eaisysteme.nsf./StudienView, Abruf am 22.7.2001.

Bosilj-Vuksic, Hlupic 01 /Petri nets and IDEF diagrams/

Bosilj-Vuksic, Vesna; Hlupic, Vlatka: Petri nets and IDEF diagrams: Applicability and efficacy for business process modelling, in: Informatica, Vol. 25, Teil 1, 2001, S. 123-134.

Bradbury 00 /Middleware with bells/

Bradbury, Danny: Middleware with bells on, in: Application Development Advisor, Nr. 5, 2000, Bd. 3, S. 26-29.

Britton 01 /IT Architectures and Middleware/
Britton, Chris: IT Architectures and Middleware – Strategies for Building Large, Integrated Systems, Boston u.a. 2001.

Brodie, Stonebraker 95 /Migrating Legacy Systems/
Brodie, Michael L.; Stonebraker, Michael: Migrating Legacy Systems – Gateways, Interfaces & the Incremental Approach, San Francisco 1995.

Buhl u.a. 01 /Softwaresysteme für EAI/
Buhl, Lothar; Christ, Jörg; Pape, Ulrich: Marktstudie: Softwaresysteme für Enterprise Application Integration, Dangelmaier, Wilhelm; Bohner, Markus (Hrsg.), 1. Auflage, Paderborn 2001.

Buxmann 98 /XML (WWW)/
Buxmann, Peter: XML (Extensible Markup Language), in: Ergänzungen im Internet zu Mertens, Peter u.a. (Hrsg.): Lexikon der Wirtschaftsinformatik, 3., vollständig neu bearbeitete und erweiterte Auflage, 1998.
http://www.wi1.uni-erlangen.de/buecher/lexikon/xml.html, Abruf am: 15.11.2001.

Buxmann, König 97 /Einsatz R/3/
Buxmann, Peter; König, Wolfgang: Empirische Ergebnisse zum Einsatz der betrieblichen Standardsoftware SAP R/3, in: Wirtschaftsinformatik, Nr. 4, 1997, 39. Jg., S. 331-338.

Buyens 01 /Integration: More is Better? (WWW)/
Buyens, Marc: Integration: More is Better?, in: ebizQ: The Portal for e-Business Integration, 30. Juli 2001.
http://eai.ebizq.net/str/buyens_1.html, Abruf am 3.8.2001.

Cherry Tree & Co. 00 /Extended Enterprise Applications (WWW)/
Cherry Tree & Co. (Hrsg.): Extended Enterprise Applications: Spotlight Report, o.O. 2000.
http://e-serv.ebizq.net/shared/white_papers.jsp?ID=cherrytree_2.pdf, Abruf am 13. Juni 2001.

Coleman 01 /ERP Integration (WWW)/
Coleman, Patrick: ERP Integration Options, in: ebizQ: The Portal for e-Business Integration, 2001.
http://eai.ebizq.net/erp/coleman_1.html, Abruf am 23.3.2001.

Commerzbank AG 01 /Zahlen, Fakten, Ziele (WWW)/
Commerzbank AG (Hrsg.): Commerzbank – Zahlen, Fakten, Ziele, Vortrag, o.O. Mai 2001.

http://www.commerzbank.de/aktionaere/vortrag/charts_010510.pdf, Abruf am 27. Juni 2001.

Constellar Corp. 00 /Extended Enterprise/
Constellar Corp. (Hrsg.): In Pursuit of the Extended Enterprise: Integrating CRM, ERP and e-Commerce, White Paper, o.O. 2000.

Constellar Corp. 98 /EAI – A Technical Primer/
Constellar Corp. (Hrsg.): Enterprise Application Integration: A Technical Primer, White Paper, o.O. 1998.

Correia 01 /Global Economic Impact on AIM Market/
Correia, Joanne M.: The Global Economic Impact on the Application Integration and Middleware Markets, Gartner Research Brief, o.O. 2001.

Correia 01 /Looking Forward to 2005 in the AIM Market/
Correia, Joanne M.: Looking Forward to 2005 in the AIM Market, Gartner Research Brief, o.O. 2001.

CSK Software 01 /X-Gen Deutsche Börse Case Study (WWW)/
CSK Software (Hrsg.): Deutsche Börse – CSK Underpins Tomorrow's Market, Case Study, o.O. 2000.
http://www.csksoftware.com/casestudies/DeutscheBorse.pdf, Abruf am 27.6.2001.

Cusack 98 /Link Packages/
Cusack, Sally J.: There's more than one way to link packages, in: Application Development Trends, Nr. 10, 1998, 5. Jg., S. 47-54.

Darling, Semich 96 /Extreme Integration/
Darling, Charles B.; Semich, J. William: Extreme Integration, in: Datamation, Nr. 17, 1996, 42. Jg., S. 48-58.

Deutsche See 01 /Unternehmenspräsentation (WWW)/
Deutsche See GmbH & Co. KG: Unternehmenspräsentation der Deutschen See, o.O. 2001.
http://www.deutsche-see.de/deutschesee/unternehmen/unternehmensprofil/main.html, Abruf am 20.7.2001.

Diercks 99 /Schirmherrschaft/
Diercks, Jürgen: Schirmherrschaft, in: iX Magazin für professionelle Informationstechnik, Nr. 1, 1999, 10. Jg., S. 104-107.

Dolgicer 99 /Middleware Platform/
Dolgicer, Max: Building a Middleware Platform, in: Component Strategies, März 1999, S. 40-44.

Donelly 99 /EAI Infrastructure/
Donelly, Brian P.: Enterprise Application Integration – Building an
Infrastructure to Support Rapid Business Change, in: Enterprise Systems
Journal, Nr. 5, 1999, S. 80-84.

Dörflein u.a. 01 /Inter-Unternehmenskommunikation/
Dörflein, Michael; Hennig, Andreas; Ollmert, Clemens: E-Business spricht
XML mit Dialekt – Initiative für die Inter- Unternehmenskommunikation, in:
Computerwoche extra, Nr. 2, 23. März 2001, S. 34-36.

Duden 01 /Deutsches Universalwörterbuch/
Dudenredaktion (Hrsg.): Duden – Deutsches Universalwörterbuch, 4., neu
berabeitete und erweiterte Auflage, Mannheim u.a. 2001.

Earls 01 /ERP and CRM (WWW)/
Earls, Alan: Integrating ERP and CRM, in: ebizQ: The Portal for e-Business
Integration, 2001.
http://eai.ebizq.net/erp/earls_1.html, Abruf am 13.2.2001.

Eberle, Schäffner 88 /CIM-Investitionen/
Eberle, M.; Schäffner, G. J.: Analyse und Bewertung von CIM-Investitionen, in:
Zeitschrift für wirtschaftliche Fertigung und Automatisierung (ZwF), Nr. 3,
1988, 83. Jg., S. 118-122.

Engelhardt 99 /Branchensoftware/
Engelhardt, Andrea: Branchensoftware für kleine Unternehmen – Ein Beitrag
zur standardisierten Integration betriebswirtschaftlicher Komponenten, Diss.
Nürnberg 1999.

Erhardt, Buhl 01 /Erfahrungen eines Evaluierungsprozesses (WWW)/
Erhardt, Axel; Buhl, Lothar: Erfahrungen eines Evaluierungsprozesses, Vortrag
auf dem IIR EAI-Forum, Mainz, 8. Mai 2001.
http://www.competence-site.de/eaisysteme.nsf/StudienView, Abruf am
22.7.2001.

Ferstl 92 /Integrationskonzepte/
Ferstl, Otto K.: Integrationskonzepte betrieblicher Anwendungssysteme,
Fachbericht Informatik der Universität Koblenz-Landau, Nr. 1, 1992, o.Jg.,
S. 1-29.

Ferstl, Sinz 01 /Grundlagen/
Ferstl, Otto K.; Sinz, Elmar J.: Grundlagen der Wirtschaftsinformatik, Band 1,
4., überarbeitete und erweiterte Auflage, München, Wien 2001.

Ferstl u.a. 97 /Bausteine/

    Ferstl, Otto K.; Sinz, Elmar J.; Hammel, Christoph; Schlitt, Michael; Wolf, Stefan: Bausteine für komponentenbasierte Anwendungssysteme, in: Theorie und Praxis der Wirtschaftsinformatik (HMD), Nr. 197, 1997, Bd. 34, S. 24-46.

Fischer 99 /Informationswirtschaft/

    Fischer, Joachim: Informationswirtschaft: Anwendungsmanagement, München, Wien 1999.

Fleisch, Österle 01 /Erfolgreicher Portaleinsatz/

    Fleisch, Elgar; Österle, Hubert: Das Tor zur IT-Welt – Thesen zum erfolgreichen Portaleinsatz, in: Computerwoche extra, Nr. 2, 23. März 2001, S. 28-31.

Frank 91 /Anwendungsnahe Standards/

    Frank, Ulrich: Anwendungsnahe Standards der Datenverarbeitung: Anforderungen und Potentiale – Illustriert am Beispiel von ODA/ODIF und EDIFACT, in: Wirtschaftsinformatik, Nr. 2, 1991, 33. Jg., S. 100-111.

Freyer, Gstir 01 /EAI in einer Telko (WWW)/

    Freyer, Bernd; Gstir, Oliver: EAI in einer Telko, Vortrag der Tesion Südwest GmbH & Co. KG, o.O. 2001. http://www.competence-site.de/eaisysteme.nsf/StudienView, Abruf am 14.9.2001.

Friedmann, Prehl 01 /IT-Budgetpläne/

    Friedmann, Katharina; Prehl, Sabine: Deutsche Firmen legen IT-Budgetpläne offen, in: Computerwoche, Nr. 26, 2001, Bd. 28, S. 14-15.

Fritsch 01 /Zum Dienst bereit/

    Fritsch, Werner: Zum Dienst bereit, in: Informationweek, Nr. 18, 2001, 5. Jg., S. 46-50.

Fritsch 01 /Intelligente Verknüpfungen/

    Fritsch, Werner: Intelligente Verknüpfungen, in: Informationweek, Nr. 17, 2001, 5. Jg., S. 38.

Fritsch 00 /Integration ist Chefsache/

    Fritsch, Werner: Integration ist Chefsache, in: Informationweek, Nr. 22, 2000, 4. Jg., S. 26-32.

Frye 99 /EAI Tools/

    Frye, Colleen: EAI Tools: Can they cut IT consulting costs?, in: Application Development Trends, Nr. 4, 1999, 6. Jg., S. 37-43.

Funk 01 /SAP predigt Offenheit/
Funk, Karen: SAP predigt Offenheit und postuliert neue Strategie, in: Computerwoche, Nr. 25, 2001, Bd. 28, S. 10.

Funk 92 /CIM/
Funk, Wilfried: Organisatorische Implikationen einer computerintegrierten Produktion (CIM) – Ansatzpunkte zur Gestaltung der Aufbauorganisation, Ablauforganisation sowie der Projektorganisation bei CIM, in: Zeitschrift Führung + Organisation, Nr. 6, 1992, 61. Jg., S. 355-361.

Gadient 96 /EDA/SQL/
Gadient, Hansjörg: Middleware – EDA/SQL – Praxisbeitrag, in: Österle, Hubert; Riehm, Rainer; Vogler, Petra (Hrsg.): Middleware – Grundlagen, Produkte und Anwendungsbeispiele für die Integration heterogener Welten, Braunschweig, Wiesbaden 1996, S. 181-192.

Gareiss 00 /EAI (WWW)/
Gareiss, Dawn: EAI Offers Alternatives To Building Integrated Apps, in: Informationweek.com (Online Ausgabe), 14. Februar 2000. http://www.informationweek.com/773/preai.htm, Abruf am 24.2.2001.

Georg 01 /EDI/
Georg, Björn: EDI hat noch lange nicht ausgedient, in: Computerwoche, Nr. 21, 2001, Bd. 28, S. 26-27.

Gfaller 00 /E-Business/
Gfaller, Hermann: E-Business: Hauptaufgabe ist die IT-Integration, in: Computerwoche, Nr. 15, 2000, Bd. 27, S. 29-30.

Gierhake 98 /Geschäftsprozessmanagement/
Gierhake, Olaf: Integriertes Geschäftsprozessmanagement – Effektive Organisationsgestaltung mit Workflow-, Workgroup- und Dokumentenmanagement-Systemen, 2. Auflage, Braunschweig, Wiesbaden 1998.

Gilpin 99 /How to Select/
Gilpin, Mike: Planning Assumption – How to Select an Enterprise Application Integration Solution, Giga Information Group Positionspapier, Cambridge 1999.

Gilpin, Zetie 00 /EJB Application Server Market/
Gilpin, Mike; Zetie, Carl: Planning Assumption – 2000 Forecast for the EJB Application Server Market, Giga Information Group Positionspapier, Cambridge 2000.

Glanz 93 /Ökonomie von Standards/
Glanz, Axel: Ökonomie von Standards – Wettbewerbsaspekte von

Kompatibilitäts-Standards dargestellt am Beispiel der Computerindustrie, Frankfurt u.a. 1993.

Gold-Bernstein 00 /E-Business Integration Market/
Gold-Bernstein, Beth: Divide and conquer: Segmenting the e-business integration market, in: Application Development Trends, Nr. 11, 2000, 7. Jg., S. 22-26.

Gould 99 /EAI Challenge/
Gould, Arthur E.: The EAI Challenge, in: Enterprise Systems Journal, Nr. 8, 1999, Bd. 14, S. 81-84.

Grochla u.a. 74 /Kölner Integrationsmodell/
Grochla, Erwin; Bischoff, Rainer; Fezer, Ulrich; Gagsch, Siegfried; Garbe, Helmut; Gillner, Reinhard; Poths, Willi: Integrierte Gesamtmodelle der Datenverarbeitung – Entwicklung und Anwendung des Kölner Integrations-modells (KIM), München, Wien 1974.

Hackathorn 93 /Enterprise Database Connectivity/
Hackathorn, Richard D.: Enterprise Database Connectivity – The Key to Enterprise Applications on the Desktop, New York u.a. 1993.

Hackmann 01 /EAI-Projekte/
Hackmann, Joachim: Services treiben den Preis für EAI-Projekte, in: Computer-woche, Nr. 40, 2001, Bd. 28, S. 70.

Haenggi 01 /Anwendungsintegration/
Haenggi, Fernand: Der Weg zur erfolgreichen Anwendungsintegration, in: Information Management & Consulting, Nr. 1, 2001, 16. Jg., S. 49-53.

Hapgood 01 /The Great Communicator/
Hapgood, Fred: The Great Communicator – Middleware has become the glue that ties IT together, in: CIO, 1. März 2001, S. 162-164.

Harmon u.a. 01 /E-Business Systems and Architectures/
Harmon, Paul; Rosen, Michael; Guttman, Michael: Developing E-Business Systems and Architectures – A Manager's Guide, San Francisco u.a. 2001.

Harnischmacher 01 /Loyalty Partner/
Harnischmacher, Robert: Bei Kauf gibt's Payback-Punkte – Loyalty Partner baut B-2-B-Integration in zwei Monaten, in: Computerwoche extra, Nr. 2, 23. März 2001, S. 22-23.

Hartmann u.a. 01 /ERP-Collaboration/
Hartmann, Matthias H.; Müller, Hans-Jürgen; Buchta, Dirk: ERP-Collaboration

mit Marktplätzen durch EAI, in: Information Management & Consulting, Nr. 1, 2001, 16. Jg., S. 24-31.

Hase 00 /Workflow-Managementsysteme/
Hase, Michael: Workflow-Management-Systeme – Kniffelige Einführung läßt Anwender zögern, in: Informationweek, Nr. 2/3, 2000, 4. Jg., S. 36-39.

Hegering, Abeck 94 /Integriertes Netz- und Systemmanagement/
Hegering, Heinz-Gerd; Abeck, Sebastian: Integriertes Netz- und Systemmanagement, Bonn u.a. 1993.

Heilmann 89 /Integration/
Heilmann, Heidi: Integration: Ein zentraler Begriff der Wirtschaftsinformatik im Wandel der Zeit. Theorie und Praxis der Wirtschaftsinformatik (HMD), Nr. 150, 1989, Bd. 26, S. 46-58.

Heilmann 62 /Integrierte DV/
Heilmann, Wolfgang: Gedanken zur integrierten Datenverarbeitung, in: ADL-Nachrichten, Nr. 24, 1962, S. 202-211.

Heinrich, Roithmayr 98 /Wirtschaftsinformatik-Lexikon/
Heinrich, Lutz J.; Roithmayr, Friedrich: Wirtschaftsinformatik-Lexikon, 6., vollständig überarbeitete und erweiterte Auflage, München, Wien 1998.

Heinrich 92 /Informationsmanagement/
Heinrich, Lutz J.: Informationsmanagement – Planung, Überwachung und Steuerung der Informationsinfrastruktur, 4., vollständig überarbeitete und ergänzte Auflage, München, Wien 1992.

Heinzl u.a. 01 /Erkenntnisziele der Wirtschaftsinformatik/
Heinzl, Armin; König, Wolfgang; Hack, Joachim: Erkenntnisziele der Wirtschaftsinformatik in den nächsten drei und zehn Jahren, in: Wirtschaftsinfomatik, Nr. 3, 2001, 43. Jg., S. 223-233.

Hildreth 01 /Buying e-Business Software 2 (WWW)/
Hildreth, Sue: Buying e-Business Software, Part 2: Plotting Your Strategy, in: ebizQ: The Portal for e-Business Integration, 2001. http://e-serv.ebizq.net/str/hildreth_5.html, Abruf am 27.11.2001.

Hildreth 01 /Buying e-Business Software 1 (WWW)/
Hildreth, Sue: Buying e-Business Software, Part 1: Putting Vendors to the Test, in: ebizQ: The Portal for e-Business Integration, 2001. http://e-serv.ebizq.net/str/hildreth_4.html, Abruf am 25.11.2001.

Hildreth 01 /BizTalk (WWW)/
Hildreth, Sue: BizTalk Talks Up Vertical Standards, in: ebizQ: The Portal for e-

Business Integration, 2001.
http://e-serv.ebizq.net/obj/hildreth_3.html, Abruf am 12.6.2001.

Hildreth 01 /Web Services 2 (WWW)/
Hildreth, Sue: Web Services: Market Roundup, in: ebizQ: The Portal for e-Business Integration, 2001.
http://e-serv.ebizq.net/obj/hildreth_2.html, Abruf am 12.6.2001.

Hildreth 01 /Web Services 1 (WWW)/
Hildreth, Sue: Web Services: The Next Generation of Distributed Computing, in: ebizQ: The Portal for e-Business Integration, 2001.
http://e-serv.ebizq.net/obj/hildreth_1.html, Abruf am 3.5.2001.

Hoffman 99 /In the Middle/
Hoffman, Richard: In the Middle: Enterprise-Ready Web App Servers, in: Network Computing, Nr. 11, 1999, Bd. 10, S. 72-83.

Horváth 88 /Wirtschaftlichkeitsanalyse/
Horváth, Péter: Grundprobleme der Wirtschaftlichkeitsanalyse beim Einsatz neuer Informations- und Produktionstechnologien, in: Horváth, Péter (Hrsg.): Wirtschaftlichkeit neuer Produktions- und Informationstechnologie, Tagungsband Stuttgarter Controller-Forum 14.-15. September 1988, Stuttgart 1988, S. 1-14.

Hubert 99 /CORBA vs. EJB/
Hubert, Richard: „CORBA Components" versus „Enterprise Java Beans", in: OBJEKTspektrum, Nr. 3, 1999, 6. Jg., S. 34-37.

IBM 01 /Integrating data and transactions for agile e-business (WWW)/
IBM Corporation (Hrsg.): WebSphere Application Server, Version 4.0 – Integrating data and transactions for agile e-business, White Paper, o.O. August 2001.
http://www-4.ibm.com/software/webservers/appserv/whitepapers/wp_was_overview.pdf, Abruf am 20.11.2001.

IBM 01 /Delivering new business value (WWW)/
IBM Corporation (Hrsg.): WebSphere Application Server, Enterprise Edition – Delivering new business value to the enterprise on a Java 2 Platform, Enterprise Edition (J2EE) and Web services base, White Paper, o.O. Juli 2001.
http://www-4.ibm.com/software/webservers/appserv/whitepapers/j2ee_enterprise.pdf, Abruf am 20.11.2001.

IBM 00 /IBM WebSphere software platform (WWW)/
IBM Corporation (Hrsg.): The IBM WebSphere software platform and patterns

for e-business–invaluable tools for IT architects of the new economy, White
Paper, o.O. Juni 2000.
http://www.ibm.com/software/info/websphere/docs/wswhitepaper.pdf, Abruf am
20.11.2001.

Ischebeck 89 /Betriebsübergreifende Informationssysteme/
Ischebeck, Wolfram: Betriebsübergreifende Informationssysteme, in:
Information Management, Nr. 1, 1989, S. 22-26.

Jablonski 97 /Workflow-Management/
Jablonski, Stefan: Workflow-Management, in: Mertens, Peter u.a. (Hrsg.):
Lexikon der Wirtschaftsinformatik, 3., vollständig neu bearbeitete und erweiterte
Auflage, Berlin u.a. 1997, S. 444-445.

Japha 01 /We, the People (WWW)/
Japha, Mosche: We, the People, in: Intelligent Enterprise (Online Ausgabe),
7. Mai 2001.
http://www.intelligententerprise.com/010507/print/cio.htm, Abruf am
17.12.2001.

June, Upton 01 /The BEA WebLogic Experience/
June, Deb; Upton, Mitch: Embracing the J2EE Connector Architecture: The
BEA WebLogic Experience, in: Sharma, Rahul; Stearns, Beth; Ng, Tony:
J2EE™ Connector Architecture and Enterprise Application Integration, Boston
u.a., 2001, S. 297-314.

Kaib 00 /E-Sourcing (WWW)/
Kaib, Michael: E-Sourcing – Strategischer Einkauf im 21. Jahrhundert, Vortrag
im Rahmen der Ringvorlesung „Herausforderung e-Business" des Forums
Informatik der RWTH Aachen, 20.11.2000.
http://www.rwth-aachen.de:80/fi/Ww/aktuelles/archiv/E-Sourcing.pdf, Abruf am
21.11.2000.

Kaib 96 /Virtuelle Organisationsstrukturen in Unternehmen/
Kaib, Michael: Einführung und Prozessgestaltung virtueller Organisationsstrukturen in Unternehmen, Diplomarbeit, Marburg 1996.

Kanaskie 00 /OAGI and RosettaNet (WWW)/
Kanaskie, Kurt: The Open Applications Group and RosettaNet – Implementing
OAGIS within the RosettaNet Implementation Framework, Version 2.0, o.O.
2000.
ftp://ftp.openapplications.org/ebizenv/OAGI_RN_WhitePaper_20.pdf, Abruf am
11.6.2001.

Kara 99 /ERP Integration (WWW)/
   Kara, Dan: ERP Integration, in: Informationweek.com (Online Ausgabe),
   8. März 1999.
   http://www.informationweek.com/724/24iuerp.htm, Abruf am 24.2.2001.

Kara 99 /EJB Component Model/
   Kara, Dan: The Enterprise Java Beans Component Model, in: Component
   Strategies, Januar 1999, S. 18-25.

Kloppmann u.a. 00 /EAI mit Workflow Management/
   Kloppmann, Matthias; Leymann, Frank; Roller, Dieter: Enterprise Application
   Integration mit Workflow Management, in: Theorie und Praxis der Wirtschafts-
   informatik (HMD), Nr. 213, 2000, Bd. 37, S. 23-30.

Kosiur 97 /Electronic Commerce/
   Kosiur, David: Understanding Electronic Commerce, Redmond, Washington
   1997.

Krcmar 91 /Integration/
   Krcmar, Helmut: Integration in der Wirtschaftsinformatik – Aspekte und
   Tendenzen, in: Jacob, Herbert; Becker, Jörg; Krcmar, Helmut: Integrierte
   Informationssysteme, Schriften zur Unternehmensführung (SzU), 1991, Bd. 44,
   S. 3-18.

Krcmar 90 /Informationssystem-Architekturen/
   Krcmar, Helmut: Bedeutung und Ziele von Informationssystem-Architekturen,
   in: Wirtschaftsinformatik Nr. 5, 1990, 32. Jg., S. 395-402.

Kurbel, Rautenstrauch 96 /Integration Engineering/
   Kurbel, Karl; Rautenstrauch, Claus: Integration Engineering: Konkurrenz oder
   Komplement zum Information Engineering? – Methodische Ansätze zur
   Integration von Informationssystemen, in: Heilmann, Heidi; Heinrich, Lutz J.;
   Roithmayr, Friedrich (Hrsg.): Information Engineering, München, Wien 1996,
   S. 167-191.

Kurt 00 /BizTalk and the OAGI (WWW)/
   Kurt, Christopher: BizTalk and the Open Applications Group – Implementing
   OAGIS within the Microsoft BizTalk Framework, Version 1.0, o.O. 14. Juni
   2000.
   ftp://ftp.openapplications.org/ebizenv/biztalk_oagi_ebizwp.pdf , Abruf am
   11.6.2001.

Lawton 01 /BizTalk, RosettaNet (WWW)/
   Lawton, George: BizTalk, RosettaNet and the Holy Grail of e-Commerce

Integration, in: ebizQ: The Portal for e-Business Integration, 2001.
http://b2b.ebizq.net/ebiz integration/lawton_1.html, Abruf am 12.6.2001.

Ließmann 00 /Schnittstellenorientierung/

Ließmann, Harald: Schnittstellenorientierung und Middleware-basierte
Busarchitekturen als Hilfsmittel zur Integration heterogener betrieblicher
Anwendungssysteme, Diss. Nürnberg 2000.

Lindemann 01 /Business-to-Business Integration (WWW)/

Lindemann, Markus: Business-to-Business Integration als Voraussetzung einer
ereignisgesteuerten Wirtschaft, Präsentation der webMethods Germany GmbH,
o.O. 2001.
http://www.competence-site.de/eaisysteme.nsf/StudienView, Abruf am
4.9.2001.

Linß 95 /Integrationsabhängige Nutzeffekte/

Linß, Heinz: Integrationsabhängige Nutzeffekte der Informationsverarbeitung:
Vorgehensmodell und empirische Ergebnisse, Wiesbaden 1995.

Linthicum 00 /EAI/

Linthicum, David S.: Enterprise Application Integration, Boston u.a. 2000.

Linthicum 00 /B2B Application Intergation/

Linthicum, David S.: B2B Application Integration: e-Business-Enable Your
Enterprise, Boston u.a. 2000.

Linthicum 00 /Application Servers (WWW)/

Linthicum, David S.: Application Servers and EAI, in: EAI Journal (Online
Ausgabe), Juli 2000.
http://www.eaijournal.com/Applicationintegration/AppServers.asp, Abruf am
16.2.2001.

Linthicum 00 /Message Broker 1 (WWW)/

Linthicum, David S.: How To Free Your Information – Selecting a Message
Broker, Part 1, in: ebizQ: The Portal for e-Business Integration, 2000.
http://eai.ebizq.net/enterprise_integration/linthicum_8.html, Abruf am 7.3.2001.

Linthicum 99 /Application Interface-Level EAI/

Linthicum, David S.: Application Interface-Level EAI, in: Component
Strategies, Juli 1999, S. 18-24.

Linthicum 99 /From Ground Up/

Linthicum, David S.: Enterprise Application Integration from the Ground Up, in:
Software Development, Nr. 4, 1999, Bd. 7, S. 26-32.

Linthicum 99 /Message Brokers/

Linthicum, David S.: Mastering Message Brokers, in: Software Development, Nr. 6, 1999, Bd. 7, S. 49-56.

Linthicum 99 /Enterprise Metadata/

Linthicum, David S.: Models for Enterprise Metadata, in: Component Strategies, Nr. 11, 1999, Bd. 1, S. 14-17.

Loeser 98 /Web-basierte Datenbankanwendungen/

Loeser, Henrik: Techniken für Web-basierte Datenbankanwendungen: Anforderungen, Ansätze, Architekturen, in: Informatik Forschung und Entwicklung, Nr. 4, 1998, 13. Jg., S. 196-216.

Mantel u.a. 00 /Integrationspotenziale von Kommunikationsplattformen/

Mantel, Stephan; Knobloch, Bernd; Rüffer, Thorsten; Schissler, Martin; Schmitz, Klaus; Ferstl, Otto K.; Sinz, Elmar J.: Analyse der Integrationspotenziale von Kommunikationsplattformen für verteilte Anwendungssysteme, Forschungsbericht des Bayerischen Forschungsverbundes Wirtschaftsinformatik – FORWIN (FWN-2000-009), Bamberg u.a. 2000.

Marshall 99 /Web Application Servers (WWW)/

Marshall, Martin: Web Application Servers Give Green Light To ERP, in: Informationweek.com (Online Ausgabe), 5. April 1999. http://www.informationweek.com/728/28iuweb.htm, Abruf am 24.2.2001.

Martin, Fritsch 99 /Kombinieren statt neu programmieren/

Martin, Roland; Fritsch, Werner: Kombinieren statt neu programmieren, in: Informationweek, Nr. 7, 1999, 3. Jg., S. 48-50.

Mattern 01 /Komponententechnik/

Mattern, Kai: Komponententechnik – noch nie so gefragt, in: Computerwoche, Nr. 23, 2001, Bd. 28, S. 60-61.

Mazingo 99 /Application Servers/

Mazingo, Sue: Application Servers – Building Web-Enabled Applications for the Enterprise, in: Digital Systems Report, Nr. 1, 1999, Bd. 21, S. 23-26.

McIlvaine 97 /ERP Ramps Up/

McIlvaine, Bill: ERP Software Ramps Up for Integration, in: Managing Automation, Nr. 6, 1997, Bd. 12, S. 18-19, 38-40.

Mertens 00 /Integrierte Informationsverarbeitung 1/

Mertens, Peter: Integrierte Informationsverarbeitung 1 – Administrations- und Dispositionssysteme in der Industrie, Band 1, 12., neu bearbeitete Auflage, Wiesbaden 2000.

Mertens 97 /Integrierte Informationsverarbeitung/
Mertens, Peter: Integrierte Informationsverarbeitung, in: Mertens, Peter u.a.
(Hrsg.): Lexikon der Wirtschaftsinformatik, 3., vollständig neu bearbeitete und
erweiterte Auflage, Berlin u.a. 1997, S. 208-209.

Mertens 66 /Integration/
Mertens, Peter: Die zwischenbetriebliche Kooperation und Integration bei der
automatisierten Datenverarbeitung, Meisenheim am Glan, 1966.

Mertens, Griese 00 /Integrierte Informationsverarbeitung 2/
Mertens, Peter; Griese, Joachim: Integrierte Informationsverarbeitung 2 –
Planungs- und Kontrollsysteme in der Industrie, 8., vollständig überarbeitete
Auflage, Wiesbaden 2000.

Mertens u.a. 99 /Wirtschaftsinformatik/
Mertens, Peter; Chamoni, Peter; Ehrenberg, Dieter; Griese, Joachim; Heinrich,
Lutz J.; Kurbel, Karl (Hrsg.): Studienführer Wirtschaftsinformatik, 2., aktuali-
sierte und erweiterte Auflage, Braunschweig, Wiesbaden 1999.

Mertens, Holzner 92 /Integrationsansätze/
Mertens, Peter; Holzner, Jochen: Eine Gegenüberstellung von
Integrationsansätzen der Wirtschaftsinformatik, in: Wirtschaftsinformatik, Nr. 1,
1992, 34. Jg., S. 5-25.

Meyer-Martin 01 /Standardadapter/
Meyer-Martin, Ulrich: Vorsicht bei Standardadaptern!, in: Computerwoche
extra, Nr. 2, 23. März 2001, S. 15.

Miedl 01 /Web-Services/
Miedl, Wolfgang: Das Ende der Plattformkriege, Web-Services versprechen
Mobilität und Systemunabhängigkeit, in: Computerwoche, Nr. 35, 2001, Bd. 28,
S. 18-19.

Mondal, Gupta 00 /Choosing a Middleware/
Mondal, Sakib Abdul; Gupta, Kingshuk Das: Choosing a Middleware for Web-
Integration of a Legacy Application, in: Software Engineering Notes, Nr. 3,
2000, Bd. 25, S. 50-53.

Morgenthal, La Forge 00 /EAI with XML and Java/
Morgenthal, J.P.; La Forge, Bill: Enterprise Application Integration with XML
and Java, London u.a. 2000.

Morin 98 /CORBA/
Morin, Ted: Migrating Legacy Systems to CORBA, in: Object Magazine, Nr. 1,
1998, Bd. 8, S. 39-43.

Moss 01 /Web Services (WWW)/

Moss, Frank: Beyond B2B: Why Business Webs and Web Services Will Drive an E-Business Renaissance, Bowstreet, Inc. White Paper, o.O. 2001. http://www.bowstreet.com/resources/whitepapers/beyond_b2b.html, Abruf am 20.11.2001.

Müller-Merbach 88 /Aristoteles & Co./

Müller-Merbach, Heiner: Aristoteles & Co.: Das Ganze ist mehr als die Summe seiner Teile, in: Technologie & Management, Nr. 3, 1988, 37. Jg., S. 51-53.

Nairn 01 /SAP and PeopleSoft/

Nairn, Geoffrey: SAP and PeopleSoft defy gloom as industry reels, in: FT-IT Review 2, S. II, Beilage zur Financial Times, Mittwoch, 2. Mai 2001.

Neubauer 01 /Pflicht zur Integration/

Neubauer, Günther: Private Banking: Vor der E-Business-Kür steht die Pflicht zur Integration, in: Computerwoche, Nr. 3, 2001, Bd. 28, S. 53-54.

Niemann 01 /SAP als Integrator/

Niemann, Frank: Mysap Technology: SAP startet als Integrator – Web-Services-Konzept stützt sich auf bestehende Produkte, in: Computerwoche, Nr. 46, 2001, Bd. 28, S. 22.

Niemeier 88 /Wirtschaftlichkeitsberechnung/

Niemeier, Joachim: Konzepte der Wirtschaftlichkeitsberechnung bei integrierten Informationssystemen, in: Horváth, Péter (Hrsg.): Wirtschaftlichkeit neuer Produktions- und Informationstechnologie, Tagungsband Stuttgarter Controller-Forum 14.-15. September 1988, Stuttgart 1988, S. 15-34.

Nierstrasz, Lumpe 97 /Komponenten/

Nierstrasz, Oscar; Lumpe, Markus: Komponenten, Komponentenframeworks und Gluing, in: Theorie und Praxis der Wirtschaftsinformatik (HMD), Nr. 197, 1997, Bd. 34, S. 8-23.

Niggl 94 /EDI Standards/

Niggl, Johann: Die Entstehung von Electronic Data Interchange Standards, Wiesbaden 1994.

Noack u.a. 00 /Network Computing/

Noack, Jörg; Mehmanesh, Hamarz; Mehmaneche, Homayoun; Zendler, Andreas: Architekturen für Network Computing, in: Wirtschaftsinformatik, Nr. 1, 2000, 42. Jg., S. 5-14.

Nußdorfer 00 /Anwendungsintegration/
Nußdorfer, Richard: Das Web zwingt ERP-Anwender zur
Anwendungsintegration, in: Computerwoche, Nr. 24, 2000, Bd. 27, S. 68.

Nußdorfer 00 /Kein E-Business ohne EAI/
Nußdorfer, Richard: Kein E-Business ohne Enterprise Application Integration,
in: Computerwoche, Nr. 20, 2000, Bd. 27, S. 20-22.

Nußdorfer 00 /EAI (WWW)/
Nußdorfer, Richard: Das EAI-Buch, E-Business und EAI, Integration von
Anwendungen, Trends, Technologien und Lösungen, 1. Aufl., o.O. 2000.
http://62.138.10.147/eai-v1/buch/Buch-Title.html, Abruf am 16.6.2001.

OAGI 99 /OAMAS (WWW)/
Open Applications Group, Inc. (Hrsg.): OAMAS – Open Applications Group
Common Middleware API Specification, Release 1.0, o.O. 15. August 1999.
http://www.openapplications.org/oamas/oamas815.pdf.zip, Abruf am 11.6.2001.

OAGI 00 /Plug and Play Business Software (WWW)/
Open Applications Group, Inc. (Hrsg.): Plug and Play Business Software
Integration – The Compelling Value of the Open Applications Group, White
Paper, o.O. 2000.
http://www.openapplications.org/downloads/whitepapers/whitepaperdocs/whitep
aper.htm, Abruf am 11.6.2001.

OAGI 01 /OAGIS (WWW)/
Open Applications Group, Inc. (Hrsg.): OAGIS – Open Applications Group
Integration Specification, Release 7.1, o.O. 2001.
ftp://ftp.openapplications.org/openapplications.org/oagis/rls71/oagis_release_7.1
_pdf.zip, Abruf am 11.6.2001.

Oestereich 01 /Unified Modeling Language (UML) (WWW)/
Oestereich, Bernd: Unified Modeling Language (UML), in: Ergänzungen im
Internet zu Mertens, Peter u.a. (Hrsg.): Lexikon der Wirtschaftsinformatik,
3., vollständig neu bearbeitete und erweiterte Auflage, 2001
http://www.wi1.uni-erlangen.de/buecher/lexikon/uml.html, Abruf am:
15.11.2001.

OMG 01 /Model Driven Architecture (WWW)/
Object Management Group, Inc. (Hrsg.): Model Driven Architecture, A Technical Perspective, White Paper, Draft, o.O. 21. Februar 2001.
ftp://ftp.omg.org/pub/docs/ab/01-02-04.pdf, Abruf am 11.6.2001.

OMG 00 /Model Driven Architecture (WWW)/
Object Management Group, Inc. (Hrsg.): Model Driven Architecture, White Paper, Draft 3.2, o.O. 27. November 2000.
ftp://ftp.omg.org/pub/docs/omg/00-11-05.pdf , Abruf am 11.6.2001.

OMG 97 /Object Management Architecture (WWW)/
Object Management Group, Inc. (Hrsg.): A Discussion of the Object Management Architecture, o.O. Januar 1997.
http://www.omg.org/cgi-bin/doc?formal/00-06-41, Abruf am 11.6.2001.

Openadaptor.org 01 /openadaptor (WWW)/
Openadaptor.org (Hrsg.): openadaptor, White Paper, Version 1.0, o.O. Januar 2001.
http://www.openadaptor.org/docs/openadaptor_whitepaper.pdf, Abruf am 1.11.2001.

Österle 95 /Business Engineering/
Österle, Hubert: Business Engineering – Prozeß- und Systementwicklung, Band 1: Entwurfstechniken, Berlin u.a. 1995.

Ottomeier 01 /ARIS hat die Nase vorn/
Ottomeier, Martin: ARIS hat die Nase vorn, in: Computerwoche, Nr. 26, 2001, Bd. 28, S. 18-19.

o.V. 01 /Auch SAP setzt auf Web-Services/
o.V.: Auch SAP setzt auf Web-Services – Geht die Ära der BAPIs zu Ende ?, in: Computerwoche, Nr. 45, 2001, Bd. 28, S. 1,4.

o.V. 01 /IDC Predicts (WWW)/
o.V.: IDC Predicts Strong EAI Market Growth, in: Intelligent EAI News (Online Ausgabe), 1. März 2001.
http://www.intelligenteai.com/news/newsmar01.shtml, Abruf am 19.6.2001.

o.V. 01 /Java-Server-Markt/
o.V.: Preiskrieg im Java-Server-Markt – Hersteller nutzen Java One zur Marketing-Schlacht, in: Computerwoche, Nr. 24, 2001, Bd. 28, S. 10.

o.V. 00 /Dresdner Bank and CSK/
o.V.: Dresdner Bank und CSK working together on ISO 15022, in: SWIFTSolutions, Nr. 6, Mai 2000, o.J., S. 16 f.

o.V. 00 /Web-Infrastruktur Software/
o.V.: Web-Infrastruktur-Software für jedes Stadium des E-Business, in: Client Server Computing, Nr. 9, 2000, S. 16-18.

o.V. 00 /XML-Formate/

    o.V.: Immer mehr Branchen definieren XML-Formate zum Datenaustausch, in:
    Computerwoche, Nr. 46, 2000, Bd. 27, S. 20.

Pape 01 /EAI-Tools (WWW)/

    Pape, Ulrich: EAI-Tools – ein Marktüberblick, Vortrag im Rahmen des
    Euroforum Kongresses „Enterprise Application Integration", Köln, 23.08.2001.
    http://www.competence-site.de/eaisysteme.nsf/StudienView, Abruf am
    14.9.2001.

Pender 00 /Missing Link/

    Pender, Lee: The Missing Link, in: CIO, 15. Juni 2000, S. 152-160.

Pender 00 /Damned/

    Pender, Lee: Damned If You Do... Will integration tools patch the holes left by
    unsatisfactory ERP implementations?, in: CIO, Nr. 23, 2000, Bd. 13, S. 82-90.

Picot u.a. 01 /Grenzenlose Unternehmung/

    Picot, Arnold; Reichwald, Ralf; Wigand, Rolf T.: Die grenzenlose
    Unternehmung – Information, Organisation und Management, 4., vollständig
    überarbeitete und erweiterte Auflage, Wiesbaden 2001.

*Picot u.*a. 93 /Tendenzen EDI/

    Picot, Arnold; Neuburger, Rahild; Niggl, Johann: Tendenzen für Entwicklung
    und Auswirkungen von EDI, in: Management & Computer, Nr. 3, 1993, 1. Jg.,
    S. 183-190.

Porter 99 /Wettbewerbsvorteile/

    Porter, Michael E.: Wettbewerbsvorteile (Competitive Advantage) – Spitzen-
    leistungen erreichen und behaupten, 5. Auflage, Frankfurt/Main 1999.

Prehl 01 /Application-Server-Markt/

    Prehl, Sabine: Zähes Ringen im Application-Server-Markt – BEA Systems und
    IBM kämpfen um die Vorherrschaft, in: Computerwoche, Nr. 50, 2001, Bd. 28,
    S. 28-29.

Quint 89 /Integriertes Investitionsanalysesystem/

    Quint, Werner: Integriertes Investitionsanalysesystem – Instrumentarien zur
    Analyse und Bewertung der Unternehmensorganisation, in: CIM Management,
    Nr. 3, 1989, 5. Jg., S. 53-59.

Radding 99 /ERP (WWW)/

    Radding, Alan: More Than An Application, in: Informationweek.com (Online
    Ausgabe), 5. April 1999.
    http://www.informationweek.com/728/28iuerp.htm, Abruf am 24.2.2001.

Reichwald 87 /Moderne IuK/

Reichwald, Ralf: Einsatz moderner Informations- und Kommunikationstechnik – Modell einer Wirtschaftlichkeitsberechnung, in: CIM Management, Nr. 3, 1987, S. 6-11.

Reinecke, Fuhry 01 /E-Procurement/

Reinecke, Nicolas; Fuhry, Günter: Einkauf wird zur Querschnittsfunktion, in: Computerwoche, Nr. 12, 2001, Bd. 28, S. 144-146.

Renk 01 /Return-on-Investment/

Renk, Thomas: Auf der Suche nach dem Return-on-Investment. Ein Kostenvergleich zwischen EAI und herkömmlicher Integration, in: Computerwoche, Nr. 36, 2001, Bd. 28, S. 62-63.

Reuß u.a. 99 /IT Fusion/

Reuß, A.; Fill, C.; Fritsch, W.: IT Fusion: Motor eines Mergers, in: Informationweek, Nr. 6, 1999, 3. Jg., S. 26-31.

Riehm, Vogler 96 /Infrastruktur für die Integration/

Riehm, Rainer; Vogler, Petra: Middleware: Infrastruktur für die Integration, in: Österle, Hubert; Riehm, Rainer; Vogler, Petra (Hrsg.): Middleware – Grundlagen, Produkte und Anwendungsbeispiele für die Integration heterogener Welten, Braunschweig, Wiesbaden 1996, S. 25-135.

Ring 99 /Right Connections/

Ring, K.: Enterprise Application Integration: Making the Right Connections, Ovum-Studie, Boston u.a. 1999.

Ritter 99 /Middleware Muddle/

Ritter, David: The Middleware Muddle: Application servers and TP monitors are finding new life on the Net, in: M Computing, Nr. 2, 1999, Bd. 7, S. 5-6, 36-39.

Rock-Evans 00 /EAI/

Rock-Evans, Rosemary: Enterprise Application Integration, in: Insight IS, Nr. 3, 2000, o.Jg., S.23-32.

Rosemann 97 /Prozeßmodell/

Rosemann, Michael: Prozeßmodell, in: Mertens, Peter u.a. (Hrsg.): Lexikon der Wirtschaftsinformatik, 3., vollständig neu bearbeitete und erweiterte Auflage, Berlin u.a. 1997, S. 334.

Ruber 98 /Will the Message/

Ruber, Peter: Will the Message Get Through This Year?, in: CIO, 1. März 1998, Sektion 1, S. 66-69.

Ruh u.a. 00 /EAI/
  Ruh, William A.; Maginnis, Francis X.; Brown, William J.: Enterprise
  Application Integration: A Wiley Tech Brief, New York u.a. 2000.

SAP 01 /mySAP Technology Overview (WWW)/
  SAP AG (Hrsg.): mySAP Technology for Open E-Business Integration – Overview, Version 1.1, SAP White Paper, o.O. 2001.
  http://www.sap.com/solutions/technology/brochures.asp, Abruf am 28.12.2001.

Scala 01 /Business-to-Business Integration (WWW)/
  Scala, Steven: Business-to-Business Integration: Participating in supply-chain
  initiatives and business exchanges, A GE Global eXchange White Paper, o.O.
  2001.
  http://b2b.ebizq.net/std/scala_2a.html, Abruf am 16.2.1001.

Scala 00 /Web-Portal Integration (WWW)/
  Scale, Steven: Meeting the Challenges of Web-Portal Integration, A GE Global
  eXchange White Paper, o.O. 2000.
  http://eai.ebizq.net/shared/GC/auth.php3/ra/scla_1.pdf, Abruf am 16.2.2001.

Scharf, Fritsch 00 /E-Commerce/
  Scharf, Achim; Fritsch, Werner: Kein E-Commerce ohne IT-Integration, in:
  Informationweek, Nr. 12, 2000, 4. Jg., S. 59-67.

Scharf, Fritsch 99 /Bessere Qualität trotz kürzerer Entwicklungszeiten/
  Scharf, Achim; Fritsch, Werner: Bessere Qualität trotz kürzerer
  Entwicklungszeiten, in: Informationweek, Nr. 23, 1999, 3. Jg., S. 28-30.

Scharfenberg 91 /Integrierte Lösungen/
  Scharfenberg, Heinz: Behindern Manager integrierte Lösungen?, in: Office
  Management, Nr. 5, 1991, 39. Jg., S. 3.

Scheckenbach 97 /Semantische Geschäftsprozeßintegration/
  Scheckenbach, Rainer: Semantische Geschäftsprozeßintegration, Wiesbaden
  1997.

Scheer 98 /ARIS – Modellierungsmethoden/
  Scheer, August-Wilhelm: ARIS – Modellierungsmethoden, Metamodelle,
  Anwendungen, 3., völlig neubearbeitete und erweiterte Auflage, Berlin u.a.
  1998.

Scheer 94 /Wirtschaftsinformatik/
  Scheer, August-Wilhelm: Wirtschaftsinformatik: Referenzmodelle für
  industrielle Geschäftsprozesse, 4. Auflage, Berlin u.a. 1994.

Scheer 90 /CIM/

    Scheer, August-Wilhelm: CIM, Computer Integrated Manufacturing – Der computergesteuerte Industriebetrieb, 4., neu bearbeitete und erweiterte Auflage, Berlin u.a. 1990.

Schill u.a. 01 /EJB Applikationsserver (WWW)/

    Schill, Alexander; Neumann, Olaf; Springer, Thomas; Müller, Thomas: Vergleich von EJB Applikationsservern, Studie der TU Dresden, 2001. http://www.competence-site.de/eaisysteme.nsf/ArtikelView, Abruf am 16.6.2001.

Schinzer 00 /Application Server/

    Schinzer, Heiko: Application Server als Brücke zwischen Old und New Economy, in: Computerwoche, Nr. 45, 2000, Bd. 27, S. 30-32.

Schlüter 99 /EAI-Projekte (WWW)/

    Schlüter, Andreas: EAI-Projekte erfolgreich durchführen, White Paper, o.O. September 1999. http://www.softlab.de/solutions/extras/fachbeitraege/whitepaper_eai.pdf, Abruf am 21.6.2001.

Schmitz 01 /Websphere Entwicklungs-Tools/

    Schmitz, Ludger: Verschiedene Entwicklungs-Tools unter einem Hut – IBMs Websphere erhält Open-Source-Aufsatz Eclipse, in: Computerwoche, Nr. 45, 2001, Bd. 28, S. 9.

Schmitz, Hasenkamp 81 /Rechnerverbundsysteme/

    Schmitz, Paul; Hasenkamp, Ulrich: Rechnerverbundsysteme: offene Kommunikationssysteme auf der Basis des ISO-Referenzmodells, München u.a. 1981.

Schmitzer u.a. 01 /Integrationsbedarf/

    Schmitzer, Benno; Lohmann, Michael; Zeller, Thomas: Integrationsbedarf auf Elektronischen Marktplätzen, in: Information Management & Consulting, Nr. 1, 2001, 16. Jg., S. 32-38.

Schneider 01 /Web und DV/

    Schneider, Martin: Brücken schlagen zwischen Web und DV, in: Computerwoche, Nr. 19, 2001, Bd. 28, S. 72-73.

Schorn 98 /Anbindung von „Legacy"-Applikationen/

    Schorn, Peter: Die Anbindung von „Legacy"-Applikationen an das Internet: Dimensionen der Architektur, in: OBJEKTspektrum, Nr. 5, 1998, S. 22-25.

Schott, Mäurer 01 /EAI/
Schott, Karsten; Mäurer, Rolf: Auswirkungen von EAI auf die IT-Architektur in Unternehmen, in: Information Management & Consulting, Nr. 1, 2001, 16. Jg., S. 39-43.

Schröder 01 /Automatisierte Integration von Anwendungen (WWW)/
Schröder, Diedrich: Automatisierte Integration von Anwendungen, Vortrag auf dem EAI-Forum, Mainz, Mai 2001.
http://www.competence-site.de/eaisysteme.nsf./StudienView, Abruf am 22.7.2001.

Schullan, Hefele 01 /Web-Services/
Schullan, Ute; Hefele, Daniel: Den Web-Services gehört die Zukunft, in: Computerwoche, Nr. 23, 2001, Bd. 28, S. 72-73.

Schulte 01 /Juggling Multiple Integration Brokers/
Schulte, Roy: Juggling Multiple Integration Brokers: Get Used to It, Gartner Research Note, o.O. 2001.

Schulte, Altman 01 /Application Integration: Success Amid Turmoil/
Schulte, Roy; Altman, Ross: Application Integration: Success Amid Turmoil, Gartner Group Article Top View, o.O. 2001.

Schulte, Altman 01 /Integration Middleware Vendors/
Schulte, Roy; Altman, Ross: Integration Middleware Vendors Mix and Match Functionality, Gartner Research Note, o.O. 2001.

Schulte, Altman 00 /Application Integration Middleware Market/
Schulte, Roy; Altman, Ross: Application Integration Middleware Market, Gartner Group Strategic Analysis Report, o.O. 2000.

Schulte u.a. 01 /Integration Broker Vendor Positioning (WWW)/
Schulte, Roy; Altman, Ross; McCoy, David; Thompson, Jess; Pezzini, Massimo; Natis, Yefim: Integration Broker Vendor Positioning: Magic Quadrant, Gartner Group Research Note, Reprint auf den Internet-Seiten von webMethods (Webletter), o.O. 2001.
http://www.gartner.com/webletter/webmethods/index.html, Abruf am 26.9.2001.

Schulze 01 /Web-Services/
Schulze, Jan: Viele Vorschusslorbeeren für Web-Services – Wie aus Software Dienste werden, in: Computerwoche, Nr. 46, 2001, Bd. 28, S. 12-13.

Schumann 93 /Wirtschaftlichkeitsbeurteilung/
Schumann, Matthias: Wirtschaftlichkeitsbeurteilung für IV-Systeme, in: Wirtschaftsinformatik, Nr. 2, 1993, 35. Jg., S. 167-178.

Schumann 92 /Großintegrierte IV/
   Schumann, Matthias: Betriebliche Nutzeffekte und Strategiebeiträge der groß-
   integrierten Informationsverarbeitung, Berlin u.a. 1992.

Schumann 90 /Nutzeffekte zwischenbetrieblicher IV/
   Schumann, Matthias: Abschätzung von Nutzeffekten zwischenbetrieblicher
   Informationsverarbeitung, in: Wirtschaftsinformatik, Nr. 4, 1990, 32. Jg.,
   S. 307-319.

Schwarz 01 /Personalisierung/
   Schwarz, Alexander: Ohne Integration keine Personalisierung, in: Computerwoche, Nr. 20, 2001, Bd. 28, S. 70-71.

SeeBeyond 01 /eBusiness Integration Suite (WWW)/
   SeeBeyond (Hrsg.): SeeBeyond eBusiness Integration Suite, SeeBeyond Produkt
   Broschüre, o.O. 2001.
   http://www.seebeyond.com/products/pdfs/brochure/Brochure_ProdSuiteTrifold.
   pdf, Abruf am 10.10.2001.

SeeBeyond 01 /e*Gate Integrator (WWW)/
   SeeBeyond (Hrsg.): e*Gate Integrator, SeeBeyond Data Sheet, o.O. 2001.
   http://www.seebeyond.com/products/pdfs/datasheets/datasheets_egate.pdf,
   Abruf am 10.10.2001.

Seibt 97 /Aufbau- und Ablaufstrukturen der IV/
   Seibt, Dietrich: Aufbau- und Ablaufstrukturen der Informationsverarbeitung, in:
   Mertens, Peter u.a. (Hrsg.): Lexikon der Wirtschaftsinformatik, 3., vollständig
   neu bearbeitete und erweiterte Auflage, Berlin u.a. 1997, S. 42-43.

Seidel 01 /EAI/
   Seidel, Bernd: EAI entwächst der Bastelstube, in: Computerwoche, Nr. 21,
   2001, Bd. 28, S. 50-51.

Serain 99 /Middleware/
   Serain, Daniel: Middleware, London u.a. 1999.

Sessions 98 /Component-Oriented Middleware/
   Sessions, Roger: Component-Oriented Middleware, in: Component Strategies,
   Nr. 10, 1998, 1. Jg., S. 18-31.

Sharma u.a. 01 /Java Connector Architecture/
   Sharma, Rahul; Stearns, Beth; Ng, Tony: J2EE™ Connector Architecture and
   Enterprise Application Integration, Boston u.a., 2001.

Sholler 01 /Selecting EAI Tools (WWW)/
Sholler, Daniel: Advice for Selecting EAI Tools, in: ebizQ: The Portal for e-
Business Integration, 2001.
http://eai.ebizq.net/str/sholler_1.html, Abruf am 22.7.2001.

Siffring 00 /Soap/
Siffring, Angelika: Soap soll das Rückgrat von Web-Services bilden, in:
Computerwoche, Nr. 50, 2000, Bd. 27, S. 73-74.

Sinz u.a. 00 /Web-Application-Server/
Sinz, Elmar J.; Knobloch, Bernd; Mantel, Stephan: Web-Application-Server, in:
Wirtschaftsinformatik, Nr. 6, 2000, Jg. 42, S. 550-552.

Slater 00 /The whole is more than its parts/
Slater, Derek: The whole is more than its parts, in: CIO, 15. Mai 2000,
S. 116-122.

Slater 00 /Middleware Demystified/
Slater, Derek: Middleware Demystified, in: CIO, 15. Mai 2000, S. 126-132.

Söffky 97 /Middleware/
Söffky, Manfred: Middleware, in: Mertens, Peter u.a. (Hrsg.): Lexikon der
Wirtschaftsinformatik, 3., vollständig neu bearbeitete und erweiterte Auflage,
Berlin u.a. 1997, S. 264-267.

Sommergut 01 /ebXML/
Sommergut, Wolfgang: Wird ebXML globaler B-to-B-Standard ?, in:
Computerwoche, Nr. 23, 2001, Bd. 28, S. 18-19.

Sommergut 00 /Biztalk Server/
Sommergut, Wolfgang: Anwendungsintegration über XML: Mit dem Biztalk
Server drängt Microsoft ins EAI-Geschäft, in: Computerwoche, Nr. 30, 2000,
Bd. 27, S. 13-14.

Spiers 01 /Integration Framework (WWW)/
Spiers, Roland: An Integration Framework, Clarity Integration Ltd. White Paper,
o.O. April 2001.
http://eai.ebizq.net/str/spiers_1a.html, Abruf am 22.7.2001.

Sprott 00 /Componentizing/
Sprott, David: Componentizing the Enterprise Application Packages, in:
Communications of the ACM, Nr. 4, 2000, Jg. 43, S. 63-69.

Sprott 98 /Components/
Sprott, David: Components in the ERP Market, in: Component Strategies, Nr. 5,
1998, Bd. 1, S. 18-22.

Stahlknecht, Hasenkamp 99 /Wirtschaftsinformatik/
Stahlknecht, Peter; Hasenkamp, Ulrich: Einführung in die
Wirtschaftsinformatik, 9., vollständig überarbeitete Aufl., Berlin u.a. 1999.

Stewart u.a. 99 /CORBA-Based Systems/
Stewart, Rocky; Rai, Dave; Dalal, Sanjay: Building Large-Scale CORBA-Based
Systems, in: Component Strategies, Januar 1999, S. 34-59.

Stickel u.a. 96 /Data Integration/
Stickel, Eberhard; Hunstock, Jens; Ortmann, Anke; Ortmann, Jan: A Business
Process Oriented Approach to Data Integration, in: König, Wolfgang; Kurbel,
Karl; Mertens, Peter; Pressmar, D. (Hrsg.): Distributed Information Systems in
Business, Berlin u.a. 1996.

Strunz 90 /Architektur informationstechnikgestützter IuK-Systeme/
Strunz, Horst: Zur Begründung einer Lehre von der Architektur
informationstechnikgestützter Informations- und Kommunikationssysteme, in:
Wirtschaftsinformatik Nr. 5, 1990, 32. Jg., S. 439-445.

S.W.I.F.T. 01 /FIX and S.W.I.F.T. (WWW)/
S.W.I.F.T. (Hrsg.): FIX and SWIFT to pursue single industry standard, News
Release, Brüssel 5. Juli 2001.
http://www.swift.com/index.cfm?item_id=6489, Abruf am 11.7.2001.

Tresch 96 /Middleware/
Tresch, Markus: Middleware: Schlüsseltechnologie zur Entwicklung verteilter
Informationssysteme, in: Informatik-Spektrum, Nr. 5, 1996, 19. Jg., S. 249-256.

Turau 99 /Web-basierte Anwendungen/
Turau, Volker: Techniken zur Realisierung Web-basierter Anwendungen, in:
Informatik Spektrum, Nr. 1, 1999, 22. Jg., S. 3-12.

UN/CEFACT, OASIS 01 /ebXML Technical Architecture Specification (WWW)/
UN/CEFACT, OASIS (Hrsg.): Proposed Revisions to ebXML Technical
Architecture Specification v1.0.4, White Paper, o.O. 11. Mai 2001.
http://www.ebxml.org/specs/bpTAREV.pdf, Abruf am 11.6.2001.

UN/CEFACT, OASIS 00 /ebXML (WWW)/
UN/CEFACT, OASIS (Hrsg.): Enabling Electronic Business with ebXML,
White Paper, o.O. Dezember 2000.
http://www.ebxml.org/white_papers/whitepaper.htm, Abruf am 11.6.2001.

Vaughan 99 /Real Time Enterprise/
Vaughan, Jack: The Real Time Enterprise, in: Application Development Trends,
Nr. 6, 1999, 6. Jg., S. 29-34.

Varon 00 /Human Error/
Varon, Elena: Human Error, in: CIO, 15. Mai 2000, S. 136-148.

Vitria 01 /BusinessWare 3.1 (WWW)/
Vitria Technology, Inc. (Hrsg): BusinessWare – The Leading Ebusiness
Platform, Firmenbroschüre, o.O. 2001.
http://www.vitria.com/products/library/brochures/vitria_businessware_brochure.
pdf, Abruf am 11.6.2001.

Von Dobschütz 00 /Organisation des IV-Controlling/
Von Dobschütz, Leonhard: Organisation des IV-Controlling, in: von Dobschütz,
Leonhard; Barth, Manfred; Jäger-Goy, Heidi; Kütz, Martin; Möller, Hans-Peter
(Hrsg.): IV-Controlling: Konzepte – Umsetzungen – Erfahrungen, Wiesbaden
2000, S. 13-22.

Von Dobschütz 00 /IV-Wirtschaftlichkeit/
Von Dobschütz, Leonhard: IV-Wirtschaftlichkeit, in: von Dobschütz, Leonhard;
Barth, Manfred; Jäger-Goy, Heidi; Kütz, Martin; Möller, Hans-Peter (Hrsg.):
IV-Controlling: Konzepte – Umsetzungen – Erfahrungen, Wiesbaden 2000,
S. 431-450.

Von Dobschütz 92 /Wirtschaftlichkeitsanalyse/
Von Dobschütz, Leonhard: Wirtschaftlichkeitsanalyse von
Anwendungssystemen: Prämissen und Praxis, in: Information Management,
Nr. 4, 1992, S. 42-47.

Von Stengel 01 /EAI (WWW)/
Von Stengel, Christian: EAI: Integration ohne Schnittstellenexplosion, in: IT &
Production (Online Ausgabe), Nr. 2, 2001, 2. Jg.
http://www.sps-magazin.de/artikel/itp-content.asp?jg=2&ausg=2, Abruf am
21.6.2001.

webMethods 01 /FedEx New Web Service Offering (WWW)/
webMethods, Inc. (Hrsg.): FedEx and webMethods Work Together to Create
Powerful New Web Service Offering, webMethods Success Story, o.O. 2001.
http://www.webmethods.com/customer_ss/1,1607,,00.html, Abruf am
21.6.2001.

webMethods 00 /Dell Computers Success Story (WWW)/
webMethods, Inc. (Hrsg.): webMethods at Work with Dell Computers,
webMethods Success Story, o.O. 2000.
http://www.webmethods.com/customer_ss/1,1607,,00.html, Abruf am
21.6.2001.

Weeke 01 /Integrationswerkzeuge/
Weeke, Eerko: EAI macht mehr aus SAP – Integrationswerkzeuge aus Walldorf, in: Computerwoche extra, Nr. 2, 23. März 2001, S. 32-33.

Weise, Springer 00 /Applikations-Server/
Weise, Thomas; Springer, Thomas: Applikations-Server auf Corba-Basis, in: Computerwoche, Nr. 24, 2000, Bd. 27, S. 69-71.

Weitzel, König 01 /Zwischenbetriebliche Kooperationen/
Weitzel, Tim; König, Wolfgang: Zwischenbetriebliche Kooperationen und elektronische Märkte, in: Frankfurter Allgemeine Zeitung, 26. März 2001, Nr. 72, S. 32.

Weitzel u.a. 99 /EDI Ritter/
Weitzel, Tim; Kronenberg, Ralf; Ladner, Frank; Buxmann, Peter: Die Rückkehr der EDI Ritter: XML als Alternative zu traditionellem EDI, in: iX Magazin für professionelle Informationstechnik, Nr. 7, 1999, 10. Jg., S. 127-129.

Wendel 96 /Verwirrung auf der Metaebene/
Wendel, Dieter: Middleware: Verwirrung auf der Metaebene, in: Diebold Management Report, Nr. 12, 1996, 26. Jg., S. 14-17.

Weske 99 /Business-Objekte/
Weske, Mathias: Business-Objekte: Konzepte, Architekturen, Standards, in: Wirtschaftsinformatik, Nr. 1, 1999, Jg. 41, S. 4-11.

Wilkes 99 /Legacy Componentization and Wrapping/
Wilkes, Lawrence: Legacy Componentization and Wrapping: Reaping long-term rewards, in: Component Strategies, Februar 1999, S. 50-57.

Wilkes, Sprott 99 /Application Integration/
Wilkes, Lawrence; Sprott, David: Application Integration Management Guide, CBDi Forum, o.O. 1999.

Winkeler u.a. 01 /EAI/
Winkeler, Thomas; Raupach, Ernst; Westphal, Lothar: Enterprise Application Integration als Pflicht vor der Business-Kür, in: Information Management & Consulting, Nr. 1, 2001, 16. Jg., S. 7-16.

Wolf 00 /Middleware/
Wolf, Volkhard: Middleware vom Browser-Frontend bis zum Backend-Mainframe, in: Computerwoche, Nr. 24, 2000, Bd. 27, S. 60-62.

Wrazen 99 /EAI/
Wrazen, Ed: Enterprise Application Integration – Tools not the complete solution, in: Database and Network Journal, Nr. 5, 1999, Bd. 29, S. 3-5.

Yee 00 /Business Process Integration (WWW)/
> Yee, Andre: Demystifying Business Process Integration, in: ebizQ: The Portal for e-Business Integration, 2000.
> http://eai.ebizq.net/workflow/yee_1.html, Abruf am 7.11.2000.

Yee, Apte 01 /Integrating Your e-Business Enterprise/
> Yee, Andre; Apte, Atul: Integrating Your e-Business Enterprise, Indianapolis 2001.

Zahavi 99 /EAI with CORBA/
> Zahavi, Ron: Enterprise Application Integration with CORBA, New York u.a. 1999.

Zahavi 99 /EAI/
> Zahavi, Ron: Keys to Enterprise Application Integration, in: Application Development Trends, Nr. 6, 1999, 6. Jg., S. 16-18.

Zangl 88 /CIM-Konzepte und Wirtschaftlichkeit/
> Zangl, Hans: CIM-Konzepte und Wirtschaftlichkeit – Wegweiser von der isolierten zur ganzheitlichen Wirtschaftlichkeitsbeurteilung, in: Office Management, Nr. 5, 1988, 36. Jg., S. 14-20.

Zeidler 00 /Komponententechnik/
> Zeidler, Christian: Komponententechnik kritisch betrachtet, in: Computerwoche, Nr. 50, 2000, Bd. 27, S. 61-62.